Christoph Kösters

STAATSSICHERHEIT UND CARITAS 1950-1989

CHRISTOPH KÖSTERS

STAATSSICHERHEIT UND CARITAS 1950-1989

Zur politischen Geschichte der katholischen Kirche in der DDR

FERDINAND SCHÖNINGH
PADERBORN · MÜNCHEN · WIEN · ZÜRICH

Titelbild: »Der Mit-Hörer«, Berliner Morgenpost, 24. September 1959
(Quelle: Archiv des Deutschen Caritasverbandes 121/30+511 Be)

Die Deutsche Bibliothek – CIP-Einheitsaufnahme

Kösters, Christoph:
Staatssicherheit und Caritas 1950-1989: zur politischen Geschichte der katholischen Kirche in der DDR / Christoph Kösters. – Paderborn; München; Wien; Zürich: Schöningh, 2001
ISBN 3-506-74792-4

Umschlaggestaltung: INNOVA GmbH, D-33178 Borchen

Gedruckt auf umweltfreundlichem, chlorfrei gebleichtem
und alterungsbeständigem Papier ∞ ISO 9706

(Verlag Ferdinand Schöningh GmbH, Jühenplatz 1, D-33098 Paderborn)

Internet: www.schoeningh.de

Printed in Germany. Herstellung Ferdinand Schöningh, Paderborn

ISBN 3-506-74792-4

INHALT

VERZEICHNIS DER SIGLEN UND ABKÜRZUNGEN

(Die Abkürzungen zu den *Funktionstypen inoffizieller Zusammenarbeit* bzw. den *Arten operativer Überwachung* sind gesondert im Anhang aufgelistet.)

ADCV	Archiv des Deutschen Caritasverbandes
ADiCV	Archiv des Diözesancaritasverbandes
AG BKK	Arbeitsgruppe Bereich Kommerzielle Koordinierung
AKZG	Archiv der Kommission für Zeitgeschichte
AP	Allgemeine Personenablage
BAEF	Bistumsarchiv Erfurt
BArch	Bundesarchiv [Berlin]
BBK	Berliner Bischofskonferenz
BND	Bundesnachrichtendienst
BOK	Berliner Ordinarienkonferenz
BStU	Bundesbeauftragter für die Unterlagen des Staatssicherheitsdienstes der ehemaligen DDR
Btm	Bistum
BV	Bezirksverwaltung [des MfS]
Cbs	Cottbus
CV	Caritasverband
DAB	Diözesanarchiv Berlin
DCV	Deutscher Caritasverband
Ddn	Dresden
DM BDL	Deutsche Mark der Bank Deutscher Länder (Währung der Bundesrepublik)
DM DNB	Deutsche Mark der Deutschen Notenbank (Währung der DDR)
DRK	Deutsches Rotes Kreuz
Eft	Erfurt
EKD	Evangelische Kirche in Deutschland
EV	Einzelvorgang
Fasz.	Faszikel

FfO	Frankfurt/Oder
GI/GM	Geheimer Informator/Mitarbeiter
HA	Hauptabteilung [des MfS]
HIM	Hauptamtlicher Inoffizieller Mitarbeiter
Hle	Halle
HM	Hängemappe
HV	Hauptvertretung [Berlin des DCV]
HVA	Hauptverwaltung Aufklärung
IM	Inoffizieller Mitarbeiter
KDSE	Katholische Deutsche Studenten Einigung
Kms	Karl-Marx-Stadt
KNA	Katholische Nachrichten-Agentur (Bonn)
Koko	[Bereich] Kommerzielle Koordinierung [im Ministerium für Außenwirtschaft]
MdI	Ministerium des Innern
MfS	Ministerium für Staatssicherheit
Mgb	Magdeburg
NKWD	Narodny Komissariat Wnutrennich Del (Volkskommissariat des Inneren)
OibE	Offizier im besonderen Einsatz
OV	Operativer Vorgang
p.	pagina/Seite
RA	Rechtsanwalt
ROO	Regionalarchiv Ordinarien Ost
SED	Sozialistische Einheitspartei Deutschlands
Shl	Suhl
SMT	Sowjetisches Militärtribunal
SSD	Staatssicherheitsdienst
Swn	Schwerin
TVM	Tausend-Valuta-Mark
ÜE/ÜSE	Übersiedlungsersuchen
ÜV	Überprüfungsvorgang
ZBM	Zentralarchiv des Bistums Magdeburg
ZK	Zentralkomitee
ZKG	Zentrale Koordinierungsgruppe im MfS
ZOV	Zentraler Operativ-Vorgang
Zst.	Zentralstelle [Berlin des DCV]

EINLEITUNG

Zehn Jahre nach dem Fall der Mauer ist das Thema »Kirchen und Staatssicherheit« weitgehend aus dem Rampenlicht der öffentlichen Debatte herausgerückt und zu einem Gegenstand vorwiegend der wissenschaftlichen Forschung geworden. Nicht die vorschnelle »Entlarvung« von Inoffiziellen Mitarbeitern, sondern die umfassende historische Auseinandersetzung mit diesem besonderen Kapitel deutscher Katholizismusgeschichte steht im Mittelpunkt einer notwendig versachlichten Diskussion.

Vor allem in den letzten Jahren hat die Erforschung des Verhältnisses von SED-Staat, MfS und katholischer Kirche deutliche Fortschritte erzielt: Auf der Grundlage neu erschlossener Quellen sind eine Reihe von Dokumentationen[1], Monographien[2] und Einzeluntersuchungen erschienen[3]. Sie geben über die kirchenpolitischen Spannungen und seelsorglichen Schwierigkeiten der katholischen Kirche in der SBZ und DDR Aufschluß. Die 1993 von den katholischen ostdeutschen Bischöfen als Reaktion auf die öffentliche »Stasi-Debatte« eingesetzte »Arbeitsgruppe zur Aufarbeitung der Tätigkeit staatlicher und politischer Organisationen/MfS gegenüber der katholischen Kirche« hat 1998 ihre Ergebnisse vorgelegt: Die insgesamt 252 nachgewiesenen IM-Vorgänge belegen, daß die bis 1989 anhaltenden Bemühungen des MfS keineswegs erfolglos blieben. Über die Qualität des »Erfolges« und das Ausmaß konspirativer Einflußnahme ist damit nur wenig gesagt; hier bedarf es nach der Auffassung von Dieter Grande und Bernd Schäfer einer Einzelfall-Beurteilung[4]. Auf dieser Materialgrundlage aufbauend hat Bernd Schäfer, wissenschaftlicher Mitarbeiter der bischöflichen Arbeitsgruppe, eine

[1] Vgl. die inzwischen abgeschlossene Dokumentation von M. Höllen, Loyale Distanz? Katholizismus und Kirchenpolitik in der SBZ und DDR. Ein historischer Überblick in Dokumenten.

[2] Th. Raabe, SED-Staat und katholische Kirche 1949-1961; U. Haese, Katholische Kirche in der DDR; W. Tischner, Katholische Kirche.

[3] Vgl. den in Vorbereitung befindlichen Forschungsbericht des Verfassers über Neuerscheinungen zur Geschichte der katholischen Kirche in der DDR.

[4] D. Grande/B. Schäfer, Kirche im Visier.

Gesamtdarstellung über »Staat und katholische Kirche in der DDR«[5] vorgelegt. Nach den nicht unumstrittenen Veröffentlichungen Gerhard Besiers über die evangelischen Kirchen und ihre Beeinflussung durch das MfS[6] liegen jetzt gründlich recherchierte Publikationen zum Staat-Kirche-Verhältnis im allgemeinen und zur »Bearbeitung« der katholischen Kirche durch das MfS im besonderen vor.

Das Thema »Staatssicherheit und Caritas« im engeren Sinne wird – ebenso wie in den Veröffentlichungen von Martin Höllen[7] und Ute Haese[8] – nur gestreift. Das Interesse richtet sich stattdessen auf Aktivitäten von katholischer Kirche und Caritas im Rahmen der sogenannten »Kirchengeschäfte«, deren Umfang für die katholische Kirche im großen und ganzen bekannt ist[9]. Die materiellen und finanziellen Transfers von West nach Ost besaßen für Kirche und Caritas existentielle Bedeutung. Dem stand staatlicherseits ein zunehmender Bedarf an Devisen gegenüber. »Die diversen Kirchengeschäfte«, urteilt Schäfer, »hatten für beide Seiten (...) unübersehbare Vorteile und schufen gegenseitige Abhängigkeiten, wobei für die Kirche ohnehin die generelle Abhängigkeit von der staatlichen Politik gegeben war«[10].

Alles in allem steht eine systematische Erforschung der Geschichte der Caritas in der SBZ/DDR noch aus[11]. Hier setzt die vorliegende Studie an. Sie ist das Ergebnis eines Forschungsprojektes, das zwischen 1997 und 1999 gemeinsam vom Deutschen Caritasverband und der Kommission für Zeitgeschichte durchgeführt wurde. Es widmet sich einem zweifellos bedeutsamen Segment dieser jüngsten Caritasgeschichte, den Kontakten zwischen Staatssicherheit und Ca-

---

5 B. SCHÄFER, Staat und katholische Kirche in der DDR.

6 G. BESIER, »Pfarrer, Christen, Katholiken«; G. BESIER, Der SED-Staat und die Kirche. Der Weg in die Anpassung; DERS. Der SED-Staat und die Kirche 1969-1990. Die Vision vom »Dritten Weg«.

7 M. HÖLLEN, Bd. 2 und Bd. 3,1.

8 U. HAESE, MfS-Kontakte, S. 377-379; wenige Hinweise zum Paderborner Weihbischof Nordhues und Caritasdirektor Hubrich bei H. J. BRANDT, S. 152-156.

9 Vgl. die Beiträge von H. PUSCHMANN, Brückenfunktion; DERS., Statement; A. VOLZE, Kirchliche Transferleistungen; DERS., Devisengeschäfte; DERS. »Innerdeutsche Transfers«; G. BESIER, SED-Staat und Kirche, S. 511-547; außerdem DER BEREICH KOMMERZIELLE KOORDINIERUNG, S. 293-322.

10 B. SCHÄFER, Staat, S. 329.

11 Über die frühe Zeit der Caritas in der SBZ vgl. W. TISCHNER, Katholische Kirche, S. 385-448.

ritas in der ehemaligen DDR. Ziel ist es, diese Kontakte in historischer Perspektive zu untersuchen.

Von vornherein muß unterstrichen werden, daß nur solche Kontakte untersucht werden, welche die Caritas sachlich betreffen oder im Rahmen einer Tätigkeit für die Caritas zustande kamen. Richtete das MfS Ermittlungen gegen Führungskräfte der Caritas bzw. unterhielt konspirative Kontakte zu diesen, wenn diese noch nicht in den caritativen Dienst eingetreten bzw. bereits wieder aus ihm ausgeschieden waren, werden diese nur insoweit berücksichtigt, als sachrelevante Informationen über die Caritas an das MfS gelangten. Ein solcher begrenzter Zugriff schränkt zwar den historischen Aussagewert ein, ist aber im Hinblick auf das Thema aus datenschutzrechtlichen Gründen nicht anders zu handhaben[12]. Gleichwohl sind Aufschlüsse über die politische Wahrnehmung und Relevanz caritativer Arbeit in der DDR einerseits und über das Ausmaß konspirativer Durchdringung der Caritas andererseits zu erwarten.

Im einzelnen sind daher drei Fragekomplexe näher zu durchleuchten:

1. MfS und Caritasverbände in der SBZ/DDR waren jeweils fest eingebunden in die hierarchischen Strukturen von Partei und Staat einerseits und katholischer Kirche andererseits sowie das komplexe und spannungsgeladene Beziehungsgeflecht zwischen beiden. Zunächst ist daher nach dem jeweiligen identitätsstiftenden Selbstverständnis und dem daraus resultierenden Handlungsrahmen zu fragen. Welche Rolle spielten sozialistische Weltanschauung hier und christlich-katholischer Glaube dort für die Wahrnehmung des Gegenübers und das Handeln der Beteiligten?

2. Im Zentrum steht die Frage nach der »Bearbeitung« der Caritas durch den Staatssicherheitsdienst. Wie versuchte dieser, sein grundsätzliches Ziel – Repression durch Kontrolle und Kontrolle durch Repression – im Hinblick auf die katholische Caritasorganisation zu erreichen? Zu klären ist, *was* das MfS *aus welchen Gründen* an der Caritasarbeit interessierte, mit *welchen Methoden* das MfS vorging und in welchem Umfang es die fest in kirchliche Strukturen eingebundene Caritasarbeit als eigenständige Größe überhaupt wahrgenommen hat[13]. Gab es regionale Besonderhei-

[12] Vgl. auch den Hinweis auf die Quellenlage unten S. 16.

[13] Für die evangelische Diakonie ist ein solches Interesse bestritten worden: »Trotz dieses Grundkonflikts und der von ihr [der Diakonie] behaupteten Eigenständigkeit wurde die Diakonie vom MfS nicht mit besonderer Intensität

ten? In diesen Zusammenhang gehört auch die Frage, in welchem Ausmaß es dem MfS gelang, hauptamtliche Mitarbeiter im kirchlich-caritativen Dienst für eine konspirative Zusammenarbeit zu gewinnen, welche Bedeutung im besonderen den sogenannten kirchlichen »Gesprächskontakten« zum MfS zukam und wie die »Kontakte« zu beurteilen sind.

3. Das Verhältnis zwischen SED-Staat und katholischer Kirche besaß eine von internationalen, deutschlandpolitischen und innerkichlichen Rahmenbedingungen abhängige, spezifische Dynamik, die auf Staatssicherheit und Caritasorganisation zurückwirkte. Zu fragen ist deshalb, wie sich das spannungsreiche »Gegenüber« beider seit 1945/50 entwickelte. Sind Veränderungen feststellbar? Das schließt auch die Frage ein, inwieweit bestimmte innerkirchliche Konstellationen und Strukturen durch das MfS im eigenen Sinne genutzt werden konnten.

Grundlage für eine Antwort bilden die vom Staatssicherheitsdienst zur Caritas angelegten Akten und gesammelten Unterlagen. Da nur wenige caritasrelevante Sachakten überliefert sind, liegt es nahe, den Zugriff um eine systematische Auswertung der personenbezogenen Aktenüberlieferung der Staatssicherheit zu erweitern. Aus den schätzungsweise 12-14.000 Angestellten, die die Caritas in der SBZ/DDR insgesamt bis 1989 beschäftigt hat, wurden als Sample 183 Führungskräfte im kirchlich-caritativen Dienst ausgewählt. Die Beschränkung auf diese kleine, in der Verbandszentrale in Berlin bzw. in den Caritasleitungen der einzelnen Jurisdiktionsbezirke arbeitende Elite ist nicht nur aus datenschutzrechtlichen[14] und arbeitsökonomischen, sondern auch aus »strukturellen« Gründen gerechtfertigt: Diese 73

beobachtet oder bearbeitet. Dafür sind zwei Gründe auszumachen. Zum einen ist festzustellen, daß z.B. mit der Betreuung behinderter Menschen der Diakonie Aufgaben überlassen wurden, die in der ideologischen Sicht der SED von untergeordneter Bedeutung waren. Zum anderen war die Diakonie durch ihre Gesprächskontakte mit den verschiedenen staatlichen Stellen und die vertraglichen Vereinbarungen kein unberechenbares Gegenüber«. I. HÜBNER, Diakonisches Werk; L. GROSSE/H. SCHULTZE/F. WINTER, S. 56; ebenso W. SCHILLING, S. 256.

[14] Grundlage für den Zugang zu den MfS-Unterlagen ist das sogenannte Stasi-Unterlagen-Gesetz vom 1. Januar 1992 (BGBl. I, 1991, S. 2272-2287). Es gewährt für Forschungsvorhaben auch Einsichtnahme in Unterlagen mit Informationen über »Personen der Zeitgeschichte«, soweit die Rechte Betroffener und Dritter unberührt bleiben (§§ 32, 33 in Verb. mit §§ 6 u. 14). Vgl. D. UNVERHAU, S. 45-54.

Kleriker, 59 weibliche und 51 männliche hauptamtliche Laien umfassende Führungsgruppe, die sich vorwiegend aus den Caritas-Vorsitzenden und den Caritasdirektoren (»Geschäftsführer«) sowie den Diözesanfürsorger/-innen und -jugendleiterinnen zusammensetzt, war Träger maßgeblicher Informationen. Ausgespart blieben die Angestellten im kirchlichen Gesundheitswesen (Chefärzte, Verwaltungsleiter der Krankenhäuser[15] etc.), die caritativ tätigen Orden und die mit der Caritas zusammenarbeitenden Justitiare und freien Rechtsanwälte. Die für eine Recherche erforderlichen personenbezogenen Daten wären nur mit großem Aufwand zu ermitteln gewesen und hätten – vor allem im Falle der Orden – dem Umfang nach bedeutet, ein zweites Forschungsprojekt zu eröffnen.

Methodisch unterscheidet sich dieser Zugang von dem der bischöflichen Arbeitsgruppe durch den systematischen Zugriff: Ausgangspunkt ist nicht die Tätigkeit staatlicher und politischer Organisationen bzw. des MfS gegenüber der katholischen Kirche, sondern die geschlossene und zahlenmäßig faßbare Kleingruppe der Caritaselite in der SBZ/DDR. Unbeschadet der notwendigen qualitativen Maßstäbe, die für eine differenzierte Bewertung gelten müssen[16], sind durch die feste Bezugsgröße auch quantitative Aussagen über den Grad konspirativer Durchdringung der Caritas möglich.

Daß es sich bei den insgesamt 180 Aktenkilometern Stasi-Hinterlassenschaft um spezifisches, weil mit staatspolizeilichen Methoden erworbenes und unter den Anforderungen der »Zweckbestimmung des Apparats«[17] gefiltertes und zusammengestelltes Material handelt, liegt auf der Hand[18]. Schon die vom MfS selbst eingeleiteten ständigen Kontrollen seiner Inoffiziellen Mitarbeiter zwingen zu einem vorsichtigen Umgang mit den in konspirativen Treffberichten getroffenen Feststellungen. Quellenkritisch ist deshalb stets ein besonders sorgsamer und behutsamer Umgang mit den Akten erforderlich. Mit der Professionalisierung des MfS »verbesserte« sich zwar die Qualität der Berichterstattung; andererseits zeigt sich, daß trotz des hohen Grades der Verschriftlichung manche Vereinbarung ledig-

---

[15] Zu den Verwaltungsleitern der Krankenhäuser als Zielgruppe des MfS vgl. die wenigen Hinweise unten S. 41, 177 (IM »Mende«, »Alois Saul«

[16] Vgl. dazu die Hinweise bei D. GRANDE/B. SCHÄFER, Kirche im Visier, S. 96-98. C. VOLLNHALS, Kirchenpolitische Abteilung, S. 99 f.

[17] R. ENGELMANN, S. 29.

[18] Zur Quellenkritik der kirchenrelevanten MfS-Überlieferung vgl. auch die Hinweise von B. SCHÄFER, »Inoffizielle Mitarbeiter«, S. 447-466.

lich mündlich getroffen wurde oder Vorgänge – etwa infolge der Archivierung – »bereinigt«[19] wurden. Auch ist mit einem regional unterschiedlichen Ausmaß der Aktenvernichtung durch MfS-Mitarbeiter im Zuge des Umbruchs 1989/90 zu rechnen[20]. Überdies wurden aus datenschutzrechtlichen Gründen zahlreiche Akten nur in ihren caritasrelevanten Schriftstücken vorgelegt.

Deshalb sind im Sinne einer zuverlässigen Einordnung und Interpretation auch Caritasakten kirchlicher[21] und staatlicher Provenienz heranzuziehen: Im wesentlichen handelt es sich um die zusammengeführten Aktenbestände der Hauptvertretung Berlin und der Zentralstelle Berlin (Ost) des Deutschen Caritasverbandes, des Commissariats der Fuldaer Bischofskonferenz bzw. des Katholischen Kommissariats Berlin und der Berliner Ordinarien- bzw. Bischofskonferenz[22]. Ergänzt wird die kirchliche Überlieferung durch einige ausgewählte staatliche Akten der Arbeitsgruppe Kirchenfragen im ZK der SED und der Dienststelle des Staatssekretärs für Kirchenfragen, soweit sie für den hier interessierenden engeren Rahmen der Caritasgeschichte relevant sind. Vorgänge, die direkt mit der Überlieferung in den MfS-Akten korrespondieren, fanden sich allerdings in der kirchlichen Aktenüberlieferung nur in Ausnahmefällen[23].

Der Grund dafür ist nicht nur in dem »charismatisch-chaotische[n] Stil eines Mantel- und Aktentaschenbüros in Form von Notizzetteln«[24] zu suchen, wie er für die Arbeit von Prälat Johannes Zinke in seiner Zeit als Leiter der Hauptvertretung Berlin des Deutschen Caritasverbandes (1946-1968) kennzeichnend war. Vielmehr verzichtete man bei der Caritas ebenso wie in Kirchenkreisen späte-

---

19 Vgl. etwa die Akte von IM »Otto«.

20 Vgl. dazu die Hinweise bei D. Grande/B. Schäfer, Kirche im Visier, S. 21 f., 60-91.

21 Zur Bedeutung der kirchlichen Aktenüberlieferung vgl. K. D. Henke/R. Engelmann, S. 13.

22 Für eine Geschichte der Caritas in der DDR bedürfte es allerdings noch weiterer Recherchen in den Akten von Partei und Staat.

23 Vgl. die Ausführungen zum Bischöflichen Werk »Not in der Welt« unten S. 129-139.

24 So H. Puschmann, Erinnerungen an die Zentralstelle Berlin des Deutschen Caritasverbandes. Interessant ist in diesem Zusammenhang auch der von Hauptmann Wegener am 13. Dezember 1968 angefertigte Treffbericht über eine Unterredung mit GI »Horst«: »Vor dem Tode des Prälaten Zinke habe keine Übergabe seiner Dienststelle an den eventuellen Nachfolger stattgefunden. Die inzwischen erfolgte Übergabe habe ergeben, dass man weniger Material vorgefunden habe, als man sich erhofft hatte«. BStU MfS AIM 6973/73, Bd. II, p. 18.

stens seit dem Mauerbau weitgehend auf interne und vertrauliche Schreiben[25], um Personen und die Arbeit insgesamt nicht zu gefährden[26]. Schließlich erlaubte die bei diskreten Verhandlungen mit staatlichen Stellen, etwa dem Ministerium für Außenhandel, beiderseitig vereinbarte Vertraulichkeit eine ausführliche Aktenführung nicht[27]. Den Erinnerungen von Zeitzeugen kommt infolgedessen ein besonderes Gewicht zu. Sie wurden deshalb im Rahmen einer Zeitzeugen-Tagung zu erfassen versucht[28].

Ingesamt kommt dem Projekt der fortgeschrittene Erschließungsgrad der Akten zugute. Das gilt vor allem für den grundlegenden Bestand der MfS-Akten. Allerdings ist die Rekonstruktion »vorvernichteter Akten« auch aus der kirchenpolitischen Abteilung XX/4 des MfS noch längst nicht abgeschlossen[29]. Da es sich um Aktenbestände der Berliner Zentrale des DDR-Staatssicherheitsdienstes handelt, ist – wie die bisher wiederhergestellten Aktenstücke zeigen[30] – noch mit neuen und aufschlußreichen Funden zu rechnen. Insofern kann auch nach zwei Jahren intensiver Recherchen nur von einer Zwischenbilanz die Rede sein.

---

[25] Am 1. September 1961, wenige Tage nach der Errichtung der Mauer, schrieb Präsident Stehlin vertraulich an Johannes Zinke (persönlich und per Luftpost) und bat um sofortige Vernichtung aller mit Bundesmitteln zusammenhängenden Belege bis 31.12.1959; später datierte Belege sollten sofort nach Freiburg übersandt oder, sofern der Verwendungsnachweis noch nicht erbracht sei, unverzüglich erstellt und der Zentrale übermittelt werden. »Für diese dienstliche Anordnung übernehmen wir die volle Verantwortung. Bezüglich der Dringlichkeit und Bedeutung dieser Massnahme sind wohl keine weiteren Erklärungen erforderlich.« ADCV 121, Fasz. 6.

[26] Vgl. auch den Hinweis bei H. J. BRANDT, S. 150.

[27] »Wir haben jährliche Vereinbarungen bei KOKO in der dort üblichen Kürze – der rechts Unterzeichnete, der links Unterzeichnete – getroffen seit den siebziger Jahren.« H. PUSCHMANN, Statement, S. 319; vgl. außerdem Hinweise bei B. SCHÄFER, Staat, S. 325.

[28] Vgl. Ch. KÖSTERS (Hrsg.), Caritas.

[29] Vgl. D. GRANDE/B. SCHÄFER, Kirche im Visier, S. 21. Insgesamt lagern bei der Außenstelle der »Gauck-Behörde« in Zirndorf bei Nürnberg laut Presseberichten noch mehr als 1.000 Papiersäcke mit »vorvernichteten«, d.h. zerrissenen Dokumenten allein aus der Hauptabteilung XX. Jeder Sack enthält schätzungsweise 2.500 Blatt. Vgl. FAZ Nr. 44 vom 22. Februar 2000, T 1.

[30] Jüngst wurde die noch bei D. GRANDE/B. SCHÄFER , Kirche im Visier, S. 45 als gelöscht gekennzeichnete Akte von IM »Norbert« in Teilen wieder aufgefunden und rekonstruiert. Vgl. BSTU MfS AIM 25230/91, Bd. I. Gleiches gilt auch für Fragmente der Akte von Theodor Hubrich. BSTU MfS AIM 25433/91.

Unter dieser Prämisse erfolgt in fünf Schritten eine Annäherung an den einleitend skizzierten Fragekomplex: Zunächst soll der fundamentale Grundkonflikt umrissen werden, der Auseinandersetzungen wie »Kontakte« zwischen Caritas und Staatssicherheit bestimmte (I.). In einem weiteren Schritt wird ein Gesamtüberblick über den Umfang von Überwachung und konspirativer Durchdringung vorgestellt (II.). Auf dieser Grundlage werden dann die operativen Vorgänge und Fälle inoffizieller Mitarbeit vor dem Hintergrund deutschland- und kirchenpolitischer Spannungslinien und caritasgeschichtlicher Entwicklungen eingehender analysiert (III.) und schließlich bewertet (IV.). Der Bericht schließt mit einem Ausblick auf weiterführende Forschungsperspektiven, wie sie im Rahmen der Zeitzeugen-Tagung »Caritas in der SBZ/DDR 1945-1989« erörtert wurden (V.)

I. DER GRUNDKONFLIKT: CARITASIDENTITÄT UND SOZIALISTISCHE DIKTATUR

Die »Kontakte« zwischen Caritas und Staatssicherheit bewegten sich im Rahmen des jeweiligen weltanschaulichen Selbstverständnisses. »Caritas, gemeint als barmherzige, dem Glauben entsprungene und durch den Glauben geformte Liebe zu allen, die in Not sind, ist eine wesenhafte Lebensäußerung der Kirche, ebenso wesenhaft wie Bekenntnis und Zeugnis, wie Gebet und Opfer«[1]. Woran Benedict Kreutz im Juli 1946 unter dem Eindruck der Auswirkungen des Krieges erinnerte, das kannte jeder gute Katholik aus dem Katechismusunterricht: Gute Werke mehren die Gnade, und den Notleidenden gegenüber sind sogenannte leibliche und geistige Werke der Barmherzigkeit gefordert[2]. Caritas im umfassenden Sinn bildete eine mental fest verankerte und individuell heilsrelevante Grundkonstante in Glaubensleben und -praxis eines jeden Katholiken. Konzil und Pastoralsynoden haben diese individuelle Heilsperspektive geweitet zur »diakonia« als einem der Grundvollzüge der Kirche und Gemeinde[3]. Der Berliner Bischof Bengsch brachte das Wesen der Caritas bereits 1961 auf folgende Formel: »Ohne Caritas (...) gibt es keine Kirche, gibt es kein christliches Leben«[4].

Caritativer Dienst war in der DDR aber nicht nur in seiner Identität, sondern auch organisatorisch stets »kirchlicher Dienst«. Unter

---

1 DENKSCHRIFTEN CARITAS, Bd. I, S. 693.

2 Als leibliche Werke der Barmherzigkeit definierte der katholische Katechismus: die Hungrigen zu speisen, die Durstigen zu tränken, die Nackten zu bekleiden, die Fremden zu beherbergen, die Gefangenen zu erlösen, die Kranken zu besuchen, die Toten zu begraben, und als geistige Werke der Barmherzigkeit: die Sünder zurechtzuweisen, die Unwissenden zu lehren, den Zweifelnden recht zu raten, die Betrübten zu trösten, das Unrecht geduldig zu leiden, denen, die uns beleidigen, gern zu verzeihen, für die Lebendigen und die Toten zu beten. Vgl. dazu auch die Ausführungen des AKKZG, S. 614.

3 Vgl. M. MITZSCHERLICH, Caritas als Wesensdimension und Grundfunktion der Kirche.

4 G. LANGE/U. PRUß, Nahtstelle, S. 461

dem Druck der äußeren politischen Verhältnisse hatten die Caritasverbände hier nach 1945 weitestgehend ihren Verbandscharakter zugunsten einer Eingliederung in die kirchlichen Diözesanstrukturen aufgegeben.

An den caritativen Dienst als Wesensbestandteil katholischer Identität zu erinnern, der insbesondere für die Arbeit der Caritasmitarbeiter handlungsleitend war, ist keineswegs banal. Denn solche Identität stand der immanenten »politischen Religion« des SED-Staates diametral entgegen. »Das ist gefährlich! Auflage? Inhalt?«, kommentierte ein MfS-Offizier die Information, Caritaspräsident Eckert habe auf der Caritaspriesterkonferenz im Februar 1956 in Berlin einen Vortrag »Caritas im neuen Katechismus« gehalten[5]. Der Sozialismus sah den alleinigen Heilsweg in der Geschichte[6]. Aus dieser säkularen Ideologie resultierte für den Staatssicherheitsdienst ein klares Feindbild, in der frühen Zeit des Kalten Krieges überlagert von einer primitiven Spionage- und »Diversions«-Perspektive[7]. Der Caritasverband führe »eine ständige Feindtätigkeit gegen die DDR durch«, hieß es 1959 in einem Perspektivplan der für Kirchenfragen zuständigen Hauptabteilung V/4 des MfS. »Die bisherigen Erfahrungen zeigen, daß der [!] Caritas Verbindungen zu imperialistischen Geheimdiensten und Agentenorganisationen hat. Die imperialistischen Geheimdienste haben verschiedene Personen des [!] Caritas geworben«. Und mit Blick auf eingeführte Gelder, Baumaterialien und Spendenpakete – über die das MfS offensichtlich informiert war – hieß es: »Auch diese Methode in ihrem Umfang betrachtet ist ideologische Diversion gegen den Aufbau des Sozialismus und zwar sehr wirksam«[8].

Die Bemühungen des MfS richteten sich deshalb stets darauf, a) gut informiert zu sein, b) Einfluß auf Entscheidungsprozesse zu gewinnen und c) die als »feindlich-negativ« identifizierten Erscheinungen bereits im Vorfeld zu bekämpfen, zurückzuschlagen oder un-

---

5 Bericht an das MfS, HA V/4 vom 22. Februar 1956 betr. Caritas-Priesterkonferenz in West-Berlin, BStU MfS HA XX/4/Dok., Nr. 583, Bd. 5, p. 530-531. Vgl. auch das vom MfS aufbewahrte »Caritasgebet«, BStU MfS HA XX/4/Dok., Nr. 583, Bd. 5, p. 567-568, in dem die Zeile hs. unterstrichen ist »Ich war im Gefängnis, und ihr seid zu mir gekommen«.

6 Vgl. K. Feiereis, Weltanschauliche Strukturen, S. 583-613. Vgl. auch S. Mampel, Das Ministerium für Staatssicherheit als Ideologiepolizei.

7 So B. Schäfer, Staat, S. 25.

8 Perspektivplan 1959 der HA V/4/II, Sachgebiet Caritas v. 1. April 1959, BStU MfS HA XX/4, Nr. 2696, p. 159-162.

schädlich zu machen[9]. Selbst wenn das ideologische Feindbild an Schärfe verlor[10], änderte sich an den sicherheitspolizeilichen Perspektiven im Grundsatz nichts. Allenfalls änderte sich mit dem wachsenden Devisenbedarf und der steigenden internationalen Anerkennung der DDR die Taktik zugunsten zumeist verdeckter repressiver Formen. »Das angeblich unbehinderte Wirken der Kirchen wurde außenpolitisch sogar als ›Toleranzbeweis‹ präsentiert«[11]- eine Entwicklung, die bereits Zeitgenossen wie dem Berliner Generalvikar Walter Adolph aufgefallen war. Er verglich solche kirchenpolitische Taktik und ihre Auswirkungen für die Christen unverhohlen mit der Praxis eines afrikanischen Naturschutzparks, bei dem die Grenzzäune immer enger gesetzt würden[12].

Für das MfS als »Schild und Schwert der Partei« [13] waren Gegnerbild und Bekämpfung der Kirchen in die Kirchenpolitik der SED eingebunden. Bis zuletzt betrieb diese gegenüber den Kirchen ein »doppeltes Spiel« (C. Vollnhals)[14]. Neben der offiziellen Kirchenpolitik, inszeniert in Verlautbarungen und Spitzengesprächen[15], gab es eine »inoffizielle«, deren »Vollstrecker« das MfS war[16]. Beide bedingten und ergänzten einander. Nach außen setzte die SED-Kirchenpolitik seit den sechziger Jahren mehr auf Einbindung denn auf Konfrontation. Das MfS verstärkte deshalb die Versuche inoffizieller Unterwanderung und Einflußnahme, »um die Autonomie der Kirchen mittels des sogenannten Differenzierungsprozesses von innen zu zersetzen«[17]. Bei aller kirchenpolitischen Taktik blieb das Ziel dasselbe, letztlich die Kirchen »als selbständige gesellschaftliche Großverbände mit institutioneller Autonomie«[18] auszuschalten.

---

9 Vgl. W. SCHILLING, S. 257 f.

10 1982 hieß es in einem Vordruck der HA XX/4 über das Anforderungsprofil an einen IM der Linie XX/4: »Unterstützung des innerkirchlichen Differenzierungsprozesses durch Zurückdrängung reaktionärer Kräfte und Bekämpfung der feindlich-negativen Aktivitäten.« BSTU FfO Vorl. AIM 1504/83, p. 9-10.

11 D. GRANDE/B. SCHÄFER, Kirche im Visier, S. 93.

12 Vgl. die Parabel »Genosse Fuchs und Genosse Grünschnabel«, AKZG NL WA 14 n, p. 128-136.

13 So die Formulierung Erich Mielkes. Vgl. K. W. FRICKE, MfS, S. 11-20; C. VOLLNHALS, Ministerium für Staatssicherheit, S. 499.

14 Vgl. C. VOLLNHALS, Kirchenpolitische Abteilung, S. 80.

15 Bernd Schäfer spricht von »Bündnispolitik«. Vgl. B. SCHÄFER, Staat, S. 92-100; D. GRANDE/B. SCHÄFER, Kirche im Visier, S. 92 f.

16 Bernd Schäfer gebraucht hier den Begriff »Sicherheitspolitik«. Vgl. EBD., S. 92.

17 C. VOLLNHALS, Kirchenpolitische Abteilung, S. 80.

18 EBD.

Die DDR war eine sozialistische Diktatur. Das Verhältnis von Staat und Kirche wurde »de facto von den jeweiligen Machthabern gesetzt«[19]. Den äußeren Rahmen umschrieben die beiden Verfassungen von 1949 und 1968. Dort war eine zunächst »partielle«[20] (1949), seit 1968 dann vollständige Trennung zwischen Kirche und Staat festgeschrieben. Bei den verantwortlichen Mitarbeitern der Caritas war man sich zweifellos dieser Realität bewußt: »Wir mußten bis ganz kurz vor dem Ende der DDR davon ausgehen, daß für den Staat und die ihn beherrschende Partei die Maxime galt: ›Die Machtfrage stellt sich nicht.‹«, urteilt rückblickend der damalige Leiter der Zentralstelle Berlin des DCV, Hellmut Puschmann[21].

Das caritative Engagement bewegte sich in einem durch gesetzliche Bestimmungen und administrative Maßnahmen von Partei und Staat eng umschriebenen Rahmen. Da der Staat seine eigenen Einrichtungen stets bevorzugte, waren ständig Initiativen zur Modernisierung und Professionalisierung der Caritasarbeit gefordert; finanzielle Unterstützung aus dem Westen und Improvisation im Alltag gingen einher mit unermüdlichen Verhandlungen mit entsprechenden Regierungsvertretern. Von vornherein begründete Erfolgsaussichten bestanden hier indessen nicht. Bestehendes nicht zu gefährden und darum die Grenzen dieses Handlungsspielraumes zu respektieren, den vorhandenen Spielraum aber zu nutzen, ohne den Machthabern Einfluß auf caritative Belange zu ermöglichen war die handlungsleitende Maxime der Caritas in der DDR.

---

19 Ebd., S. 79.

20 U. v. Hehl/W. Tischner, S. 889.

21 H. Puschmann, Brückenfunktion, S. 136.

II. ÄUSSERE BESTANDSAUFNAHME: ÜBERWACHUNG UND KONSPIRATION

1. Materialsammlungen und Übersichten der Anfangsphase

Die Überwachung des »Feindes« begannen die Mitarbeiter in der Hauptabteilung V/4 des Ministeriums für Staatssicherheit ebenso wie in den regionalen Bezirksverwaltungen ohne kirchenpolitische, geschweige caritasspezifische Vorkenntnisse. Erst mit der massiven Bekämpfung der Caritasorganisation entstand nach und nach ein schärferes Bild von ihr. Der Orientierung dienten insbesondere im Jahrzehnt vor dem Mauerbau immer wieder zusammenfassende Berichte, Materialsammlungen und Übersichten mit den für Sicherheitsdienste typischen Organigrammen.

Erste Ermittlungen setzten ein, unmittelbar nachdem im Dezember 1954 im MfS eine eigene kirchenpolitische Abteilung errichtet worden war. Sie kamen aber offenbar rasch zum Erliegen und wurden erst wieder aufgenommen, als die interne Machtprobe im November 1957 zugunsten Erich Mielkes entschieden worden war. In den heftigen weltanschaulichen Auseinandersetzungen zwischen SED-Staat und christlichen Kirchen rückte die Caritas zwangsläufig erneut in das Blickfeld der staatlichen Sicherheitspolizei: Seit 1958 existierte zwischen dem MfS und der katholischen Kirche ein »Gesprächskanal«[1].

Mit Wissen seines Bischofs Döpfner nahm der Leiter der Hauptvertretung Berlin des Deutschen Caritasverbandes und Geschäftsträger des Commissariats der Fuldaer Bischofskonferenz in Berlin, Prälat Johannes Zinke, die Gespräche wahr. Im November 1959 schloß man in der kirchenpolitischen Abteilung des MfS die Akte »Zinke«; der bereits am 12. April 1955 angelegte Objektvorgang

[1] Vgl. dazu im einzelnen die Ausführungen S. 65-67, 90-97.

»Caritasverband« wurde in diesem Zusammenhang gründlich überarbeitet[2], ergänzt[3] und systematisch gegliedert[4].

Die Auswirkungen des Mauerbaus, der ihm folgende Kurswechsel der katholischen Kirche, die bundesdeutsche Ost- und internationale Entspannungspolitik stabilisierten die kirchenpolitischen Verhältnisse. Um so mehr wuchs das Interesse des MfS an spezifischen Kenntnissen über den Deutschen Caritasverband und seine Zentrale in Freiburg. Geschichte, Organisationsstruktur und Führungskräfte wurden Mitte der sechziger Jahre ermittelt, ohne daß das Wissen über die in der Bundesrepublik öffentlich zugänglichen Informationen[5] hinausreichte. Die internationale Caritasorganisation wurde im April/Mai 1971 aus aktuellem Anlaß Gegenstand sicherheitsdienstlicher Ermittlungen; der sechsseitige Bericht über »Caritas Internationalis« entstand als »umfangreiche Zuarbeit fürs Haus zum Komplex Entwicklungshilfe-Sudan – (Steiner-Problematik)«[6]. In den achtziger Jahren schließlich blieb es bei wenigen prägnanten Zusammenstellungen. Die Ausnahme bildete bezeichnenderweise allein der vom Gesamtdeutschen Institut in Bonn verfaßte Bericht über die »Diakonie und Caritas in der DDR und ihre gesellschaftliche Bedeutung«. Er trug zwar den Vermerk »Streng geheim«, enthielt aber nichts, was den staatlichen Stellen in der DDR nicht schon seit langem bekannt war.

---

[2] So wurde unter dem Gliederungspunkt »I/1/e Analyse laufend über die politische Situation« die am 23. September 1959 erstellte, zehnseitige Analyse erarbeitet, die offenbar zu einem späteren Zeitpunkt der Akte wieder entnommen und separat archiviert wurde. Der Bericht mit der hs. Aufschrift »I/1/e« findet sich unter BStU MfS HA XX/4/Dok., Nr. 583, Bd. 2.

[3] Im zweiten Teil der Akte, in dem das wenige personenbezogene Material zusammengestellt wurde, fand unter Punkt 9 der von Unterleutnant Baldauf verfaßte Abschlußbericht zum Überprüfungsvorgang »Zinke« als Manuskript Eingang. Vgl. BStU MfS HA XX/4, Nr. 2694, p. 128-129. Der gesamte Objektvorgang erhielt die neue Nummer 1514/60.

[4] Vgl. das Inhaltsverzeichnis BStU MfS HA XX/4, Nr. 2694, p. 2.

[5] Unter den archivierten Materialien des Dokumentationsarchivs fand sich beispielsweise Richard Völkls Broschüre »Diakonie und Caritas in den Dokumenten der deutschsprachigen Synoden«. Vgl. BStU MfS HA XX/4/Dok., Nr. 583, Bd. 6. Der Bericht über den Deutschen Caritasverband vom 11. Januar 1964 übernahm weitgehend die Angaben aus dem Kirchlichen Handbuch für das katholische Deutschland. Vgl. BStU MfS HA XX/4/Dok., Nr. 583, Bd. 2, p. 9-31.

[6] BStU MfS HA XX/4/Dok., Nr. 583, Bd. 1, p. 3. Wer oder was mit »Steiner-Problematik« gemeint ist, konnte nicht ermittelt werden.

Materialsammlungen der kirchenpolitischen Abteilung V/4 bzw. XX/4 zur Caritas in der DDR

Datum (Beginn des Vorgangs)	Akteninhalt	Blatt-zahl	Signatur
1950/1954	*Caritas im Bistum Meißen* (enth.: Mitteilung Spülbeck über Struktur der Caritas, 1950; Liste »Caritative Anstalten im Bistum Meißen«, 1954; Abhörprotokolle Bischof Spülbeck, 1959)	31	BStU MfS HA XX/4, Nr. 2696
1953/1955; (- 1959/1960)	*Caritas-Paketsendungen an Einzelpersonen* (enth.: Bescheinigung Zinkes für Einfuhr v. Medikamenten als Geschenksendung, 1953; Bericht über nicht genehmigte Aktionen kirchlicher Institutionen, 1955)	48	BStU MfS HA XX/4, Nr. 2695
1954 /1955 (-1960)	*Caritas Westdeutschland* (enth.: Personalbogen Füssel; Pekao-Sendungen nach Polen, 1955; Hüssler Generalsekretär, 1959; Berichte über CV Bochum, Stuttgart, München)	38	BStU MfS HA XX/4, Nr. 2696
1954/1955	*Geldsendungen von Westberlin in die DDR* (enth.: Ermittlungen BV Rostock betr. Überweisungen von Geld aus West-Berlin an Personen in der DDR, Apr. 1954; Anweisung Staatsleistungen an kathol. Kirche durch Otto Nuschke, 1955; Schwarzgeldeinfuhr aus West-Berlin, 1955; Wechselstube West-Berlin, 1959)	63	BStU MfS HA XX/4, Nr. 2695
1955/1959	*Deutscher Caritasverband, Bayernallee 28* (enth.: Ermittlungsbericht über Zweigstelle (!) des DCV, 1955; Ortsbeschreibung, 1956; Personalangaben u.a. f. Antrag auf Propuske; Postüberwachung, 1957; Perspektivplan, 1959)	45	BStU MfS HA XX/4, Nr. 2696
12.4.1955 1959/61	*Objektvorgang »Caritasverband«* (enth. u.a. Organigramm »Caritas-Verband«; »Kaderspiegel«; Operativ	141	BStU MfS HA XX/4, Nr. 2694

Datum (Beginn des Vorgangs)	Akteninhalt	Blattzahl	Signatur
	bearbeitete Personen: nur Zinke, Abschlußbericht »Überprüfungsvorgang Zinke« integriert; Postüberwachung Albs, 1959; Caritassammlung, 1961)		
1955/1956; 1959	*Caritasverband für das Bistum Berlin, Kolonnenstr. 38* (enth.: Postüberwachung Düsseldorfer Str., 1955; Mitteilung Petrusblatt über Verlegung in Kolonnenstr., 1956; Information der HA VIII betr. »Leitstelle-Ost«, 1959)	33	BStU MfS HA XX/4, Nr. 2696
1956	*Bahnhofsmission* (enth. keine caritasspezifischen Ausführungen)	40	BStU MfS HA XX/4, Nr. 436
1956	*»Bearbeitung« des Caritas-Altenheimes in Lichtenstein*	10	BStU MfS HA XX/4, Nr. 2859
19.9.1956	*Bericht über den »Katholischen Caritas-Verband«* (enth.: summarische Ausführungen zu agentenfeindlichen Kontakten der Caritas in der DDR)	2	BStU MfS HA XX/4/ Dok. Nr. 583, Bd. 2
1957	*Caritasverband für das Bistum Berlin, »Jakobystr. 24/Gürtelstr. 8«* (enth.: Kontakte nach Polen, 1957; Postkontrolle Gürtelstraße 8, 1960; Personalliste »Angestellte in kathol. Heimen«, 1960)	90	BStU MfS HA XX/4, Nr. 2695
Februar 1958	*Bericht »Caritas-Verband«* (enth.: v.a. Hinweise auf Geschenksendungen für Polen)	3	BStU MfS HA XX/4/ Dok., Nr. 583, Bd. 2
23.9.1959	*Analyse »Caritasverband«*	10	BStU MfS HA XX/4/ DokNr. 583, Bd. 2
1959	*Überprüfungsvorgang »Caritas«*		s.o. 12.4.1955

Datum (Beginn des Vorgangs)	Akteninhalt	Blatt-zahl	Signatur
1960 /1961	*Katholischer Schwesternverband Deutschlands, Berlin, Waldenstr. 7* (enth.: Ergebnisse einer Postkontrolle)	51	BStU MfS HA XX/4, Nr. 2696
11.1.1964	*Bericht »Deutscher Caritasverband, Freiburg«*	23	BStU MfS HA XX/ 4/Dok Nr.583, Bd. 2
29.7.1965	*Bericht »Deutscher Caritasverband, Freiburg« (Kurzfassung)*	3	BStU MfS HA XX/4/ Dok Nr.583, Bd. 2
5.5.1971	*Auskunftsbericht »Caritas Internationalis«*	6	BStU MfS HA XX/4/ Dok.Nr. 583, Bd. 1
6.11.1979	*Auskunftsbericht »Die römisch-katholische Kirche in der DDR«* (enth.: summarische Übersicht über caritative Einrichtungen, Einzelauflistung der katholischen Ausbildungs- und Bildungsstätten; Adreßliste sämtlicher katholischer Krankenhäuser in der DDR)		BStU MfS HA XX/4, Nr.157
3.3.1981	*Information Arbeitsgruppe Kirchenfragen zur Situation der katholischen Kirche in der DDR* (enth.: Einschätzung zur Caritasarbeit)	1	BStU MfS HA XX/4, Nr. 3143
1984	*Sonderbauprogramm* (enth.: hs. Vermerk für Roßberg)	3	BStU MfS HA XX/4, Nr. 3126
21.6.1985	*Diakonisch-caritative Einrichtungen in der DDR* (enth.: Verlautbarung BBK v. 4.6.1985 über »Beziehungen kirchlich-caritativer Einrichtungen zu staatlichen sowie zu politischen und gesellschaftlichen Organisationen«	5	BStU MfS HA XX/4 Nr. 1843

Datum (Beginn des Vorgangs)	Akteninhalt	Blatt-zahl	Signatur
3.10.1986	*Deutscher Caritasverband (DCV) der katholischen Kirche, BRD* (knappe lexikalische Zusammenfassung)	1	BStU MfS HA XX/4 Nr. 1665
30.9.1987	*Bericht des Gesamtdeutschen Instituts, Bundesanstalt für Gesamtdeutsche* Aufgaben über »Diakonie und Caritas in der DDR und ihre gesellschaftliche Bedeutung« von Peter Haendler v. 30.9.1987. – (Vermerk »Streng geheim«; enth. im Anhang: Textfassung der Ausbildungsvereinbarung der Diakonie, 1975, Liste der wichtigsten caritativen Einrichungen in der DDR)	40	BStU MfS HA XX/4, Nr. 2102, 1906

2. Inoffizielle Mitarbeiter in der Caritasführung

In welchem Ausmaß wurde die kirchlich organisierte Caritas überwacht bzw. vom MfS konspirativ durchdrungen? Da es sich bei der untersuchten Gruppe caritativer Führungskräfte um eine abgeschlossene Größe handelt, erlaubt eine statistische Aufschlüsselung der Fälle eine erste, wenngleich nur vorläufige Antwort.

Dargestellt sind die Ergebnisse der Recherchen in den Personenakten. Der Überlieferung der Akten entsprechend sind sie aufgeschlüsselt nach Überwachungs- und Kontrollvorgängen einerseits und IM-Vorgängen andererseits. Um ein möglichst differenziertes Bild zu erhalten, sind Erfassungen, die lediglich der Materialsammlung (Allgemeine Personenablage, Kerblochkartei-Erfassung) dienten, eigens ausgewiesen. Separat sind auch jene Fälle aufgeführt, in denen das MfS einen Überwachungs- bzw. IM-Vorgang zu vor- bzw. nachmaligen Caritas-Führungskräften anlegte.

Auf den ersten Blick wird deutlich: Der weitaus größte Teil der 183 Caritas-Führungskräfte ist bislang in den MfS-Akten nicht nachweisbar (126). Etwa zwei Drittel der untersuchten Caritaselite in der SBZ/DDR sind, soweit es ihre caritative Tätigkeit betrifft, nicht weiter aktenkundig geworden. Bei den 57 ermittelten Einzelfällen handelt es sich zu drei Vierteln um solche, die im weiteren Sin-

183 Führungskräfte der Caritas	**Berlin** Zst. /HV	CV Btm	CV Berlin	**Dresden**	**Erfurt-Meiningen**	**Magdeburg**	**Schwerin**	**Cottbus-Görlitz**	**Summe**
Zahl der aktenkundigen Einzelfälle	12	3	2	15	9	4	5	7	57
Überwachungen (insg.)	*11*		*2*	*11*	*7*	*4*	*4*	*4*	*43*
davon Allg. Personenablage*	6		1	2		1			10
davon Kerblochkartei-Erfassung*	2			1		2	2	1	8
davon nicht in Funktion eines Caritasmitarbeiters*	1			4	4	1	1	2	13
Inoffizielle Mitarbeiter (insg.)	*1*	*3*		*4*	*2*		*1*	*3*	*14*
davon vor 1961				»Petrus« 1951**			R. F. 1951**	»Linus« 1950**	3
davon nach 1961	»Theodor« (Gesprächsbeauftragter) 1970**	»Otto« 1970** »Norbert« 1971**(Gesprächsbeauftragte)		»Konrad« 1967** »Erika« 1963** (1984/1986)	»Raphael« 1986**				6
davon nicht in Funktion eines Caritasmitarbeiters		»Horst« 1970**		»Dom« 1981** (Gesprächsbeauftragter)***	»Johannes« 1959**			Vorlauf IM »Benjamin«; Vorlauf C. B.	3 / 2

* Jeder Fall ist nur einmal aufgeführt. ** Die angegebenen Zahlen benennen das Jahr der Registrierung durch das MfS.

*** Der von der Bezirksverwaltung Dresden als IM geführte Dresdener Dompfarrer hat seinem Bischof »vollständig und gründlich über alle Gespräche mit dem MfS-Offizier Dieter Schanze und die behandelten Themen berichtet«. B. SCHÄFER, Staat, S. 350.

ne der Überwachung zuzuordnen sind (43); 18 dieser 43 Fälle zielten lediglich auf eine erste personenbezogene Sicherheitsüberprüfung.

In weiteren 13 Vorgängen war die betreffende Führungskraft noch nicht bzw. bereits nicht mehr für die Caritas tätig. Typisch dafür ist die Überprüfung einer leitenden Fürsorgerin im Bistum Meißen. Die Ermittlungen der Dresdener Bezirksverwaltung im Rahmen des »Judas« genannten Vorgangs erfolgten im Zusammenhang mit umfassenden Maßnahmen gegen die Katholische Aktion in Görlitz[7]. Ähnlich lag der Fall bei einer Jugendleiterin aus Cottbus, die nicht wegen ihrer führenden Stellung in der Caritas, sondern wegen ihrer Mitgliedschaft in der Focolare-Bewegung in das Fadenkreuz der Staatssicherheit geriet[8]. Auf den späteren Bischof Joachim Reinelt stieß der Staatssicherheitsdienst erstmals zu Beginn der fünfziger Jahre im Rahmen des Gruppenvorgangs »Student«; er richtete sich gegen den Dresdener Jesuitenpater Bernhard Mertz und die von ihm geleitete Marianische Kongregation[9]. Als Kaplan und Pfarrer blieb Reinelt ebenso unbehelligt wie als Caritasdirektor des Bistums Dresden-Meißen seit 1986. Erst als Reinelt zwei Jahre später die Nachfolge von Georg Schaffran als Bischof von Dresden-Meißen antrat, interessierte sich die Berliner Zentrale für ihn[10]. In nur zwölf der 57 ermittelten Einzelfälle leitete das MfS gegen einen führenden Caritasmitarbeiter nachweislich weitergehende, sein personelles Umfeld einbeziehende Überwachungs- und Kontrollmaßnahmen (Ermittlungs- und Operative Personenkontrollen) bzw. Verfolgungsmaßnahmen ein (Operativer Vorgang, Überprüfungsvorgang).

Verlängerter Arm und »Hauptwaffe« (C. Vollnhals)[11] der Staatssicherheit waren zweifellos die Inoffiziellen Mitarbeiter. Unbeschadet ihrer Pläne gelang es dem MfS in den knapp 40 Jahre dauernden Bemühungen nicht, entscheidend in die Elite der Caritas einzudringen. Nur 14 der 183 überprüften Führungskräfte, das sind gut 7 %, wurden als IM registriert; damit ist, wie bereits erwähnt[12], noch

---

[7] Zu den Einzelheiten vgl. die Ausführungen unten S. 73-76 zur Bahnhofsmission.

[8] BSTU Ddn AOP 1131/70; AP 10325/92.

[9] Vgl. D. GRANDE/B. SCHÄFER, Kirche im Visier, S. 126 f.; BSTU Ddn AOP 233/57, Bd. I, p. 7 f.

[10] Einschätzungen, Berichte und Presseausschnitte vom Januar und Februar 1988 anläßlich der Berufung und Weihe von Joachim Reinelt zum Bischof von Dresden, BSTU MfS HA XX/4, Nr. 2504, BSTU MfS HA XX/4, Nr. 2508, p. 49.

[11] C. VOLLNHALS, Ministerium für Staatssicherheit, S. 507.

[12] Vgl. oben S. 11, 15.

nichts über die Qualität der Berichterstattung ausgesagt. In fünf dieser 14 Fälle war der IM aus dem caritativen Dienst ausgeschieden. Von den verbleibenden 9 Inoffiziellen Mitarbeitern wurden vor dem Mauerbau lediglich drei, danach sechs registriert.

Der Generalvikar im Bistum Meißen und Vorsitzende der dortigen Diözesancaritas konnte 1951 als G[eheimer] I[nformator] »Petrus« geworben werden[13]. Zwar unterschrieb Dr. Wilhelm Soppa eine maschinenschriftlich vorbereitete »Schweigeerklärung«, wies aber von sich aus stets zurück, mit der Staatssicherheit zusammenarbeiten zu wollen[14]. Seine Kirchenbindung war, zumal nach den Erfahrungen der NS-Zeit, über jeden Zweifel erhaben[15]. Die Auskünfte, die er seinem Besucher und Anrufer vom MfS über den Aufbau und die Strukturen der deutschen Caritas im allgemeinen und der in seinem Bistum im besonderen gab[16], wiederholten sich inhaltlich bald[17] und stellten deshalb das MfS wenig zufrieden[18]. Gleichwohl eröffneten die Informationen der Staatssicherheit, die in Kirchen- wie Caritasfragen gänzlich ohne Vorkenntnisse war, in diesem frühen Stadium einen ersten Zugang.

Wie bei »Petrus« bildete auch beim Direktor der Mecklenburger Caritasorganisation die Reise zur alljährlichen Zentralratstagung in Freiburg den Anknüpfungspunkt für das Werbungsgespräch. Der

---

13 Vgl. D. GRANDE/B. SCHÄFER, Kirche im Visier, S. 122-124.

14 Vgl. die Schweigepflicht-Erklärung vom 9. Mai 1951 und den Treffbericht vom 6. Juli 1955, BSTU Ddn AIM 1274/59, P-Akte, p. 14, 27-29.

15 Vgl. auch die Hinweise im Bericht von GI »Hans Strahlbach« vom 14. April 1954, BSTU Ddn AOP 397/56, Bd. I, p. 23.

16 Maschinenschr. Abschrift vom 9. Mai 1951 der hs. Notizen Soppa BSTU Ddn AIM 1274/59, A-Akte, p. 17; Über Zinke hieß es: »In Berlin-Ost ist ein eigener Direktor, dessen Name und Alter mir nicht einfällt.«

17 Treffbericht vom 16. Mai 1951, BSTU Ddn AIM 1274/59, A-Akte, p. 20-21; GI Petrus wollte aus diesem Grund auch den Kontakt abbrechen; BSTU Ddn AIM 1274/59, P-Akte, p. 27-29.

18 So hieß es in einem Treffbericht vom 16. Mai 1951: »Der Versuch, so viel wie möglich über die Organisation Caritas aus ihm heraus zu holen, gelang nur teilweise. (...) Wiederum hob er hervor, dass er uns jederzeit behilflich sein will, aufbaustörende Kräfte innerhalb des Caritasverbandes zu finden und uns zu nennen, aber er selbst glaubt nicht, dass solche in der Organisation vorhanden sind, da die führenden Persönlichkeiten sorgfältig vom ›Heiligen Stuhl‹ ausgesucht wären.« BSTU Ddn AIM 1274/59, A-Akte, p. 21. – Die handschriftl. Verpflichtung, die GI »Petrus« abgab, ist wohl in diesem Kontext zu deuten. Vgl. Schweigepflicht-Erklärung und Bericht über Werbung vom 9. Mai 1951, BSTU Ddn AIM 1274/59, P-Akte p. 14-16.

Schweriner Geistliche schrieb eigenhändig zwei Erklärungen[19], in denen er den gewünschten Bericht über die Tagung in Freiburg und die Wahrung des Schweigens zwar zusagte, fand sich aber dann nach seiner Rückkehr nicht mehr zum vereinbarten Treffen ein[20]; ein Deckname konnte deshalb auch gar nicht mehr abgesprochen werden.

GI »Linus«, Pfarrer in Hoyerswerda und später auch Mitglied im Diözesancaritasrat des Erzbischöflichen Amtes, bedeutete für das MfS die erste erfolgreiche Werbung im Cottbus-Görlitzer Gebiet[21]. Bei der Werbung übte die Staatssicherheit Druck auf den Kandidaten aus, »Linus« unterzeichnete eine selbstgeschriebene Verpflichtungserklärung[22]. »In Westberlin kennt er den Caritasdirektor Zinke, zu dem eine direkte Verbindung nicht besteht«, lautete die Einschätzung der Kreisdirektion Hoyerswerda 1952[23]. »Linus« oblag es in den folgenden Jahren u.a., zur »Aufklärung« von Personen im Erzbischöflichen Amt Görlitz beizutragen[24]. 1955 berichtete er über Referenten und Teilnehmer der Caritaspriesterkonferenz in Berlin[25]. Als Ende des Jahres die kirchenpolitische Abteilung des Staatssicherheitsdienstes dazu aufforderte, alle Priester, die als Geheime Informatoren arbeiteten, zu der nächsten Jahreskonferenz zu schicken[26], war es wiederum »Linus«, der über Referenten und Verlauf der Tagung berichtete[27]. Mit den Informationen des GI war

---

19 Bericht über die Werbung und Verpflichtung vom 2. April 1951, BStU Swn AG 385/52, Bd. I, p. 4, 5-6. Die erste Erklärung hatte folgenden Wortlaut: »Hierdurch erkläre ich mich bereit, über die heute mit der Kriminalpolizei [!] geführte Unterredung nicht zu sprechen«.

20 Vgl. den Beschluß über den Abbruch der Verbindung vom 4. Juli 1952, BStU Swn AG 385/52, Bd. I, p. 11. Begründend hieß es: »Wurde von Chefinspekteur Last nur mündlich verpflichtet und hat sich nie zum Treff eingefunden.«

21 Berichte über die Werbung von GI »Linus« vom 11. Dezember 1950 (Plan) und 1. März 1951, BStU Cbs AIM 2137/62, p. 8, 22-23.

22 Vgl. den Auskunftsbericht vom 27. August 1952, BStU Cbs AIM 2137/62, p. 27 sowie die Verpflichtungserklärung vom 1. März 1951, EBD., p. 23.

23 Vgl. den Auskunftsbericht vom 27. August 1952, BStU Cbs AIM 2137/62, p. 26.

24 Vgl. den Auskunftsbericht vom 2. November 1956, BStU Cbs AIM 2137/62, p. 34.

25 Vgl. den Treffbericht der Kreisdirektion Hoyerswerda vom 18. Februar 1955, BStU Cbs AIM 2137/62, p. 46.

26 Vgl. auch BStU MfS HA XX/4/Dok., Nr. 583, Bd. 5, p. 532-534, 554.

27 Vgl. die Berichte der Kreisdirektion Hoyerswerda vom 28. Februar 1956, BStU MfS HA XX/4/Dok., Nr. 583, Bd. 5, p. 532-534. Demnach soll Zinke auf

man bei der zuständigen Bezirksverwaltung ebensowenig zufrieden wie mit seinen 1955 gefertigten knappen Dossiers über den Görlitzer Caritasdirektor Mommert und den Geistlichen Rat Broß[28]. Die Berichte über Zusammenkünfte beinhalteten »nie Momente über eine feindl.[iche] Tätigkeit« und es sei »noch immer eine Zurück haltung in dieser Hinsicht zu bemerken«, konstatierte man im November 1956.

Als Inoffizielle Mitarbeiter registrierte das MfS auch jene Geistlichen, die im dienstlichen Auftrag ihres Bischofs oder Vorgesetzten Gesprächskontakte zur Staatssicherheit wahrnahmen. Nach dem Tod von Prälat Johannes Zinke 1968[29], der bemerkenswerterweise nicht als IM geführt wurde, nahm diese Aufgabe Otto Groß, Chefredakteur des Hedwigsblattes und Vorsitzender des Caritasverbandes im Bistum Berlin[30], wahr[31]. Zugleich bestanden zum Leiter der Zentralstelle Berlin des DCV, Caritasdirektor Theodor Hubrich, und zum Leiter der Ost-Berliner Geschäftsstelle des Caritasverbandes für das Bistum Berlin, Caritasdirektor Norbert Kaczmarek, Kontakte, die das MfS 1970 bzw. 1971 unter den Decknamen »Theodor«[32] und »Norbert«[33]. registrierte. Auf die Bedeutung dieser »Gesprächskontakte« wird weiter unten ausführlich einzugehen sein.

Bei den beiden für das Bistum (Dresden-)Meißen nachgewiesenen IM handelt es sich um langjährige konspirative Kontakte zum MfS.

---

der Caritaspriesterkonferenz 1956 geäußert haben: »Es würde manches in den Verhandlungen mit Vertretern der DDR leichter gehen, wenn die westlichen Besatzungsmächte vernünftiger wären«. Vgl. den Bericht der Kreisdienststelle Hoyerswerda vom 29. Februar 1956, BStU MfS HA XX/4/Dok., Nr. 583, Bd. 5, p. 532. – Die Berichte wurden der Signatur zufolge offensichtlich von Hoyerswerda nach Berlin weitergeleitet.

[28] Vgl. die Treffberichte vom 11. Juni 1955, BStU Cbs AIM 2137/62, p. 44, 45.

[29] Zu den Gesprächskontakten Zinkes vgl. ausführlich unten S. 90-97; allgemein H. D. Thiel, S. 185-200.

[30] Zur Bezeichnung »Vorsitzender der katholischen Caritas in der DDR« vgl. den Bericht Hartwigs, AG kathol. Kirche, vom 20. Februar 1967 über Gespräch mit Groß BStU MfS AIM 2716/75, Bd. I/1, p. 59-60.

[31] Zu den Einzelheiten der Gesprächskontakte, soweit sie caritative Belange betrafen, vgl. unten S. 126-129.

[32] Vgl. D. Grande/B. Schäfer, Kirche im Visier, S. 45; G. Besier/St. Wolf, S. 288; U. Haese, MfS-Kontakte, S. 377. Zu Hubrichs Gesprächskontakten vgl. die auf neuen Aktenfunden basierenden Ausführungen unten S. 118-120, 127-129, 139-143, 161-164.

[33] Vgl. BStU MfS AIM 25230/91, Bd. I.

»Erika« war bereits 1963 von der Staatssicherheit zur Bearbeitung der Jesuiten-Niederlassung Hoheneichen geworben worden[34]. Durch Vermittlung des Pfarrers und späteren Caritasdirektors Weisbender hatte sie zwei Jahre zuvor ein Zimmer im Nebenhaus der Jesuiten-Niederlassung erhalten[35]. Über Jahre hinweg berichtete »Erika« über die Vorgänge in Hoheneichen und überwachte den ökumenischen Gesprächskreis der Una-Sancta-Bewegung in Berlin[36]. Sie skizzierte die Räumlichkeiten der Diözesancaritas in der Dresdener Tiergartenstraße, gab Informationen über ihre Zusammentreffen mit dem Caritasdirektor preis[37] und machte auf die illegale Einfuhr von privaten Geldern aus West-Berlin durch Ärzte aufmerksam, die in der Charité arbeiteten und im Westteil der Stadt wohnten[38].

1983 gelang es, die seitdem als Hauptamtliche IM arbeitende »Erika« in das Bischöfliche Ordinariat in Dresden einzuschleusen[39]. Mit Beginn des Jahres übernahm sie in der Bauabteilung die Aufgaben einer Sekretärin, 1986 wechselte sie in derselben Funktion zu der im gleichen Gebäude untergebrachten Diözesancaritas[40]. Dieses Beschäftigungsverhältnis eröffnete dem MfS ganz neue Perspektiven. Gezielt wurde »Erika« im Rahmen operativer Vorgänge eingesetzt[41]. 1985 gab die Dresdener Bezirksverwaltung die Fertigung einer »Tasche mit konspirativem Fach für Materialien Größe bis A 4« in Auftrag[42]. Rundschreiben, Jahresberichte[43], Protokolle und Ter-

[34] Vgl. die Ausführungen zum ZOV »Schleuse« bei D. Grande/B. Schäfer, Kirche im Visier, S. 56 f., 65, 77 f.

[35] Vgl. den Bericht zur Umregistrierung vom 12. Dezember 1983, BStU Ddn AIM 6351/90, Bd. I/II,1, p. 97.

[36] Vgl. D. Grande/B. Schäfer, Kirche im Visier, S. 49.

[37] Vgl. BStU Ddn AIM 6351/90, Bd. II/I, p. 26-28, 170 f., 263-267, 275-277, 376-377.

[38] Vgl. den Bericht der Bezirksverwaltung Dresden vom 25. November 1964, BStU Ddn AIM 6351/90, Bd. I/I, p. 61.

[39] Vgl. den Bericht vom 4. November 1983, BStU Ddn AIM 6351/90, Bd. I/II, p. 81-84.

[40] Vgl. auch D. Grande/B. Schäfer, Kirche im Visier, S. 71; B. Schäfer, Staat, S. 351.

[41] So wirkte sie bei den Vorgängen »Schleuse«, »Begegnung«, »Klerus«, »Kanzler« mit. Vgl. auch D. Grande/B. Schäfer, Kirche im Visier, S. 67 f.

[42] Vgl. den Auftrag E vom 11. März 1985, BStU Ddn AIM 6351/90, Bd. I/II, p. 153.

[43] Der Jahresbericht 1986 der Diözesancaritas und eine Ergänzung zum Jahresbericht 1986 der Inneren Mission. Vgl. BStU Ddn AIM 6351/90, Bd. II/X, p. 262-296, 192-196.

minübersichten, die Jahresrechnung 1987 und der Haushaltsplan 1988 der Diözesancaritas, sämtliche vertraulichen oder nur für den innerkirchlichen Dienstgebrauch vorgesehenen Dokumente gelangten auf diesem Wege trotz ordinariatsinterner Kontrollen[44] in die Hände der Staatssicherheit. Sie erhielt Informationen und persönliche Einschätzungen über »Erika«« Kollegen und caritasinterne Vorgänge, v.a. auch über jene Mitarbeiter, die beabsichtigten, in den Westen auszureisen bzw. bereits einen entsprechenden Antrag gestellt hatten[45].

Aus Sicht des MfS füllte »Erika« jene Lücke, die IM »Konrad« hinterlassen hatte. Die zwanzigjährige Zusammenarbeit mit diesem langgedienten Caritasfunktionär und engagierten Katholiken hatte das MfS 1987 beendet. Bis zum Eintritt ins Rentnerdasein hatte »Konrad« in der Dresdener Diözesanzentrale eine besondere Vertrauensstellung besessen. Vor allem in Bauangelegenheiten wußte er gut Bescheid, ohne daß ihm jene Bedeutung zukam, die ihm die Dresdener Bezirksverwaltung des MfS beimaß[46].

Die Kontaktaufnahme zu »Konrad« war 1967 anläßlich eines illegalen Ausreiseversuchs zweier Caritasmitarbeiterinnen gelungen[47]. Seiner Zusicherung, »allen Anzeichen auf Vorbereitung von illegalem Verlassen der DDR in den einzelnen Objekten des Caritasverbands Aufmerksamkeit« zu schenken, kam IM »Konrad« auch in den folgenden zwei Jahrzehnten gewissenhaft nach[48]. Die per Handschlag[49] vereinbarte Konspiration hielt »Konrad« offenbar trotz anfänglicher Zweifel und Zurückhaltung[50] ein. Ob dabei eine Rolle spielte, daß

---

44 Die Tasche machte sich bezahlt. Am 22. Oktober 1987 berichtete »Erika«: »Im Ordinariat wird durch die Leiter der einzelnen Bereiche jetzt genauer kontrolliert, ob vielleicht Mitarbeiter Materialien mit nach Hause nehmen. Auch Schreibtischkontrollen hat es gegeben. Offensichtlich sucht man eine ›undichte Stelle‹«. Vgl. BStU Ddn AIM 6351/90, Bd. II/X, p. 218.

45 Vgl. BStU Ddn AIM 6351/90, Bd. I/II p. 81-84, 96, 110, Bd. II/I, p. 276, Bd. II/III, p. 136, Bd. II/X, passim, Bd. II/XI,2, p. 47 ff.

46 Keinesfalls hatte »Konrad« die Stellung eines »Stellvertretenden Caritasdirektors« inne. Vgl. den Vorschlag zur Umregistrierung vom 20. April 1978, BStU Ddn AIM 3509/87, Bd. I, p. 85. Zu den Gesprächskontakten »Konrads« zur Abteilung Kirchenfragen beim Rat des Bezirks Dresden vgl. unten S. 165-167, 174f.

47 Vgl. das erste Kontaktgespräch vom 9. Juni 1967, BStU Ddn AIM 3509/87, Bd. I, p. 25-26.

48 BStU Ddn AIM 3509/87, Bd. II.1, passim.

49 Vgl. den Vorschlag zur Werbung vom 26. September 1969, BStU Ddn AIM 3509/87, Bd. I, p. 31.

»Konrad« die Gespräche mit seinem Führungsoffizier Olbrich nur als »eine rein persönliche Sache«[51] ansah, wie ein Treffbericht später ausdrücklich festhielt, kann nur vermutet werden; Olbrich selbst jedenfalls hatte für eine solche Selbsteinschätzung nur Spott übrig[52].

Auf dieser konspirativen Grundlage wurde »Konrad« ebenso wie »Erika« gezielt im Rahmen von operativen Vorgängen eingesetzt[53]. Er berichtete wie diese über interne Vorgänge in der Dresdener Caritaszentrale, zumal wenn sie seinen Arbeitsbereich betrafen[54]. Besonders interessierte die Staatssicherheit Informationen und persönliche Einschätzungen über die Caritasdirektoren Weisbender bzw. dessen Nachfolger Puschmann und Grande[55]. »Zur Informationsgewinnung nutzt er [›Konrad‹] seine Stellung und seine innerkirchlichen Verbindungen, insbesondere zu Caritasdirektor Puschmann aus. (...) Perspektivisch wird der IM weiter zur Einflußnahme auf leitende Kleriker, darunter Caritasdirektor Puschmann und Dompfarrer Hanisch, mit dem er freundschaftlich verbunden ist, eingesetzt«[56]. Noch 1983, Puschmann hatte in Berlin bereits die Nachfolge von Caritasdirektor

---

50 Vgl. den Bericht über das erste Kontaktgespräch vom 9. Juni 1967, in dem »Konrad« die Frage stellte, ob er dem Caritasdirektor über das Gespräch berichten solle oder nicht, sowie die wiederholten Feststellungen des Führungsoffiziers über die anfängliche Zurückhaltung des IM, BStU Ddn AIM 3509/87, Bd. I, p. 26 f., 30 u. 50.

51 Vgl. den Treffbericht vom 25. Januar 1972, BStU Ddn AIM 3509/87, Bd. II, 1, p. 43.

52 »Beim Treff selbst machte er [›Konrad‹] wiederum die Bemerkung, daß er die Aussprachen mit dem Mitarbeiter nur als rein persönliche Sache sehen möchte, um nicht bei der kath. Kirche als Mittelsmann zum MfS bezeichnet zu werden. Ihm wurde erklärt, daß er dies betrachten kann von welchem Standpunkt er will, unsererseits niemand etwas erfahren wird, daß derartige Gespräche stattfinden«. Treffbericht vom 25. Januar 1972, BStU Ddn AIM 3509/87, Bd. II, 1, p. 43.

53 So im Rahmen der Operativen Vorgänge »Klerus« (Günter Hanisch), »Kanzler« und »Grohs«. Vgl. auch D. GRANDE/B. SCHÄFER, Kirche im Visier, S. 67 f.

54 Vgl. z. B. den Bericht vom März 1978 über Limex und Genex, BStU Ddn AIM 3509/87, Bd. II, 1, p. 151-154.

55 Grande habe ihm gegenüber mitgeteilt, so »Konrad« gegenüber seinem Führungsoffizier Anfang März 1983, daß er mehrfach von einem Mitarbeiter des MfS aufgesucht worden sei, als er noch in der Pastoralsynode arbeitete. »Diese Kontakte sollen bis zu seinem Weggang von Dresden angehalten haben. Er ist der Meinung, daß ein Meinungsaustausch mit dem MfS nicht schaden kann, solange die Beziehungen fair bleiben und kein Druck ausgeübt wird«. IM-Bericht vom 4. März 1983, BStU Ddn AIM 3509/87, Bd. II, 1, p. 260.

56 Vorschlag zur Umregistrierung vom 20. April 1978, BStU Ddn AIM 3509/87, Bd. I, p. 66.

Steinke als Leiter der Zentralstelle Berlin des Deutschen Caritasverbandes angetreten, überprüfte »Konrad«, ob sein alter Chef und Ordinariatsrat Faber neben geschäftlichen auch private Kontakte zum Industriekombinat Robotron unterhielt – mit negativem Ausgang[57].

Zwei Jahrzehnte währte dieser aus Sicht der Dresdener Staatssicherheit in Caritasfragen ergiebige Kontakt. Ob es sich dabei nur um einen Abschöpfungsvorgang handelte[58], muß bezweifelt werden. Offenkundig war sich »Konrad« von Beginn an darüber im klaren, mit wem er es zu tun hatte[59].

Das geschlossen katholische Eichsfeld bildete, wie im Staat-Kirche-Verhältnis insgesamt[60], eine regionale Ausnahme; die machtpolitischen Verhältnisse erschienen im Vergleich zu den übrigen Bezirken in der DDR gleichsam auf den Kopf gestellt[61]. Das kirchenpolitische Gewicht von Staat und Partei blieb vergleichsweise gering. Eine effizientere Arbeit suchte darum die Kreisdirektion Heiligenstadt dadurch zu erreichen, daß sie seit 1982 – in Abstimmung mit dem Ersten Sekretär der SED-Kreisleitung und dem Vorsitzenden des Rates des Kreises – direkten Einfluß auf die personelle Besetzung der Kirchenreferenten-Stelle beim Rat des Kreises nahm. Der so ausgewählte Referent für Kirchenfragen, Böhmert, berichtete als IM »Sänger« an seinen Führungsoffizier beim MfS[62]. Im März 1983 wurde zudem eine »Koordinationsgruppe für Kirchenfragen« unter der Leitung des Stellvertreters des Rates des Kreises für Inneres, Scheerbaum, eingerichtet, dem neben Böhmert als Sekretär der Gruppe und Hauptmann Stolze, dem zuständigen Referenten für Kirchenfragen bei der Kreisdirektion der Staatssicherheit, noch der Politische Mitarbeiter der SED-Kreisleitung für Staatsfragen, Bartl, und der Offizier für Erlaubniswesen des Volkspolizeikreisamtes, Krol, angehörten[63].

---

57 Vgl. die Ergänzung vom 24. Mai 1983 zur Information vom 13. April 1983, BStU Ddn AIM 3509/87, Bd. II, 1, p. 266.

58 So D. GRANDE/B. SCHÄFER, Kirche im Visier, S. 71.

59 Vgl. den Bericht von Oberleutnant Karasek über das zweite Kontaktgespräch vom 25. Oktober 1967, BStU Ddn AIM 3509/87, Bd. II, 1, p. 7.

60 B. SCHÄFER/D. GRANDE, Kirche im Visier, S. 73-75.

61 Ein Überblick dazu bei J. PILVOUSEK/A. WILKE, S. 201-217; Vgl. außerdem die aufschlußreichen Untersuchungen von D. REMY, S. 183-238,

62 Durch ein Gespräch, das IM »Sänger« am 25. Januar 1984 mit dem Direktor des Raphaelsheimes führte, erfuhr das MfS von den wirtschaftlichen und sozialen Belangen des Hauses und dessen baulicher Modernisierung. Der Bericht vom 1. Februar 1984 ist blau mit »Referent für Kirchenfragen« überschrieben. BStU Eft IX 131/86, Bd. I, p. 205.

63 Vgl. D. REMY, S. 235 f.

Symptomatisch verlief daher die »Werbung« des IMB »Raphael« durch die MfS-Kreisdirektion Heiligenstadt: Im Juli 1985 meldete sich MfS-Hauptmann Erwin Stolze bei dem Direktor des Raphaelsheimes[64], nachdem dessen Neffe illegal die DDR verlassen hatte. Die Flucht eines Verwandten und die folgenden privaten Probleme der Familienzusammenführung boten einen scheinbar idealen Anlaß, um einen führenden Repräsentanten von Kirche und Caritas im Eichsfeld zu werben. Der Heimdirektor allerdings informierte seinen Bischof und berichtete auch auf der Geburtstagsfeier seines Pfarrers im August 1985 in Gegenwart von Böhmert[65] von der Republikflucht seines Verwandten[66]. Um den Kontakt nicht abreißen zu lassen, unterstützte das MfS das Ausreiseersuchen der Frau des Neffen[67], die daraufhin in die Bundesrepublik übersiedelte[68]. Für Stolze bildete der Kontakt den Ausgangspunkt für weitere Gespräche.

In Abstimmung mit der Erfurter Bezirksleitung legte der Heiligenstädter MfS-Offizier einen Vorlauf-IM »Raphael« an[69]. Die Werbung diente vermutlich auch der Kontrolle von Transfer-, Bau- und Investitionsvorhaben der katholischen Kirche im Eichsfeld[70]. Die aktenkundig gewordenen Gespräche zwischen Stolze und dem Direktor des Raphaelsheimes sollten dessen Ausstattung verbessern helfen[71]. Stolze mußte allerdings zur Kenntnis nehmen, daß sich sein Gesprächskandidat mit seinem Pfarrer abgestimmt hatte. Er no-

---

64 Der Direktor war zugleich Mitglied im Diözesancaritasrat.

65 Zugegen war auch IMS »Alois Saul«. Zu ihm vgl. unten S. 41, 176 f.

66 Vgl. den Bericht von IM »Sänger« vom 29. August 1985 über den Besuch bei Pfarrer N.N., BStU Eft IX 131/86, Bd. I, p. 245 f.

67 Vgl. den Aktenvermerk Stolzes vom 19. September 1985, BStU Eft IX 131/86, Bd. I, p. 247.

68 Vgl. den Abschlußbericht zur OPK »Pfleger«, BStU Eft IX 131/86, Bd. I, p. 273-274.

69 BStU Eft IX 131/86, Bd. I, p. 26-29.

70 Vgl. auch den Fall des IMB »Alois Saul«, über den die Kreisdirektion Heiligenstadt am 7. Februar 1989 festhielt: »Im Rahmen seiner Tätigkeit in der konfessionellen medizinischen Einrichtung führt er auch Reisen in die BRD durch zur Realisierung von Vertragsabschlüssen über die Einfuhr von Medizintechnik. Entsprechende Verhandlungen auf der Leipziger Messe gehen schriftlichen Abschlüssen in der Regel voraus. Er besitzt inzwischen auch persönliche Kontakte zu den Vertretern führender Konzerne und betreut das Personal in der medizinischen Einrichtung zu den verschiedendsten Anlässen. Hier sichert er die verschiedenen Personen ab und sorgt in diesem Zusammenhang für Ordnung und Sicherheit«. BStU Eft IX 344/77, p. 414.

71 Insbesondere ging es 1987/88 und 1989 jeweils um die Einfuhr eines VW-Busses als Geschenk aus dem Bistum Fulda.

tierte: »Der VA-IM [Vorlauf (Akte)-IM] berichtete (s. dazu eine zurückliegende Information des IMB ›Alois Saul‹[72] aus einem Gespräch mit mehreren katholischen Würdenträgern unter Anwesenheit des VA-IM), daß der VA-IM sich bei Pfarrer N.N. über seine Beziehungen zum MfS im Zeitraum des Baugeschehens im Anwohnerbereich erkundigte. Dabei hat Pfarrer N.N. dem VA-IM gegenüber berichtet, daß die Herren Meier[73] und Stolze seinerzeit bei ihm waren und die Angelegenheit recht schnell und gut geklärt und beantwortet haben und er aus dieser Zeit wisse, daß Herr Stolze für Kirchenfragen zuständig ist[,] und er auch wisse, daß seine [Stolzes] Vorfahren aus Niederorschel[74] stammen«[75]. Von einer konspirativen Zusammenarbeit »Raphaels« mit dem MfS in Heiligenstadt konnte daher keine Rede sein. Stolze schlug gleichwohl der Erfurter Bezirksleitung die Werbung vor: Der Kandidat habe „die innerkirchlichen Forderungen über die Meldepflicht von MfS-Kontaktversuchen nicht eingehalten (...), was als Grundlage für eine weitere Qualifizierung des Kandidaten und seine Zusammenarbeit genommen werden kann“[76].

3. Inoffizielle Mitarbeiter im Umfeld der Caritasführung

Die insgesamt vergleichsweise erfolglosen Versuche, konspirative Kontakte zu Führungskräften der Caritas herzustellen, zwangen das MfS von Beginn an, den Kreis möglicher Informanten so weit wie möglich zu ziehen. Ins Blickfeld rückten damit Mitarbeiter im unmittelbaren Umfeld der Caritasführung. Bereits 1956 hieß es entsprechend in einem Auskunftsbericht zu den »Maßnahmen zur Ab-

[72] Bei IMB »Alois Saul« handelt es sich um ein CDU-Mitglied im Rat des Kreises Heiligenstadt, der seit 1981 als Verwaltungsdirektor des katholischen Vinzenz-Krankenhauses in Heiligenstadt als ergiebiger Informant für das MfS arbeitete. Vgl. auch B. Schäfer, Staat, S. 354; D. Remy, S. 224 f.

[73] Oberstleutnant Meyer war für das MfS der Kreisdirektion Heiligenstadt tätig. Vgl. ebd., S. 225.

[74] Pfarrer N.N. stammte ebenfalls aus Niederorschel. Vgl. Personal-Schematismus für die Diözese Fulda 1981, S. 144.

[75] Bericht Stolzes vom 7. März 1986 über das Kontaktgespräch mit Vorlauf-IM »Raphael«, BStU Eft IX 131/86, Bd. I, p. 278.

[76] Werbungsvorschlag Stolzes vom 26. Februar 1987, BStU Eft IX 131/86, Bd. I, p. 355.

wehr der feindlichen Tätigkeit des Caritasverbandes«: »Da der Caritasverband in jeder größeren Stadt in der DDR seine Zweigstellen hat, macht es sich notwendig, diese genauestens aufzuklären und aus dem Personenkreis der Hauptamtlichen Mitarbeiter des Caritasverband[es] geeignete Informatoren GM. und Kontaktpersonen anzuwerben. Schwieriger ist es, Agenturen zu schaffen unter den ehrenamtlichen Mitarbeitern des Caritas, da diese meist nicht bekannt sind. Desweiteren besteht die Möglichkeit, Personen aus katholischen Kindergärten, Jugendheimen, Krankenhäusern usw., die dem Caritasverband unterstehen, aufzuklären und anzuwerben. Dazu sind besonders geeignet Verwaltungsangestellte, Sekretärinnen, Schwestern, Reinemachefrauen, Hauswarte oder Hausverwalter, Pförtner usw., da diese Personen einen engen Kontakt zu leitenden Angestellten des Caritasverbandes haben und über diese berichten können«[77]. Und 1983 hielt eine »Rahmensicherungskonzeption zur langfristigen Planung und Organisierung der politisch-operativen Abwehrarbeit im Bereich des Bischöflichen Amtes Magdeburg (BAM) 1983 bis 1986« fest: »Die inoffizielle Basis im Bereich des BAM ist im BV[-]Maßstab und speziell der Abteilung XX/4 der BV Magdeburg nicht ausreichend entwickelt. (...) Bei der Suche, Auswahl und Gewinnung von IM-Kandidaten muß die Konzentration auf folgende kirchliche Einrichtungen und Gremien erfolgen: – Bischöfliches Amt Magdeburg, die unmittelbar im BAM tätigen Geistlichen und mittleres Verwaltungspersonal, (...) – Caritasverband für das Bischöfliche Amt Magdeburg, die dort tätigen Geistlichen und mittleres Verwaltungspersonal, (...)«[78].

Nachweislich gelang es der Staatssicherheit im Bistum (Dresden-)Meißen, den Hausmeister des Ordinariates bzw. Domstiftes als GI/IM »Berger« von 1960 bis 1976 und erneut von 1980 bis 1982 zu veranlassen, zur Vernichtung freigegebenes Büromaterial (u.a. Matrizen) gegen Geld an die Mitarbeiter des MfS in Dresden weiterzugeben[79]. In ähnlicher Weise agierte der Hausmeister des Berliner St. Hedwig-Krankenhauses in den achtziger Jahren als IM »Flamme« für das MfS[80]. Die Bezirksverwaltung des MfS in Karl-Marx-Stadt verpflichtete den Hausmeister des Zwickauer Piusheims als IM

---

77 Auskunfsbericht betr. »Katholischen Caritas-Verband«, 1956, BStU MfS HA XX/4, Nr. 2694, p. 16.

78 BStU MfS HA XX/4, Nr. 3145, p. 52.

79 BStU Ddn AIM 668/77,I/II,2-3 ; Ddn AIM 873/82, I,1/II,1, u. Beiakte. Vgl. auch D. GRANDE/B. SCHÄFER, Kirche im Visier, S. 71 f.

80 Vgl. EBD. S. 60.

»Tony«; er sollte 1974/75 die Überwachung des Telefonanschlusses des Zwickauer Pfarrbüros vorbereiten[81], das zugleich als Caritassekretariat[82] diente. Von 1963 bis 1980 lieferte GI/IMF »Mende«, Revisor im Bautzener Ordinariat und seit 1977 mit der Verwaltungsleitung des Caritas-Altersheimes Schweinerden betraut, caritasrelevante Materialien und Informationen aus der Bistumsleitung[83]. Und in Heiligenstadt berichtete IMB »Alois Saul« u.a. über die politische Stimmung unter seinen Kollegen; der vormalige stellvertretende CDU-Vorsitzende im Rat des Kreises war seit 1981 als Verwaltungsleiter des örtlichen Vinzenz-Krankenhauses tätig[84]. In welcher Weise IM »Clemens« – Sohn des schon erwähnten IMB »Konrad«, ehemaliger Seminarist in Erfurt, Mitglied der CDU, der »Berliner Konferenz« sowie des »Maximilian-Kolbe-Kreises« – auch über seine Tätigkeit als Fürsorger am Leipziger Elisabeth-Krankenhaus[85] und sein caritatives Arbeitsumfeld berichtete, muß offen bleiben[86]. Hingegen scheiterte der Versuch, den Kraftfahrer beim Dresdener Caritasverband zu werben. Er offenbarte sich seinem Caritasdirektor Weisbender, der ihn daraufhin folgende Erklärung unterschreiben ließ: »Hiermit erkläre ich, das [sic] ich meine Zustimmung zur Mitarbeit beim Staatssicherheitsdienst aus Gewissensgründen zurückziehe«[87]. Weiterhin nicht identifiziert ist der zwischen 1975 und 1989 von der Bezirksverwaltung Berlin geführte IM »Seewald« mit dem speziellen Einsatzgebiet »Caritas«[88].

Zum erweiterten Kreis jener, von denen sich das MfS Informationen über die Caritas versprach, gehörten v. a. auch jene, die mittlerweile aus dem Kreis der Führungselite ausgeschieden und auf anderen pastoralen Feldern agierten. Kaum gelang dies allerdings z. B. bei IM »Horst«[89]. Bereits 1959 lag der Hauptabteilung XX/4 die inoffi-

---

81 Vgl. den Treffbericht vom 11. Juni 1975, BStU Kms AIM 2216/83, Bd. I, p. 69-72; vgl. auch den gegen den Zwickauer Dekan gerichteten operativen Vorgang »Dekan«, BStU Kms XIV 585/81.

82 Vgl. SCHEMATISMUS DES BISTUMS MEISSEN 1974, S. 65.

83 Vgl. BStU Ddn AIM 999/82.

84 Vgl. BStU Eft IX 334/77.

85 Der Hinweis bei J. SELKE, S. 39, daß »Clemens« dort die Funktion eines »Verwaltungsleiters« innegehabt habe, ist falsch.

86 Die Akte wurde 1989 gelöscht. Vgl. B. SCHÄFER, Staat, S. 210.

87 Handschriftliche Erklärung vom 23. November 1969 und maschinenschriftliche Abschrift, BStU Ddn Vorl. AIM 720/70, Bd. I, 1, p. 27-28.

88 Vgl. D. GRANDE/B. SCHÄFER, Kirche im Visier, S. 56.

89 Das Beispiel wird ausführlicher präsentiert, um auch die Problematik der sicherheitspolizeilichen Quellenüberlieferung zu dokumentieren.

zielle Nachricht vor, Bischof Döpfner habe den Berliner Domvikar und Ordinariatssekretär Horst Rothkegel beauftragt, wegen der finanziellen Nöte der Caritas für diese in den Pfarreien zu werben[90]. Seit 1960 fiel er dann wiederholt durch Finanztransaktionen auf, die gegen das Devisenrecht der DDR verstießen. »Bei illegalem und legalem Verzug von Personen nach Westdeutschland«, vermerkte ein am 23. April 1964 gefertigter MfS-Bericht, »erfolgte die Übergabe von größeren Summen DM DNB auf dem Gebiet der DDR an kirchliche Organisationen, die dafür die Bereitstellung des vereinbarten Gegenwertes in DM BDL in Westdeutschland garantieren. Diese Transaktionen erfolgten unter Mißbrauch der innerkirchlichen Verbindungen zwischen beiden deutschen Staaten, sicherten katholischen Organisationen in der DDR eine zusätzliche unkontrollierbare finanzielle Unterstützung und begünstigten andererseits die Republikflucht bzw. die illegale Einfuhr von Waren, Gold und anderen Werten«[91]. Johannes Zinke, als »Beauftragter des Erzbischofs«[92] für kirchliche Kontakte zur Staatssicherheit zuständig, sprach dort vor. Er erreichte, daß der inzwischen zum Caritasdirektor avancierte Rothkegel weder wegen Finanzmanipulationen noch wegen Beihilfe zur Republikflucht belangt wurde[93].

Erst Rothkegels Entpflichtung vom Amt des Caritasdirektors am 1. September 1967[94] eröffnete dem MfS scheinbar den zuvor für nicht möglich gehaltenen[95] Weg zur Werbung eines neuen »Inoffiziellen Mitarbeiters«. In ihren Berichten wurde sie als Differenzierungserfolg darzustellen versucht; innere Zerstrittenheit des Gegners und persönliche Schwächen des IM-Kandidaten seien systematisch zum Vorteil des MfS ausgenutzt worden, so der vermittelte Eindruck[96].

Ein Jahr später, am 13. Dezember 1968, präsentierte das MfS die Versetzung und anschließende Werbung Rothkegels sogar als Resultat eigener direkter Einflußnahme auf die innerkirchliche Personalpolitik: »So viel Zinke auch für die Kirche getan habe, so würde je-

[90] Operative Information vom 8. September 1959, BSTU MfS HA XX/4/Dok., Nr. 583, Bd. 5, p. 519.

[91] BSTU MfS AIM 6973/73, Bd. I,1, p. 120-121.

[92] Information vom 1. August 1964, BSTU MfS AIM 6973/73, Bd. I,1, p. 160.

[93] Vgl. dazu unten S. 116-118.

[94] Vgl. die Aktennotiz vom 25. Oktober 1967, BSTU MfS AIM 6973/73, Bd. I,1, p. 171.

[95] Vgl. den Hinweis in der Einschätzung der HA XX/4 v. 23. April 1964: »Das Ziel des Ermittlungsverfahrens muß, da eine Werbung des N.N. nicht realisierbar erscheint, darin bestehen (...)« BSTU MfS AIM 6973/73, Bd. I,1, p. 122.

doch ein grosser Teil der Geistlichen i[h]m feindlich gegenüber gestanden haben. Der IM rechne sich selbst auch dazu. Dazu ist zu bemerken, dass der IM 1967 auf Drängen von Prälat Zinke von einer führenden Funktion abgelöst und mit einer kleineren Pfarrei (...) betraut worden ist. (Diese Ablösung erfolgte durch Zinke auf Drängen des MfS. Dadurch sollte erreicht werden, dass der Kandidat für eine Zusammenarbeit mit dem MfS geworben werden kann)« [97].

Die Kontakte hielten nicht, was man sich in der Hauptabteilung XX/4 davon versprochen hatte[98]. Schon nach dem ersten Zusammentreffen berichtete »Horst« seinem Bischof von seiner Begegnung; über Kontakte könne er nicht klagen, entgegnete der Geistliche auf Nachfrage Bengschs[99]. Der Werbungs- und Qualifizierungsplan vom

---

[96] Protokoll der HA XX/4 v. 17. Oktober 1967, BStU MfS AIM 6973/73, Bd. I,1, p. 186 f. »Die Versetzung ging auf die Unzufriedenheit verschiedener Ordinariatsräte zurück, die dem Kandidaten Unregelmäßigkeiten und leichtsinniges Handeln bei verschiedenen Finanzmanipulationen vorwarfen. Die älteren Ordinariatsräte waren der Meinung, daß der Kandidat viel zu jung in eine solch entscheidende Position gelangt sei und es für seine Charakterbildung äußerst günstig wäre, wenn er aus dem Verwaltungsapparat herausgenommen und in die praktische Seelsorge versetzt wird. Der Kandidat fühlt sich, obwohl er versucht, sich offiziell nichts anmerken zu lassen, ungerechtfertigt behandelt. Er ist verbittert, zumal im Ordinariat allgemein damit gerechnet wurde, daß er eine noch höhere kirchliche Laufbahn einschlägt und er davon wußte«, hieß es im MfS-Protokoll über die ersten beiden Kontaktgespräche.

[97] BStU MfS AIM 6973/73, Bd. II,1, p. 18-19. – Vermutlich war es weniger Zinke als vielmehr Otto Groß, der auf die Versetzung Rothkegels hingewirkt hatte.

[98] Selbst der im Bericht über die Kontaktaufnahme am 3. und 12. Oktober 1967 als Erfolg präsentierte Hinweis, der Kandidat habe über die Personalveränderungen im Berliner Ordinariat informiert, »obwohl sie zu diesem Zeitpunkt noch nicht offiziell bekannt waren«, entsprach kaum den Tatsachen. Die entscheidenden personellen Veränderungen (Steinke, Theissing, Schmitz) nach dem Tod von Prälat Drews waren bereits in den Amtsblättern vom 1. September und 1. Oktober veröffentlicht worden; die durch IM »Horst« ebenfalls mitgeteilten Neubesetzungen im Bistums-Konsistorium (Schnabel, Krawinkel) wurden im Amtsblatt vom 1. November veröffentlicht. Vgl. BStU MfS AIM 6973/73, Bd. I,1, p. 192-193; Amtsblatt des Bischöflichen Ordinariats Berlin 39 (1967), S. 64, 71, 74.

[99] Im zweiten Treffbericht vom 20. Januar 1969 heißt es: »›Horst‹ erklärte, daß er in der ersten Januar-Woche mit Kardinal Bengsch zusammengetroffen ist. Bei diesem Treffen hätte der Kardinal ihn gefragt, wie er sich in seiner neuen Arbeitsstelle eingelebt hat und ob er zu allen Laien in seinen Pfarreien einen guten Kontakt herstellen konnte. Der IM hat dem Kardinal dann erzählt, daß er über Kontakte nicht klagen kann. So hätte er auch bereits einen Besuch durch einen Mitarbeiter des MfS gehabt. Auf die Frage, welche Veranlassung der IM hatte[,]

10. Februar 1969 sah zwar noch vor, IMV »Horst« »durch materielle Zuwendungen fester an das MFS zu binden und so eine Ausschöpfung seiner Möglichkeiten zu erreichen«[100], doch als »Horst« auch weiterhin dem Kardinal Mitteilung machte[101], brach der zuständige Major Wegener vom MfS für fast zwei Jahre den Kontakt ab[102]. Die folgenden Versuche, im September 1971, Juni 1972 und Mai 1973 den Faden noch einmal aufzunehmen[103], blieben offenkundig erfolglos, so daß die Akte »Horst« mit der Begründung geschlossen wurde, der IM wünsche keine weiteren Kontakte mehr zum Ministerium für Staatssicherheit zu unterhalten[104].

Erfolgreicher war die Bezirksverwaltung Suhl in der Abschöpfung eines als IM »Johannes« geführten Geistlichen. Der Römhilder Pfarrer, 1952 noch für Caritasangelegenheiten im Dekanat Meiningen zuständig[105], hatte zwar 1955 seine Tätigkeit für die Caritas aufgegeben, wie es in einem Informantenbericht des über ihn angelegten Operativen Vorgangs »Schlange« hieß[106]. Die Kleinräumigkeit des

mit dem Kardinal darüber zu sprechen[,] sagte er[,] daß er sich absichern wollte. Es könnte ja theoretisch gesehen einmal der Fall eintreten, daß der Kardinal über einen solchen Kontakt unterrichtet ist. Er habe schon einmal großen Ärger gehabt, hervorgerufen durch Prälat Zinke, welcher sicher vom MfS inspiriert war[,] und sei ja schließlich strafversetzt worden«. BStU MfS AIM 6973/73, Bd. II,1, p. 23. Auch über das zweite Treffen erstattete GI »Horst« Kardinal Bengsch Bericht.

100 Vgl. G. Besier/St. Wolf, S. 280.

101 Vgl. den dritten Treffbericht vom 14. November 1969, BStU MfS AIM 6973/73, Bd. II,1, p. 24.

102 Vgl. den Treffbericht vom 17. September 1971: »Der IM wurde über einen längeren Zeitraum nicht aufgesucht, weil er dem Kardinal über ein Zusammentreffen mit dem Mitarbeiter berichtet hatte«. BStU MfS AIM 6973/73, Bd. II,1, p. 26.

103 Für diese drei Daten ist jeweils ein Treffbericht erhalten, ohne daß damit gesagt sein muß, daß nur diese drei Treffen stattgefunden haben. Vgl. BStU MfS AIM 6973/73, Bd. II,1, p. 26-29, Bd. I, 1, p. 233 (Abschlußbericht).

104 Auch die Drohung von Major Wegener, daß dann eine Ausreise zur Beerdigung seines Bruders nicht mehr möglich sein werde, verfehlte ihre Wirkung. »Bei dem Treff entstand endgültig der Eindruck, daß es sinnlos ist, weiterhin zu versuchen, den IM für eine ehrliche Zusammenarbeit mit dem MfS zu gewinnen. Die IM-Akte wird zur Ablage gebracht. Über die Volkspolizei werden entsprechende Maßnahmen eingeleitet – entsprechend OWG [Ordnungswidrigkeitsgesetz v. 12. Januar 1968] – um den IM zur Verantwortung zu ziehen«. BStU MfS AIM 6973/73, Bd. I, 1, p. 233.

105 Vgl. Schematismus Würzburg 1952, S. 54.

106 Vgl. den Bericht von GI »Ilona« vom 11. Oktober 1955, BStU Shl AOP 130/59, Bd. I, p. 61-62.

Meininger Kommissariatsgebiets brachte es allerdings mit sich, daß der bis nachweislich 1976 berichtende »Johannes« personenbezogene Informationen zu seinen Amtsnachfolgern Hofmann[107] und Hostombe[108] preisgab. Demgegenüber enthält die Akte von IMS »Grimma« keine Hinweise auf Aktivitäten der Caritas; der Dresdener Pfarrer wurde von 1967 an ohne sein Wissen durch einen realen »IM« abgeschöpft und als fiktiver IM bei der Dresdener Bezirksverwaltung des MfS geführt; als er dann 1977 direkt vom MfS angesprochen wurde, verweigerte er die Zusammenarbeit[109]. Sein Fall wurde daraufhin archiviert, just in dem Jahr, in dem er als Mitglied in den Diözesancaritasrat berufen wurde.

Struktur und Selbstverständnis der kirchlich organisierten Caritas in der DDR brachten es mit sich, daß die Arbeit der caritativen Führungskräfte stets auf das engste mit den übrigen seelsorglichen Aufgaben in den Leitungen der Jurisdiktionsbezirke verbunden war. Sofern das MfS in diesem Umfeld »Kontakte« besaß, suchte es diese zu nutzen, um die Caritas zu überwachen und zu kontrollieren. Neben den bereits oben angeführten Klerikern – Johannes Zinke, Otto Groß, Theodor Hubrich und Norbert Kaczmarek -, die mit Wissen der Berliner Ordinarienkonferenz »Gespräche« mit dem MfS führten, haben auch die übrigen bischöflichen Beauftragten mit ihrem jeweiligen Gegenüber vom MfS über Caritasangelegenheiten gesprochen, soweit sie von regionaler Bedeutung waren[110].

---

107 Vgl. die Informationen von IM »Johannes« in der Akte von Viktor Hofmann vom 13. August 1961, 11. Februar 1976, 13. März 1973, 31. März 1973, 18. November 1969. Hofmann übte das Amt des Caritasdirektors allerdings nur bis 1962 aus; anschließend war er stellvertretender Generalvikar. BStU Shl AOPK 261/77, p. 26, 34, 42, 49, 60-61.

108 Vgl. die Informationen von IM »Johannes« über Caritasdirektor Hostombe zwischen 1962 und 1975. Dabei ging es dem MfS v.a. um operative Erkenntnisse über eine »Friedrichshöhe« genannte Gruppe oppositioneller Geistlicher im Generalvikariat Meiningen. Hostombe übernahm nach zwölf Jahren caritativer Tätigkeit in Hildburghausen 1975 das Amt des Caritasdirektors in Erfurt. BStU Shl AOPK 227/76.

109 Vgl. D. GRANDE/B. SCHÄFER, Kirche im Visier, S. 70.

110 Zu erwähnen sind in diesem Zusammenhang der Magdeburger Generalvikar Manfred Kania, der Hallenser Propst Hans-Peter Gospos (IMB »Gustav«), der Dresdener Prälat Othmar Faber (IM »Konstantin) und der Verhandlungsbeauftragte der Berliner Bischofskonferenz Prälat Paul Dissemond (IMB »Peter«). Inwieweit diese als IM geführten Gesprächsbeauftragten ansonsten ihren Verhandlungsauftrag überschritten und konspirativ mit dem MfS zusammenarbeiteten, war im Rahmen der Aufgabenstellung und damit auch Quellenbasis dieses Projekts nicht zu klären. Vgl. dazu die Publikationen von

Zwischen 1981 und 1989 war der Dresdener Dompfarrer (bis 1984) und Leipziger Propst Günter Hanisch durch seinen Bischof Gerhard Schaffran beauftragt, den vom MfS initiierten Gesprächskontakt zu halten. In dieser Funktion war der von der Dresdener Bezirksverwaltung als IMS bzw. IMB »Dom« geführte, vormalige Diözesancaritasrektor[111] damit befaßt, Fragen von Übersiedlungsersuchen und Personalangelegenheiten, u.a. im Leipziger katholischen Elisabeth-Krankenhaus, zu klären[112]. Auch suchte das MfS den Kontakt zu nutzen, um den wegen »staatsfeindlicher Hetze« (§ 106 StGB) observierten Zwickauer Dekan zu disziplinieren[113], ohne daß sich aus den dürftigen MfS-Informationen sagen ließe, inwieweit das Ziel tatsächlich erreicht wurde[114].

Schließlich versprach die enge Verflechtung von Caritas und katholischer Kirche caritasrelevante Informationen auch durch engagierte Ortspfarrer sowie ehrenamtlich in der Seelsorge bzw. in der CDU tätige Laienkatholiken. In den meisten Fällen wurden die Informanten entsprechend abgeschöpft[115]. Von einer gezielten und sy-

---

B. SCHÄFER, Staat, S. 347-350 und U. HAESE, MfS- Kontakte, S. 371-387. B. SCHÄFER, Staat, S. 350 urteilt: »Diese institutionalisierten Kontakte waren für das MfS, trotz gelegentlicher Vertraulichkeiten mit Gesprächsbeauftragten, für die Steuerung kirchlicher Entscheidungen nur bedingt geeignet, weil in allen Fällen eine mehr oder weniger große Zahl kirchenleitender Amtsträger von den MfS-Kontkaten der Beauftragten grundsätzlich wußte«.

111 Vgl. SCHEMATISMUS DES BISTUMS MEISSEN 1966, S. 19, 1974, S. 91; Hanisch war seit 1963 (bis 1971?) Rektor des Seminars für den kirchlich-caritativen Dienst in Leisnig.

112 Vgl. BStU Ddn AIM 210/91, Bd. II,1, p. 23-30, 101-103, 120-123, 130-133, 136-137, 146 f., 152-159, 169-173.

113 Vgl. BStU Ddn AIM 210/91, Bd. II,1, p. 54-55, 67-72, 75. Vgl. die OPK-Akte »Dekan«, BStU Kms XIV, Nr. 585/81.

114 Versetzt wurde der Zwickauer Pfarrer und Dekan offensichtlich nicht. Vgl. die OPK-Akte »Dekan«, BStU Kms XIV, Nr. 585/81.

115 Zu nennen wären hier im einzelnen folgende Geheime Informatoren/Inoffizielle Mitarbeiter: GI »Marduk« (Pfr. in Neustrelitz; BStU FfO AIM 205/66), GI »Klinger« (Pfarrer in Werder, BStU Pdm AIM 395/61, Bd. I (P), Bd. II), IM »Walter« (u.a. Studentenseelsorger im Bistum Berlin, BStU MfS AIM 1217/77), IMV »Pater« (Propst des Klosters Marienthal bei Ostriz, BStU MfS AIM 1232/77), IMF »Bernstein« (Bischöfliches Ordinariat Magdeburg, BStU MfS AIM 145/88), IMV »Kreuz« (Franziskanerpater), BStU MfS AIM 9731/79), GM »Petersen« (Student an der Berliner Hochschule für Politik, BStU MfS HA XX/4, Nr. 2695), GI »Wendland« (Oberbürgermeister von Weimar, BStU Eft AIM 435/70), GI »Thaddäus« (freier Mitarbeiter der CDU-Zeitung »Union«, BStU Ddn AIM 103/64), GI »Hubert«/»Georg« (Chef-

stematischen Berichterstattung über die kirchlich-organisierte Caritas kann jedoch nicht die Rede sein; eher handelt es sich um Einzelinformationen, die erst im Gesamt mit allen übrigen Nachrichten ein dichteres Bild caritativer Aktivitäten widerspiegelten.

4. Überwachung des Brief- und Telefonverkehrs

Durch eine im Bischöflichen Kommissariat Magdeburg installierte Abhöranlage erfuhr das MfS im Januar 1959 davon, daß Bischof Rintelen seine Mitarbeiter eindringlich auf die Post- und Telefonüberwachung hinzuweisen gedachte: »So soll man z.B. am Telefon vorsichtig sein, die Post wird überwacht und auch Zeitschriften aus dem Westen würden als Hetzschriften angesehen werden«, hieß es in dem komprimierten Informationsbericht[116].

Die Kontrolle des Briefverkehrs oblag beim MfS der Abteilung »M«. Auf ihre Anweisung hin wurden die zahlreichen Briefzensurstellen in der DDR aktiv[117]. Organisatorisch war die Abteilung »M«

redakteur der Zeitschrift »begegnung«, BStU A - 835/85), GI/IM »Mende« (im Bischöflichen Ordinariat Bautzen, BStU Ddn AIM 999/82), IME »Lutz Walter« (Rat des Bezirks Dresden, BStU Ddn AIM 2769/90), IMS »Thomas Meinhardt« (Chirurg am Elisabeth-Krankenhaus, Halle, BStU Hle AIM 248/89 (Bd. I/1), Hle AIM 3281/87), IMF »Hornuff« (Notar Dresden, BStU Ddn AIM 2356/91), IM »Hans« (Schreibfederfabrik Berlin, BStU MfS AIM 2516/89). – Bei diesen Fällen handelt es sich um solche, die im Zusammenhang mit der hier verfolgten Fragestellung »anfielen«. Sie sind fast alle auch bei D. Grande/B. Schäfer, Kirche im Visier, aufgeführt. Es darf trotz der Zufallsauswahl vermutet werden, daß auch die Recherche der übrigen dort (S. 270-273) zusammengestellten IM-Vorgänge kein wesentlich anderes Ergebnis zutage gefördert hätte. In den Operativen Vorgängen sind überdies zahlreiche weitere GI/IM erwähnt, die aber aufgrund der spärlichen Angaben nicht identifiziert werden konnten. Allein auf den Erfurter Caritasdirektor Nitsche hatte das MfS im Rahmen des Überprüfungsvorgangs »Abendland« zehn verschiedene Geheime Informatoren angesetzt. Vgl. BStU Eft AOP 10/60.

116 BStU Mgb Abt. XX ZMA, Nr. 5224, Bd. I, p. 43. – Der Bericht vermerkt weiter, der Bischof von Berlin sei der Ansicht, man solle den Klerus nicht informieren, um ihn nicht zu beunruhigen. Die Richtigkeit dieser Notiz wird man allerdings bezweifeln dürfen, denn eine solche Auffassung wäre gänzlich der kirchenpolitischen Linie Döpfners zuwidergelaufen.

117 Zum Stand der Postkontrolle bis zum Jahre 1960 vgl. Der Staatssicherheitsdienst, S. 32-34 mit einer Liste der als »Dienststelle 12« bezeichneten Briefzensurstellen.

der Hauptabteilung II (Spionageabwehr) zugeordnet und 1989 direkt dem Minister für Staatssicherheit, Erich Mielke, unterstellt[118]. Vor allem im Jahrzehnt vor dem Mauerbau bildete die Postkontrolle offenbar ein wesentliches Mittel, um das caritative Netzwerk in der DDR organisatorisch und namentlich[119] zu erfassen. Gelegentlich, zeitweise auch systematisch, wurde der Briefverkehr führender Caritasmitarbeiter überwacht. Zu nennen sind u.a. die Oberin der Caritasschwestern in der DDR, Maria Baier, die Caritasdirektoren Franz Nitsche[120], Florenz Reiring[121] und Johannes Zinke[122], außerdem der Meißener Generalvikar Wilhelm Soppa[123] und sein Bischof Heinrich Wienken[124]. Nicht nur der Hinweis Rintelens zeigt, daß man sich in Kirchenkreisen dessen durchaus bewußt war. Unverkennbar geöffnete Briefe führten innerhalb der katholischen Kirche dazu, interne Korrespondenz auf dem »kirchlichen Dienstweg« zu befördern[125], ein Weg übrigens, der deutlich schneller und reibungsloser funktionierte als die sozialistische »Deutsche Post«. In der Bundesrepublik agierte man im Postverkehr mit den Caritasverbänden in der sogenannten Zone v.a. anfangs offenbar leichtfertiger. Direktor Martin Vorgrimler sah sich jedenfalls aus konkretem Anlaß gezwungen, alle Abteilungen der Freiburger Verbandszentrale deutlich zu mahnen, nicht unverlangt Bücher- oder sonstige Schriftsendungen in die DDR zu schicken: »Schwester Gertrud Leitschuh wie auch der Caritasverband Erfurt wird [sic!] von der ostzonalen Polizei auf das schärfste überwacht, und man musste die angekommenen Pakete un-

118 Vgl. DIE ORGANISATIONSSTRUKTUR DES MFS, S. 70-72.

119 Vgl. die anhand der Rundbriefe von Schwester Maria Baier zusammengestellten Adreßlisten der Empfänger. BSTU MfS Akte Baier.

120 Vgl. BSTU Eft AOP 10/60, p. 69. Das Material zu Nitsche, vermerkte der entsprechende Bericht vom 29. September 1959, sei nur durch die Abt. M gewonnen worden.

121 Abgefangener Brief vom 17. Oktober 1951, BSTU Swn AP 70/58, p. 5-6.

122 Bereits 1955 wurde eine Postkontrolle über das Objekt »Große Hamburger Straße« durch die HA V/4 bei der Abteilung M in Auftrag gegeben. Vgl. BSTU MfS AOP 614/59, p. 75; dieser Auftrag wurde offenbar auch noch 1957 ausgeführt. Vgl. die Akte von Schwester Maria Baier, BSTU MfS Akte Baier, S. 8, 70-85.

123 BStU Ddn AIM 1274/59, P-Akte

124 BSTU Ddn AOP 71/59, p. 2-8, passim.

125 Vgl. z.B. das Schreiben von Freusberg an Zinke vom 17. November 1958, ADCV 121/30+511.02, Fasz. 04: 1957-1958 sowie das Schreiben von Caritasdirektor Thiel an Nuntius Bafile vom 17. März 1971, ADCV 121/30+510.4, 1971-1978.

geöffnet zur Verfügung der Volkspolizei liegen lassen, um zu beweisen, dass es sich um unverlangte Sendungen handelt, die man nicht verhindern konnte. Andernfalls wäre Verhaftung und hohe Zuchthausstrafe die Folge gewesen. (...) Es wäre nicht zu verantworten, wenn durch Nichtbeachtung dieser Bitte bei dem Caritasverband Erfurt ernste Konsequenzen eintreten würden. Wenn von der Ostzone aus bestimmte Bücher oder Schriften gewünscht werden, dann wird dies eigens mitgeteilt und der Versandweg genau angegeben. Nichteinhaltung dieser Bitte bedeutet fahrlässige Gefährdung von Freiheit und Leben der kirchlichen Caritasarbeit und deren Kräfte in Erfurt«[126].

Für die Kontrolle des Fernsprechverkehrs waren beim MfS die Abteilung 26 (A: Telefonüberwachung, B: Abhörgeräte, F: Fotoapparate), bzw. Hauptbteilung III (Funkmeßaufklärung) zuständig. Schwerpunkt der Aktivitäten der Hauptabteilung III bildete die Überwachung der Verbindungen zwischen West-Berlin und der Bundesrepublik[127], denn die Verbindungen liefen zumeist über Richtfunk und konnten daher leicht abgehört werden[128]. Abgehörte Richtfunkstrecken bildeten bis zu ihrem Ende »eine der bedeutendsten Quellen der Linie III«[129]. Mit den wachsenden Möglichkeiten funkelektronischer Aufklärung nahm auch der Stellenwert dieser Diensteinheit zu, die 1971 zunächst als Abteilung III errichtet worden war. Die systematische Analysetätigkeit, die sich in einem »breiten Ausstoß an ›Auskunftsberichten‹, ›Dossiers‹ und anderen ›operativen Informationen‹«[130] niederschlug, führte zu einer beständig zunehmenden Zahl von Aufträgen durch andere Abteilungen des MfS, darunter auch der Hauptabteilung XVIII (»Sicherung der Volkswirtschaft«)[131], der Hauptabteilung XX (»Staatsapparat, Kultur, Kirche, Untergrund«) und der Zentralen Koordinierungsgruppe (ZKG Übersiedlungen)[132]. Seit 1982 kontrollierte die Abteilung III zusätzlich den grenzüberschreitenden, drahtgebundenen Fernsprech- bzw. Fernschreibverkehr, Aufgaben, die bis dahin die Abteilung 26 wahrgenommen hatte[133]. 1983 wurde die für die Funkab-

---

126 Vorgrimler an Abteilungen in der Zentrale vom 25. Juni 1951, ADiCV Erfurt, DC Erfurt, Akte »Archivunterlagen.

127 Vgl. dazu auch H. Knabe, S. 205-244.

128 Vgl. D. Gill/U. Schröter, S. 36, 42, 46; 140-146.

129 H. Knabe, S. 219.

130 Ebd., S. 205.

131 Vgl. dazu ebd., S. 244-254.

132 Vgl. ebd., S. 229 f.

133 Vgl. ebd., S. 207.

wehr zuständige Abteilung F eingegliedert und die Hauptabteilung III eingerichtet, in der zuletzt ca. 2.400 Mitarbeiter beschäftigt waren.

Bereits 1955 sah ein Maßnahmeplan der Bezirksverwaltung Erfurt für die weitere Bearbeitung des Überprüfungsvorgangs »Abendland« (Caritasdirektor Franz Nitsche) eine Telefonkontrolle vor[134]; die angestrebte Umsetzung schlug sich in den Akten allerdings nicht nieder. Die spektakuläre Abhöraffäre um den Berliner Weihbischof und späteren Kardinal Bengsch in Ost-Berlin im September 1959 machte öffentlich, daß der Staatssicherheitsdienst auch vor bischöflichen Diensträumen nicht halt machte[135]. Der Einsatz von »Wanzen« sowie das Abhören von Telefonaten verschaffte den kirchenpolitischen Abteilungen des MfS jene internen Informationen, die auf dem Weg der Postkontrolle nicht zu erreichen waren.

In welchem Ausmaß die Hauptvertretung des DCV telefonüberwacht wurde[136], läßt sich nicht endgültig sagen. Nimmt man die Hinweise aus den vorliegenden Akten zusammen, so wurden 1958 die Gespräche des Ost-Büros der DCV-Hauptvertretung in der Großen Hamburger Straße[137] abgehört. Seit 1982 erarbeitete die Hauptabteilung III zahlreiche, zum Teil verdichtete sogenannte »A-Informationen«, die aus Abhörmaßnahmen hervorgegangen waren[138] und inhaltlich den gesamten Arbeitsbereich des Leiters der Hauptvertretung

---

[134] BStU Eft AOP 10/60, p. 57.

[135] 1958 und 1959 war die »operative Technik« außer in der Ostberliner Wohnung des Berliner Weihbischofs noch im Arbeitszimmer von Bischof Spülbeck in Bautzen, im Bischöflichen Kommissariat Magdeburg und im Bischöflichen Ordinariat in West-Berlin installiert. Zwischen 1964 und 1972 war zudem auch eine Abhöranlage in der Wohnung des Ost-Berliner Prälaten Schmitz in Betrieb. Vgl. D. GRANDE/B. SCHÄFER, Kirche im Visier, S. 46-47.

[136] D. GRANDE/B. SCHÄFER, Kirche im Visier, S. 101 sprechen von sämtlichen Telefonaten der Hauptvertretung auch innerhalb West-Berlins und in die Bundesrepublik; Vgl. außerdem die streng vertrauliche Information A/4217 vom 30. März 1982 über die Unterstützung eines rechtswidrigen Antrags auf Übersiedlung durch gegnerische kirchliche Institutionen; BSTU MfS HA XX/4, Nr. 206, Bl. 27-28; sowie die streng vertrauliche Information A/809 vom Februar 1977 über ein geplantes Zusammentreffen zwischen Vertretern der HV Berlin (West) und Prof. Wilhelm Ernst. BSTU MfS HA XX/4, Nr. 2697, Bl. 71.

[137] Vgl. Johannes Zinke, 23. Dezember 1958, BSTU MfS AOP 614/59, p. 110-112.

[138] Vgl. H. KNABE, S. 237 f. In der Akte Thiels sind lediglich Datum, Nummer der Information und gelegentlich ein kurzer Betreff genannt. Der Kennbuchstabe »A« verweist darauf, daß die Information aus Ausgangserkenntnissen erarbeitet wurden, die von einer Quelle der Linie III stammten. »Dabei handelte es sich um technische Systeme (stationär, halbstationär, mobil usw.) oder feste

und des Katholischen Kommissariats Berlin, Thiel, betrafen. Das MfS interessierte sich u.a. für Besuche von und Zusammentreffen mit katholischen Persönlichkeiten aus Westdeutschland, Vermittlung von Geldern aus den sogenannten Bistumspatenschaften[139] und Übersiedlungsersuchen. Wurden zwischen 1982 und 1986 jährlich nur ein bis zwei Abhöraufträge (1982: 1, 1983: 2, 1984: 2, 1985: 2 1986: 1) erteilt, waren es 1987 drei, 1988 vier und 1989 schließlich sogar sieben. Überdies veranlaßte die Hauptabteilung XX 1986 einen Zielkontrollauftrag im Rahmen des Operativen Vorgangs »Zentrum«, der sich gegen das von Thiel gegründete Berliner Bildungszentrum richtete[140].

Die Abteilung 26 war 1989 über sämtliche Telefon-Nebenstellenanlagen kirchlicher Einrichtungen in Ost-Berlin informiert, soweit sie von der westdeutschen Firma Siemens stammten. Solche befanden sich u.a. im Ost-Berliner Ordinariat, in der Zentralstelle Berlin des DCV, in Berliner Krankenhäusern St. Hedwig und St. Joseph, im Ost-Berliner Büro des Caritasverbandes für das Bistum Berlin, ebenso beim Diakonischen Werk in der Schönhauser Allee. In einer früheren, undatierten Aufstellung werden zudem die Anschlüsse der Rechtsanwälte Manfred Wünsche und Wolfgang Vogel aufgeführt[141]. In den Tagen des Umbruchs im September 1989 hielt ein Bericht der Abt. 26 fest: »Operative Forderungen zur Realisierung von A-Maßnahmen bei Nebenstellenanschlüssen konnten bisher aus Zutritts- bzw. Absicherungsmaßnahmen nicht erfüllt werden. Zur Gewährleistung des Informationsflusses wurden in der Vergangenheit bei den Amtsleitungen (Verbindungsleitungen zwischen Ortsnetz der Deutschen Post und Nebenstellenanlage) folgender Einrichtungen A-Maßnahmen realisiert: Bischöfliches Ordinariat, (...) St. Elisabeth-Stift (...)«[142]. Erfolg-

Stützpunkte der Linie III, die den Abhörvorgang realisiert hatten«. Der Kennbuchstabe »G« kennzeichnet eine verdichtete Information, die die Quintessenz von Erkenntnissen aus mehreren solcher Quellen ist.

139 Vgl. J. HOMEYER, Kirche, S. 27. Patenschaften im Bereich der Caritas bestanden seit 1966 zwischen folgenden Jurisdiktionsbezirken in der DDR und Bistümern in Westdeutschland: 1. Berlin – Köln, Münster, 2. Meissen – München, Freiburg, Eichstätt, Hildesheim, 3. Görlitz – Speyer, Rottenburg, 4. Magdeburg – Essen, Regensburg, Paderborn, 5. Schwerin – Osnabrück, Augsburg, Aachen, 6. Erfurt – Fulda, Mainz, Limburg, Passau, 7. Meiningen – Würzburg; vgl. ZBM, Caritas, Caritasverband Magdeburg 1947-1970.

140 Vgl. D. GRANDE/B. SCHÄFER, Kirche im Visier, S. 48.

141 Übersicht über die Aufstellung von Fernsprech-Nebenstellenanlagen der Firma Siemens, BStU MfS Abt. 26, Nr. 218, p. 13-14.

142 Übersicht und Bericht vom 22. September 1989 über die Fernsprech-Nebenstellenanlagen in kirchlichen Einrichtungen, BStU MfS Abt. 26, Nr. 218, p. 33-38.

reicher war man in Zwickau, wo das MfS die Dienste von IM »Tony«, Hausmeister im dortigen Piusheim, nutzte, um die Telefonüberwachung der Apparate von Dechant Hoffmann und Jesuitenpater Franz Nitsche[143] vorzubereiten[144].

In Kreisen der Caritas blieb man sich ebenso wie im Falle des Postverkehrs der Gefahren bewußt, die mit dem Telefonieren verbunden waren. Bezeichnend waren Form und Inhalt, in denen Caritasdirektor Hellmut Puschmann 1985 über seinen neuen privaten Fernsprechanschluß informierte; in dem Rundschreiben an die Caritasverbände hieß es: »Hiermit möchte ich Ihnen mitteilen, daß mich die Deutsche Post schon wieder mit einer neuen Telefonnummer beglückt hat, es ist die dritte, seit ich in Berlin bin. Sie lautet: 4485548. In der Hoffnung auf möglichst wenige Fehlverbindungen sende ich Ihnen freundliche Grüße«[145].

5. Auswertung von Presse- und Verbandsschrifttum

Die Hauptabteilung XX/4 unterhielt ein eigenes Referat, in dem zuletzt sieben Mitarbeiter allein damit befaßt waren[146], die Tages- und Kirchenpresse sowie Verbandsschrifttum systematisch auf »sicherungs«relevante Nachrichten auszuwerten. Dazu zählten nachweislich:

a) die Tages- und Wochenzeitungen »Berliner Morgenpost«, »Berliner Zeitung«, »Der Morgen (Berlin)«, »Der Tagesspiegel« (Berlin), »Die Union« (Dresden), »Die Welt«, »Frankfurter Rundschau«, »Neue Ruhr Zeitung«, »Neue Zeit«, »Neuer Weg« (Halle), »Spandauer Volksblatt«, »Süddeutsche Zeitung« und »Volksblatt Berlin«,
b) die Kirchenorgane »Christ in der Gegenwart« (Freiburg i. Br.), »Hedwigsblatt« (Ost-Berlin), »Heimatblatt der Katholiken des Erzbistums Breslau«, »Hoffnung«, »K N A«, Kirchliche Amtsblätter (Schwerin, Magdeburg), »Konradsblatt« (Erzbistum Frei-

143 Nicht zu verwechseln mit dem Erfurter Caritasdirektor Franz Nitsche!

144 Treff unter Teilnahme von Mitarbeitern der Abt. 26: zur Vorbereitung der Maßnahme »Pater IV«, Bericht vom 13. August 1975, BStU Kms AIM 2216/83, Bd. I p. 69-70.

145 Puschmann an Caritasverbände vom 19. Juni 1985, BAEF C III c.

146 Vgl. Die Organisationsstruktur des MfS, S. 110 f.

burg), »L'Osservatore Romano« (Vatikan), »Petrusblatt« (West-Berlin),

c) die wichtigen Verbandszeitschriften der Freiburger Caritaszentrale »Begegnen und Helfen«, »Caritas. Zeitschrift für Caritasarbeit und Caritaswissenschaft« sowie »Caritas-Korrespondenz« und
d) die von der Ost-CDU für sogenannte »fortschrittliche« Katholiken herausgegebene Zeitschrift »begegnung«.

Allein das zur Caritas in der DDR und der Bundesrepublik sowie zur Caritas Internationalis gesammelte Material füllte bis Ende der achtziger Jahre sechs Aktenordner[147]. Das mag zunächst wenig erscheinen, doch ist zu berücksichtigen, daß zur Situation der Caritas in der DDR mit Rücksicht auf die politische Situation nur selten Informationen veröffentlicht wurden. Zusammen mit den konspirativ erworbenen Informationen diente das gesammelte Material den kirchenpolitischen Mitarbeitern in der Berliner MfS-Zentrale v. a. in den fünfziger Jahren dazu, sich einen stets aktuellen Überblick über Organisations- und Leitungsstruktur der Caritas und deren programmatische Arbeit zu verschaffen.

6. Zusammenfassung

Nimmt man die äußeren Zahlenbefunde zusammen, ergibt die Bestandsaufnahme zunächst ein klares Bild. Für den Kreis der untersuchten Caritaselite ist eine – gemessen an der Größe der Gruppe – nur relativ kleine Zahl von Überwachungs- und IM-Vorgängen festzustellen. Nur drei der 183 caritativen Führungskräfte in der DDR – die IM »Linus«, »Konrad« und »Erika« – unterhielten nachweislich konspirative Kontakte zum MfS, ohne dies ihrem Dienstvorgesetzten mitzuteilen. Vier weitere – Zinke, Groß, Hubrich und Kaczmarek – nahmen mit Wissen ihres Bischofs oder Dienstvorgesetzten in der Grauzone zwischen kirchlicher Interessensvertretung und konspirativem Kontakt Gespräche und Verhandlungen mit dem MfS wahr.

[147] BStU MfS HA XX/4/Dok., Nr. 583; im einzelnen: Bd. 1: Internationale Caritas; dabei handelte es sich vorwiegend um Material, das im Rahmen einer umfangreichen Zuarbeit für das Haus im April/Mai 1971 zum Komplex »Entwicklungshilfe – Sudan – (Steiner Problematik)« zusammengestellt wurde. Bd. 2: (Deutscher Caritasverband Freiburg); Bd. 3: Zentrale und Zentrales Material BRD; Bd. 4: Caritas in den westdeutschen Bistümern; Bd. 5: Caritas in Westberlin, Caritas in der DDR; Bd. 6: (Einzelmaterialien).

»Feindlich-negatives Verhalten«, das im Sinne der Staatssicherheit Ansatzpunkt war, um einen operativen Vorgang anzulegen, blieb in diesen Führungskreisen ebenso die Ausnahme wie die konspirative Spitzeltätigkeit zugunsten der Staatssicherheit. Diese war somit von Beginn an gezwungen, Informanten im erweiterten Umfeld der hauptamtlichen Caritasmitarbeiter abzuschöpfen. Soweit erkennbar, lieferte das vergleichsweise grobmaschige IM-Netz nur Einzelinformationen über die kirchlich organisierte Caritas in der DDR.

Insgesamt unterstreichen diese für die kirchlich organisierte Caritas in der DDR ermittelten Befunde die bisherigen Ergebnisse über die Kirchen und den Staatssicherheitsdienst: Eine lückenlose Überwachung sämtlicher Caritasmitarbeiter hat es nie gegeben[148], auch nicht eine direkte steuernde Einflußnahme auf die Caritasarbeit[149].

Dieser Befund darf jedoch nicht mit einem mangelnden Informationsstand des MfS über die Caritas verwechselt werden. Bis zum Ende der fünfziger Jahre besaß die Hauptabteilung XX/4 bereits einen guten Überblick über Struktur und hauptamtlich tätiges Personal. Dies galt insbesondere für die in Berlin angesiedelten Stellen des Deutschen Caritasverbandes und des Diözesancaritasverbandes sowie die Diözesancaritas im Bistum Meißen[150]. Überdies waren die sach- und personenbezogenen Daten und Hinweise in den sicherheitspolizeilichen Informationsspeichern jederzeit aktivierbar und kombinierbar; erst im Zusammenhang erhielten die Einzelinformationen ihre spezifische Bedeutung.

148 Vgl. das Urteil von C. VOLLNHALS, Kirchenpolitische Abteilung, S. 108: »Eine lückenlose Überwachung aller kirchlichen Mitarbeiter hat es in der Praxis nie gegeben, allerdings enthielten die Informationsspeicher eine Unmenge personenbezogener Daten und Hinweise, die jederzeit abrufbar waren«.

149 Vgl. D. GRANDE/B. SCHÄFER, Kirche im Visier, S. 102-104.

150 Hingegen blieb die Informationslage über die Caritas in Thüringen offenkundig defizitär. Der Bericht vom 20. Oktober 1953 im Überprüfungsvorgang »Abendland« (Franz Nitsche) konstatierte: »Da bisher über die Arbeit der kath. Kirche und insbesondere über die Arbeit des Caritasverbandes nichts bekannt ist, macht es sich erforderlich, geeignete GI zu suchen und anzuwerben«. Bis 1957 war der Mangel noch nicht beseitigt, wie der Sachstandsbericht vom 14. Januar zeigt. »Am 28.10.1955 wurde der ÜV in ein EV ›Abendland‹ umregistriert. Die Einsetzung der operativen Technik brachte ebenfalls nicht den gewünschten Erfolg. Zur Zeit arbeitet kein GI am Vorgang. Es ist geplant, eine Werbung aus dem engeren Kreis seiner Mitarbeiter beim Caritas durchzuführen, da anderweitige persönliche Verbindungen bisher nicht festgestellt werden konnten«. BStU Eft AOP 10/60, p. 10, 65.

Wie ist diese äußere Bestandsaufnahme einzuschätzen? Die statistische Aufschlüsselung der Fälle liefert einen ersten, relativen Eindruck, der den weiteren Ergebnissen einen Rahmen verleiht. Die qualitative Beschreibung der wenigen IM-Fälle zeigt jedoch, daß der äußere Zahlenbefund nicht das Ende, sondern der Ausgangspunkt der historischen Analyse darstellt. Denn die »Zahlenangaben vermögen in ihrer statistischen Verdichtung – worüber wir uns bewußt sein sollten – nichts über die im konkreten Einzelfall unterschiedlich zu bewertende IM-Tätigkeit und die ihr zugrundeliegende subjektive Motivstruktur auszusagen«[151]. Auch erlauben sie nicht, im direkten Umkehrschluß von »Resistenz« oder »Widerstand« der Caritas und ihrer Führungskräfte zu sprechen. Hierzu bedarf es der Einordnung in den gesamthistorischen Kontext. Die folgenden Kapitel sollen dazu eine Annäherung bieten.

[151] C. VOLLNHALS, Kirchenpolitische Abteilung, S. 109; vgl. dazu auch D. GRANDE/B. SCHÄFER, Kirche im Visier, S. 97.

III. PHASEN UND SPANNUNGSLINIEN IN DER GESCHICHTE VON STAATSSICHERHEIT UND CARITAS

1. Gewaltsame Repression (1950-1961)

1.1 »Liebesgaben«, Devisen, Interzonenverkehr

Am 8. Februar 1950 ging das Ministerium für Staatssicherheit aus den politischen Polizeiabteilungen des Besatzungsregimes, den sogenannten »Kommissariaten 5« bei der Deutschen Volkspolizei, hervor. Zu diesem Zeitpunkt war der Wieder- und Neuaufbau einer nunmehr verkirchlichten Caritas organisatorisch und auch personell bereits weitgehend abgeschlossen[1]. Die »Verselbständigung« der ostdeutschen Jurisdiktionsbezirke, welche die politische Abschnürung von den Westzonen gezwungenermaßen mit sich brachte[2], hatte mutatis mutandis zur Eingliederung der zuvor eigenständigen Caritasverbände in die kirchlichen Verwaltungsstrukturen geführt[3]: Unter dem Protektorat des jeweiligen Bischofs bzw. Generalvikars oblag die Geschäftsführung einem von diesem beauftragten Caritasdirektor[4]. Gleichwohl hatte die Caritasorganisation in der SBZ und DDR die wichtige Funktion einer gesamtdeutschen Klammer; an der »Nahtstelle der Systeme« kam besonders der organisierten Caritas in Berlin eine herausragende Bedeutung zu[5]. Der Orts- und Diözesan-

---

[1] Vgl. W. Tischner, Katholische Kirche; S. 386-407; vgl. auch G. Lange/U. Pruß, Caritas, S. 43-45.

[2] Vgl. T. Raabe, S. 37-41.

[3] Die Absicht, auf diesem Wege die Vermögenswerte der Verbände vor dem staatlichen Zugriff zu bewahren, folgte dem Reaktionsmuster katholischer Verbände in der NS-Zeit. Überdies spielte die innerkirchliche Diskussion um die Zukunft des Verbandskatholizismus nach 1945 eine nicht unerhebliche Rolle. Vgl. W. Tischner, Katholische Kirche, S. 390.

[4] In den meisten Fällen beauftragten die Ordinarien einen Kleriker mit dieser Aufgabe. Ausnahmen bildeten in Schwerin ab 1977 Diakon Kurowsky und ab 1983 Alfons Neumann sowie in Dresden ab 1988 Josef Grohs.

[5] Die Bedeutung der Hauptvertretung und ihres Ost-Büros wuchs noch, als ihr Leiter Johannes Zinke seit 1952 zusätzlich die Funktion eines Geschäftsträgers des Commissariats der Fuldaer Bischofskonferenz übernahm.

verband[6] und die Hauptvertretung Berlin des Deutschen Caritasverbandes unterhielten seit 1947[7] bzw. seit 1951[8] jeweils ein »Ost-Büro«.

Die Geschichte von Caritas und MfS war infolgedessen von Beginn an vor allem eine »Grenz«-Geschichte.

Die ersten Spannungen waren nicht politisch-geheimpolizeilicher Art, sondern resultierten vor allem aus dem für Kirche und Caritas überlebenswichtigen Interzonentransport und -verkehr. In der Bevölkerung besaßen Evangelisches Hilfswerk und die Caritas beträchtliches Ansehen aufgrund der gemeinsam vermittelten internationalen wie westdeutschen Spendenhilfen und privaten Liebesgabenpäckchen[9]. Die anfängliche Kooperation mit der in den ersten Nachkriegsjahren noch vergleichsweise eigenständigen Volkssolidarität wich Ende der vierziger Jahre zunehmenden Spannungen[10]: Als satzungsmäßige Mitglieder der Volkssolidarität hatten die kirchlichen Hilfswerke stets Wert auf ihre Eigenständigkeit gelegt, wenn es um die

[6] Der Caritasverband für das Bistum Berlin, errichtet 1930, besaß bis 1978 keine eigene Rechtsform und blieb stets auch räumlich mit dem Ortscaritasverband Berlin verbunden.

[7] »Caritasverband für Berlin e.V., Hauptbüro Ost, Berlin C 2, Jacobystr. 24«. Mit der Ernennung von Pfr. Hans Ludwig Knüppel zum »Mitarbeiter in den caritativen Aufgaben des Bistums und am Caritasverband des Bistums Berlin« am 1. Juni 1953 geht eine Namensänderung des Hauptbüros in der Jacobystraße zum »Caritasverband für das Bistum Berlin« einher: Fortan wird das Büro in der Jacobystraße (seit 1960 dann in der »Gürtelstraße«) im Schematismus nicht mehr unter »Caritas-Verband für Berlin e.V.« sondern unter »Caritasverband für das Bistum Berlin« aufgeführt, und zwar zunächst noch unter der Gesamtverantwortung des West-Berliner Caritasdirektors Dr. Wilhelm Albs, ab 1960 dann unter Leitung eines eigenen Caritasdirektors Pfr. Horst Rothkegel. Vgl. SCHEMATISMUS FÜR DAS BISTUM BERLIN 1956, S. 166 u. 1962, S. 101. Vgl. auch die Aufstellung von Hubert Pohl, Die Entwicklung der Caritasverbände im Gebiet des heutigen Erzbistums Berlin, ADCV 121/20+125.111.

[8] Am 31. Januar 1951 teilte der Leiter der Hauptvertretung, Johannes Zinke, dem Hauptarbeitsamt Berlin-Ost die Umwandlung der Transportleitstelle in eine selbständige Hauptgeschäftsstelle unter der Bezeichnung »Deutscher Caritasverband, Hauptvertretung Berlin« mit. ADCV 121.1, Hängemappe. Das Büro war bis zum Tod Zinkes im St. Hedwig-Krankenhaus, Große Hamburger Str. 5-11 untergebracht.

[9] H. J. WOLLASCH, Humanitäre Auslandshilfe für Deutschland nach dem Zweiten Weltkrieg.

[10] Zum folgenden vgl. Ph. SPRINGER, S. 153-186; W. TISCHNER, Katholische Kirche; S. 417-428; A. SCHALÜCK, S. 257-260.

Caritas und Commissariat der Fuldaer Bischofskonferenz in Berlin (1945-1990)[11]

	Caritasverband für Berlin e.V.	Caritasverband für das Bistum Berlin	Deutscher Caritasverband Hauptvertretung Berlin	Commissariat der Fuldaer Bischofskonferenz
Gründung/ Errichtung	*1901* (Katholischer Charitasverband für Berlin und Vororte)	*1917* (Delegatur-Caritasverband für die Mark Brandenburg und Pommern) *1930* (Caritasverband für das Bistum Berlin)	*1918*	*1937* *seit 1978*: Katholisches Kommissariat Berlin
Geschäftsstelle (seit 1945)	*1948-1956*: Düsseldorfer Str. 13 (Berlin-Wilmersdorf St. Ludwig) *1956-1974*: Kolon (Berlin-Schöneberg, St. Elisabeth) *1974-1992*: Tübinger Str. 5 (Berlin-Wilmersdorf, »Haus der Caritas«)	(in Personalunion mit dem Caritasverband für Berlin e.V.)	*1945-1962:* Bayernallee 28, (Berlin-Charlottenburg) *1962-1999*: Ahornallee 49, (Berlin-Charlottenburg)	*1945-1952*: Hohenstaufenstr. 2 *1952-1962*: Bayernallee 28, (Berlin-Charlottenburg) *1962-1990*: Ahorn-, allee 49 (Berlin-Charlottenburg)
Errichtung Ostteil	*1947*: Caritasverband für Berlin e.V., Hauptbüro Ost }⇒	Namensänderung *1953*: Caritasverband für das Bistum Berlin		

[11] Vgl. G. Lange/U. Pruß, Caritas in der DDR, S. 349-357; vgl. auch die Aufstellung von Hubert Pohl, Die Entwicklung der Caritasverbände im Gebiet des heutigen Erzbistums Berlin, ADCV 121/20+125.111.

	Caritasverband für Berlin e.V.	**Caritasverband für das Bistum Berlin**	**Deutscher Caritasverband Hauptvertretung Berlin**	**Commissariat der Fuldaer Bischofskonferenz**
Niederlassung Ostteil	*1947-1960*: Jacobystr. 24 *1960-*: Gürtelstr. 8, Berlin-Weißensee	*1953-1960*: Jacobystr. 24 *1960-*: Gürtelstr. 8, Berlin-Weißensee	*1951-1972*: Große Hamburger Str. 5/11 (St. Hedwig-Krankenhaus); ab *1968*: Verlagerung einiger Büros in das Don-Bosco-Heim, Große Hamburger Str. 18-19 *1972-1991*: Große Hamburger Str. 18-19	*1952-1968*: Große Hamburger Str. 5/11 (St. Hedwig-Krankenhaus)
Leiter/ Mitarbeiter (Westteil)	*Vorsitzende:* *-1947*: Prälat Alois Piossek *1963-1969, 1972-1979*: Kanonikus Georg Meißner *1979-1994* Msgr. Joachim Finke *Geschäftsführer:* *1940-1965:* Car.Dir. Dr. Wilhelm Albs *1965-1972*: Car.Dir. Dr. Johannes Tobei *1972-1992*: Car. Dir. Hubert Pohl	*Vorsitzende:* *1965-1972*: Prälat Dr. Wilhelm Albs *1972-1997*: Bischofsvikar Dr. Johannes Tobei *Geschäftsführer:* *1940-1965*: Car.Dir. Dr. Wilhelm Albs *1965-1972*: Car.Dir. Dr. Johannes Tobei *1972-1992*: Car.Dir. Hubert Pohl	*1942-1952*: Car.Dir. Franz Füssel *1946-1968*: Car.Dir. Johannes Zinke *1969-1996*: Car.Dir. Heinz Dietrich Thiel	*Leiter:* *1937-1951*: Bischof Heinrich Wienken *1952-1968:* Johannes Zinke (Geschäftsträger) *1969-1978*: Weiterführung der Aufgaben durch Heinz Dietrich Thiel, Leiter der Hauptvertretung Berlin des DCV

	Caritasverband für Berlin e.V.	**Caritasverband für das Bistum Berlin**	**Deutscher Caritasverband Hauptvertretung Berlin**	**Commissariat der Fuldaer Bischofskonferenz**
				Leiter: 1978-1991: Heinz Dietrich Thiel, Leiter des Katholischen Kommissariats Berlin
Leiter/ Mitarbeiter (Ostteil)	*Vorsitzende:* *1947-1963*: Pfr. bzw. Weihbischof Paul Tkotsch *Geschäftsführer:* *1947-1953*: Elisabeth Grun, Bernhard Machnik (Geschäftsstellenleiter)	*Vorsitzende:* *1957-1963:* Weihbischof Paul Tkotsch *Geschäftsführer:* *1953-1956*: Pfr. Hans-Ludwig Knüppel *1961-1967:* Car.Dir. Horst Rothkegel *1967-1970:* Car.Dir. Roland Steinke *1970-1977*: Car.Dir. Norbert Kaczmarek *1977-1995*(?) Car. Dir. Reinhold Janiszewski	*1951-1968*: Car.Dir. Johannes Zinke *1962-1968*: Car.Dir. Wolfram Lewicki *1964-1972*: Car.Dir. Theodor Hubrich *Leiter der Zentralstelle* *1969-1972*: Car. Dir. Theodor Hubrich *1973-1982*: Car.Dir. Roland Steinke *1982-1991*: Car. Dir. Hellmut Puschmann	

Verteilung ihrer Spenden an die Bevölkerung ging. Gegenüber einer mehr und mehr gleichgeschalteten Volkssolidarität und ihren wachsenden Ansprüchen erwies sich dies allerdings als zunehmend schwieriger.

Die Konflikte erreichten 1950 ihren vorläufigen Höhepunkt: Im August beschloß das ZK der SED, die Kirchen von der Spendenverteilung auszuschließen. Am 12. Dezember verhängte daraufhin Innenminister Steinhoff faktisch ein Einfuhrverbot für ausländische Spenden der kirchlichen Hilfswerke und bestimmte die Verteilung der Liebesgaben allein durch die Volkssolidarität. Den Leiter der Hauptvertretung Berlin des DCV, Johannes Zinke, verleitete dies zu der illusionslosen Feststellung, der Zentralausschuß der Volkssolidarität sei ein vom »MdI eingesetztes Kontrollorgan«[12].

Zinkes Bemerkung spielte auch an auf die durch Steinhoffs Erlaß quasi legalisierten Polizeikontrollen. Örtliche Behörden der Volkspolizei, vor allem in Sachsen-Anhalt, überprüften die kirchlichen Spenden-Lager, beschlagnahmten die Liebesgaben und ordneten deren Verteilung durch die Volkssolidarität an[13]. Offenkundig hatte sich auch das noch junge Ministerium für Staatssicherheit eingeschaltet. Jedenfalls notierte man im Magdeburger Seelsorgeamt: »Offen: Verteilung – Gr[oß].-Aktionen. Diöz[esan-].Vertreter: Verpflichtung zum Bericht an SSD! Soppa, Reiring, Friedrich, Titze (Erklärung)«[14]. Es war dann auch der Magdeburger Weihbischof Wilhelm Weskamm, der im März 1951 namens der ostdeutschen Jurisdiktionsträger bei Otto Grotewohl gegen das staatliche Vorgehen protestierte und der DDR Verfassungsbruch vorwarf[15].

Zu diesem Zeitpunkt hatte der SED-Staat zwar die Spenden an kirchliche Einrichtungen und kirchliche Mitarbeiter bereits wieder vom Verteilungsmonopol der Volkssolidarität ausgenommen, schon um das für die allgemeine Versorgung wichtige kirchliche Gesundheitswesen nicht zu gefährden[16]. In der Frage größerer Verteilungsaktionen durch die Caritas an die Bevölkerung bzw. die einzelnen katholischen Gläubigen blieb das Innenministerium trotz intensiver Verhandlungsbemühungen Zinkes hart. An eine weitere Zusammenarbeit mit der Volkssolidarität war deshalb nicht mehr zu denken. Im März 1951 beendete die Caritas die Kooperation mit der inzwischen zu einer zentral gelenkten Behörde des SED-Staates reorganisierten sozialistischen Wohlfahrtsorganisation[17].

---

12 Zit. n. Ph. SPRINGER, S. 167.

13 Vgl. EBD., S. 166 f.

14 ZBM Einfuhrgenehmigung und Spenden. Der kleine handschriftliche Zettel ist undatiert und ungezeichnet. Vermutlich wurde die Notiz vom Leiter des Seelsorgeamtes, Hugo Aufderbeck, niedergeschrieben.

15 Vgl. W. TISCHNER, Katholische Kirche, S. 431-433.

16 Vgl. EBD.

17 Vgl. das Rundschreiben Zinkes vom 5. März 1951, ADCV R 306, 1946-1954. – Allein 1954 kam es noch einmal zu einem spannungsreichen Zusammenwirken im Rahmen einer Altenhilfe-Aktion. Vgl. ADCV 121/10+347; Ph. SPRINGER, S. 177.

In den Augen des MfS wurde folglich die kirchliche Einfuhr von Textilien, Lebensmitteln und Medikamenten zu einem Sicherheitsproblem ersten Ranges. Die Kirchen hatten rasch einen anderen Weg gefunden, um die staatliche Kontrolle der Liebesgaben durch die Volkssolidarität zu umgehen; sie forcierten den Versand privater Päckchen[18]. »Es wurde festgestellt«, so berichtete im Juli 1951 die Bezirksverwaltung Schwerin des MfS über die »feindliche Tätigkeit des Charitasverbandes«, »daß diese Stelle (in Schönberg, Krs. Gresvesmühlen) laufend Pakete mit Lebensmitteln und Textilien aus Westberlin erhält und dort unter den Katholiken zur Verteilung bringt. Wie uns durch [einen] ›I‹[nformator] mitgeteilt wird, finden unter den dortigen Anhängern des Charitas-Verbandes Zusammenkünfte statt und sie ließen ihre abneigende Einstellung gegen die DDR erkennen«[19].

Illegale Transaktionen boten die Möglichkeit des Zugriffs: Das Magdeburger Volkspolizeipräsidium teilte 1951 dem MfS mit, man habe 140 Pakete beschlagnahmt und ein Ermittlungsverfahren gegen den Magdeburger Caritasdirektor Solbach eingeleitet. Der zuständige Beamte lieferte die politische Deutung sogleich mit: »Es wäre wohl gerade in Westdeutschland notwendig, die [sic] Unzahl von Arbeitslosen eine Unterstützung zukommenzulassen [sic], als kath. Kinder in Magdeburg mit westlichen Lebensmitteln von nicht besonderer[er] Güte(,) als sie in der DDR vorkommen, für die Religion der kath. Kirche zu gewinnen«[20]. Während es das MfS in diesem Fall offenbar bei den kriminalpolizeilichen Ermittlungen beließ, schreckte sie in einem anderen, in der Sache marginalen Fall vor einer Verhaftung nicht zurück: Der Caritashelfer Bernhard Morcinek wurde im September 1951 zu zwei Jahren Gefängnis verurteilt, weil er – wie Walter Adolph vermutete – eine größere Anzahl westlicher Kirchenpresseorgane wie das Berliner Petrusblatt und Exemplare der Zeitschrift »Mann in der Zeit« bei sich führte[21].

---

[18] Die kirchlichen Hilfswerke erhielten die Liebesgaben nun nicht mehr in großen Transporten, sondern sie wurden privat und lizenzfrei direkt durch Privatpersonen oder durch von den Kirchen beauftragte Firmen an Bedürftige geschickt. Die Adressen von bedürftigen Gemeindemitgliedern wurden über die Pfarreien an westdeutsche Spender vermittelt. Vgl. A. SCHALÜCK, S. 260; W. TISCHNER, Katholische Kirche, S. 433 f.

[19] BStU MfS AP 12248/92, p. 5.

[20] Schlußbericht des Volkspolizeipräsidiums Magdeburg vom 23. Juli 1951, BSTU Mgb AP 988/81, Beiakte, p. 7.

[21] Adolph an Jordan vom 29. September 1951, AKZG NL WA 5 b 1 p. 434-434'. – Eine MfS-Akte zu diesem Fall ist bisher nicht aufgetaucht.

In der kirchenpolitischen Abteilung V/4 der Berliner MfS-Zentrale legte man nicht nur Akten über die Paketsendungen des Caritasverbandes an[22], sondern auch über »Geldsendungen [aus] Westberlin in die DDR«[23]. Wohl von der sowjetischen Sicherheitspolizei[24] kam z. B. ein als »streng vertraulich« eingestufter Hinweis auf illegal in die DDR transferierte Devisen: Ein Student der Humboldt-Universität hatte als Geheimer Mitarbeiter »Petersen« über West-Berliner Kommilitonen berichtet, die gegen Entlohnung von Ost-Berliner, Dresdener oder Leipziger Postämtern DM-Beträge an Mitarbeiter der Caritas oder an private Spendenempfänger überwiesen[25].

Der Interzonenverkehr der Caritas schließlich bildete neben westlichen Sach- und Geldspenden den dritten Schwerpunkt, dem der Staatssicherheitsdienst von Beginn an seine besondere Aufmerksamkeit zuwandte. Seit dem 16. Mai 1952 war dem Staatssicherheitsministerium die Grenzpolizei direkt unterstellt[26]. Und als der DDR-Ministerrat am Tage der Unterzeichnung des Deutschland-Vertrages (26. Mai 1952) anordnete, eine Sperrzone entlang der Demarkationslinie zur Bundesrepublik zu errichten, oblag es der Staatssicherheit, diese Aufgabe polizeilich durchzusetzen[27].

Die Verhärtung der Fronten im Kalten Krieg (Korea-Krieg, Ablehnung der Stalin-Note und Deutschland-Vertrag) wirkte auf das Verhältnis zwischen Staat und katholischer Kirche zurück. »Zum ersten Mal«, hieß es in einem kirchlichen Aktenvermerk vom 23. Juli 1952, »werden dem Ministerium für Staatssicherheit, das bisher nicht hervorgetreten ist, auch nach aussen hin weitgehende, nicht begrenzt[e] Befugnisse zugewiesen. Damit wird offensichtlich die Periode abgeschlossen, deren Ziel es war, mit Westdeutschland ins Gespräch zu kommen. Die DDR wird so noch eindeutiger in den Ostblock eingegliedert (...) Das hat zur Folge, dass auch eine Verbindung der Kirchen im Gebiete der DDR mit kirchlichen Stellen in Westdeutsch-

---

22 Vgl. die Akte »Paketsendungen Caritasverband«, BStU MfS HA XX/4, Nr. 2695, p. 123-170.

23 BStU MfS HA XX/4, Nr. 2695, p. 38-100.

24 Der Bericht trägt den Vermerk: »Übersetzung aus dem Russischen«, »übersetzt 23.3.1955«, BStU MfS HA XX/4, Nr. 2695, p. 91-94.

25 BStU MfS HA XX/4, Nr. 2695, p. 38-100. u. den Objektvorgang »Caritasverband«, BStU MfS HA XX/4, Nr. 2694, p. 12.

26 Vgl. Die Organisationsstruktur des MfS, S. 206. Zuständig war das MfS bis zum 1. März 1957, aber auch danach blieb eine indirekte Zuständigkeit für Grenztruppen erhalten.

27 Vgl. H.-P. Schwarz, S. 622.

land, die nach rein politischen Gesichtspunkten beurteilt werden, noch mehr als bislang staatlicherseits unerwünscht wird. Deswegen die immer häufiger werdenden Ablehnungen von Interzonenpässen, Aufenthaltsgenehmigungen und Zuzugsanträgen«[28].

In einem Gespräch hatte der Stellvertretende Ministerpräsident Otto Nuschke bereits am 5. Juni mitgeteilt, daß dringende Einreisegenehmigungen über das MfS zu beantragen seien[29]. So landeten z. B. die für einen Passierscheinantrag (dem sogenannten Antrag auf Propuske) erforderlichen Personalangaben sämtlicher Mitarbeiter der Hauptvertretung beim MfS[30]. Das Verlassen der Zone, sei es nun aus Gründen einer Dienstreise oder gar zum Zwecke der Ausreise in den Westen, diente dem MfS als Hebel, um führende Caritasmitarbeiter für eine konspirative Zusammenarbeit anzusprechen. Als 1951 der Schweriner Caritasdirektor eine Interzonenreise zur Zentralratstagung nach Freiburg beantragte, versuchte die kirchenpolitische Abteilung der Schweriner Staatssicherheit dies für eine Werbung zu nutzen, ohne allerdings letztlich zum Erfolg zu kommen[31]. Der Bericht vom 2. April vermerkt: »Er erklärte[,] das [sic] es unbedingt notwendig sei, daß alle Menschen den Organen des Staates helfen, und die Staatsorgane hätten das gute Recht, alles zu wissen. Er persönlich könne aber nichts tun ohne Erlaubnis seiner vorgesetzten Behörde. Ich erklärte ihm, uns interessiere, was auf dem Freiburger Kongreß vor sich gehe. Nachdem er nochmals sagte, daß dort keine polit. Fragen zur Debatte stünden, sagte er[,] daß ohne Genehmigung seines Vorgesetzten er nicht in der Lage sei, von dem Kongreß mitteilen zu können, der übrigens ganz offiziell und in den Kirchenzeitungen veröffentlicht werde. So wie ein Angehöriger der Staatsorgane ohne Erlaubnis keine Auskünfte erteilen dürfe, so könne er es auch nicht tun«[32]. Im Sep-

28 ADCV 121/30+732.46.

29 Ungezeichneter Vermerk vom 5. Juni 1952 über ein Gespräch mit Nuschke, ADCV 121/30+732.42, 1949-1954. Vgl. auch A. SCHALÜCK, S. 255.

30 BSTU MfS HA XX/4, Nr. 2696, p. 183-184. Vgl. auch den Antrag Solbachs auf Dauergenehmigung für seine Person und Frau Klemt zur Einreise in das Sperrgebiet, BStU Mgb AP 988/81, p. 18-19.

31 Vgl. die handschriftichen Berichte vom 2. April 1951, BSTU Swn AG 385/52, p. 4-5.

32 Bericht vom 2. Juli 1951, BSTU Swn AG 385/52, p. 6. Ähnlich entstanden auch beim Meißener Generalvikar und »Vorsitzenden« der Diözesancaritas im Bistum Meißen die ersten Berührungspunkte mit dem MfS durch seinen Antrag auf einen Interzonenpaß. Vgl. BStU Ddn AIM 1274/59, p. 27-28. Vgl. auch die Dokumentation des Falles bei D. GRANDE/B. SCHÄFER, Kirche im Visier, S. 122-124 (mit Fotos).

tember 1956 sprach das MfS in Greiz den Justitiar der Hauptvertretung Berlin an, der aus familiären Gründen einen Antrag auf Umsiedlung nach Westberlin gestellt hatte. Treutler, der zuvor gelegentlich auch persönlich als Berater und Gutachter an Verhandlungen und Beratungen zwischen Staat und Kirche teilgenommen hatte und dessen Ausscheiden aus dem caritativen Dienst unmittelbar bevorstand, berichtete seinem Vorgesetzten Zinke ausführlich von dem Zusammentreffen[33]. Das MfS mußte sich das Scheitern des Werbungsversuches eingestehen[34], nachdem Zinke offiziell beim Innenministerium vorgesprochen hatte[35].

1.2 Überwachung der Caritasdirektoren

Mit dem operativen Interesse am Interzonenverkehr gerieten die an exponierter Stelle wirkenden Caritasdirektoren beinahe zwangsläufig in das Fadenkreuz der Staatssicherheit: in Berlin Dr. Wilhelm Albs, in Schwerin Franz Reiring, in Magdeburg Heinrich Solbach, in Bautzen/Dresden Dr. Wilhelm Soppa und Paul Jung, in Erfurt Franz Nitsche und in Römhild (Kommissariat Meiningen) Ignaz Friedrich[36]. Zwar arbeitete seit 1952 im MfS eine eigene Operativgruppe »Caritas«[37], die zwischenzeitlich sogar zu einem Sachgebiet aufgewertet wurde[38], an der »Aufklärung« der Direktoren. Doch flossen, wie schon erwähnt, die Informationen zunächst nur relativ spärlich. Über den Magdeburger Caritasdirektor war bis Oktober 1952 noch nichts »Tiefgründiges« ermittelt[39]. Und der Berliner Caritasdirektor Albs war dem MfS zu diesem Zeitpunkt noch »völlig unbekannt«[40].

Das Interesse konzentrierte sich hingegen auf Prälat Johannes Zinke. Seit 1946 leitete der vormalige Breslauer Caritasdirektor die

---

33 Vgl. den Bericht Treutlers vom 7. September 1956, ADCV 121/30+732.46.

34 Vgl. den Hinweis vom 4. Dezember 1956 in der Akte »Zinke«, BSTU MfS AOP 614/59, p. 84, 85.

35 Vgl. den Bericht vom 7. September 1956, ADCV 121/30+732.46.

36 Eine Akte zum Caritasdirektor im Erzbischöflichen Amt Görlitz, Heribert Titze, ist bisher nicht aufgefunden worden. Gleiches gilt für seinen Nachfolger, Dr. Rudolf Mommert.

37 Vgl. G. BESIER/St. WOLF, S. 159, 163-167.

38 Vgl. den Auskunftsbericht betr. Katholischer Caritas-Verband, 1956, BSTU MfS HA XX/4, Nr. 2694, p. 15.

39 Vgl. den Bericht des ermittelnden Hauptwachtmeisters Franke vom 10. Oktober 1952, BSTU Mgb AP 988/81, p. 11.

40 Vgl. die undatierte Notiz zu Dr. Wilhelm Albs, BSTU MfS AOP 614/59, p. 20.

Hauptvertretung Berlin des Deutschen Caritasverbandes in Berlin, zunächst noch gemeinsam mit Caritasdirektor Franz Füssel. Füssel war 1932 als Mitarbeiter des damaligen Leiters Heinrich Wienken in die Hauptvertretung Berlin gekommen und hatte nach dessen Wechsel zum neu errichteten Commissariat der Fuldaer Bischofskonferenz 1937 zunächst kommissarisch und ab 1942 dann die Leitung übernommen[41]. Persönliche Querelen und die Einrichtung einer neuen Hauptvertretung des DCV in Bonn führten zum Wechsel des gebürtigen Berliners in die Bundeshauptstadt an den Rhein[42]. Von Oktober 1952 an leitete Zinke die Berliner Hauptvertretung in alleiniger Verantwortung[43]. Bereits im Februar desselben Jahres hatte er die Aufgabe als Geschäftsträger des Commissariats der Fuldaer Bischofskonferenz übernommen, nachdem der bisherige Leiter Wienken auf den Meißener Bischofsstuhl berufen worden war[44]. Bis zu Zinkes Tod 1968 waren die caritativen Aufgaben der Hauptvertretung Berlin und die kirchenpolitischen Aufgaben des bischöflichen Verhandlungsbeauftragten in Personalunion verbunden. Seinen Wohnsitz und sein Büro hatte Zinke im West-Berliner Stadtteil Charlottenburg. Schon am 1. Februar 1951 hatte er allerdings ohne viel Aufhebens und wohl ohne Rücksprache mit der Zentrale in Freiburg eine Dependance im Ostteil, im St. Hedwig-Krankenhaus in der Großen Hamburger Straße eingerichtet; dort hatte sich die Hauptvertretung bereits nach ihrer zweiten Ausbombung im Mai 1944 für ein Jahr befunden[45].

---

41 Vgl. M. HÖLLEN, Wienken, S. 42.

42 Vgl. dazu Eckert an Füssel vom 11. September 1952, ADCV 121, Fasz. 6. Füssel trat seine neue Aufgabe aber offenkundig erst Anfang 1953 an. Vgl. Joerger an Füssel vom 3. Januar 1953, ADCV 131, Fasz. 1: Füssel. W. Tischner, Katholische Kirche, S. 391 f., verweist auf mangelnde Führungsstärke Füssels im Frühjahr 1946.

43 Vgl. Zinkes Schreiben an seinen Bruder Franz vom 17. November 1952, ADCV 121/10+131 Z, Fasz. 02.

44 Vgl. B. SCHÄFER, Staat, S. 74; zum Commissariat vgl. auch J. PILVOUSEK, Wienken, S. 533-547.

45 Zinke an das Hauptarbeitsamt in Berlin-Ost, vom 31. Januar 1951, ADCV 121.1, HM. Eine feststehende Bezeichnung gab es für das »Ost-Büro« der Hauptvertretung bis zum Tod Zinkes vermutlich nicht: In einem Schreiben an den Bundesminister für gesamtdeutsche Fragen vom 7. März 1952 verwandte Zinke die Bezeichnung »Zentralstelle Ost der katholischen Fürsorgearbeit“; im Caritasadreßbuch wird 1953 die Formulierung »Dienststelle Demokratischer Sektor« verwandt, ohne einen eigenen Leiter aufzuführen. Das Caritas-Adreßbuch bezeichnet die Hauptvertretung 1956 dann als »Deutscher Caritasverband Berlin«. Vgl. die Übersicht »Anfänge der Zentralstelle Ost des DCV in Berlin«, ADCV 121.1. BSTU MfS HA XX/4/Dok., Nr. 583, Bd. 2, p. 96.

Dem MfS bot die vermeintlich ablehnende Haltung zur »Kampfgruppe gegen Unmenschlichkeit« Anlaß genug[46], um Zinke anzusprechen. Im Anschluß an eine Besprechung im Innenministerium wurde Zinke im Januar 1953 mit Mitarbeitern des MfS konfrontiert. Wenige Wochen später wandte sich dieser seinerseits an das MfS. Im Auftrag des Magdeburger Weihbischofs Rintelen suchte er auf diesem Weg die Befreiung eines inhaftierten Geistlichen zu erreichen. Daraufhin brach die Staatssicherheit den Kontakt wieder ab[47]. Zinke habe erklärt, so MfS-Offizier Sgraja[48] in seinem Bericht, »er sei es gewohnt und möchte den ihm vorgeschriebenen offiziellen Weg beschreiten. Er sehe ein, dass er unseren damaligen Vorschlag nicht richtig verstanden hat«[49]. An nicht-konspirativen Kontakten zu dem bischöflichen Verhandlungsbeauftragten war man zu diesem Zeitpunkt nicht interessiert.

1.3 Bekämpfung der Caritas

Im Frühjahr 1953 eskalierten die latenten Spannungen zwischen SED-Staat und katholischer Kirche zu einem offenen Konflikt, in den auch die Arbeit der Caritas hineingezogen wurde: Mit »politisch weitgehend abgestimmten Maßnahmen«[50] ging die Direktion der Deutschen Reichsbahn gegen die evangelische und katholische Bahnhofsmission vor, der die Räumlichkeiten auf den Bahnhöfen gekündigt wurden[51].

---

46 Vgl. den Plan zur Werbung vom 23. Januar 1953, BStU MfS AOP 614/59, p. 26 f. Zur »Kampfgruppe gegen die Unmenschlichkeit« vgl. K. W. Fricke, Konzentrierte Schläge, S. 80-88.

47 Vgl. auch D. Grande/B. Schäfer, Kirche im Visier, S. 42.

48 Sgraja leitete in der kirchenpolitischen Abteilung des MfS das Referat »Evangelische Kirchen«. Vgl. unten S. 114.

49 Bericht Sgrajas vom 17. März 1953, BStU MfS AOP 614/59, p. 36.

50 B. Nikles, S. 343.

51 Einer Übersicht von Anfang Juni 1953 zufolge ging die Arbeit der katholischen und evangelischen Bahnhofsmissionen insbesondere dort weiter, wo sie in nicht-bahnhofseigenen Räumen untergebracht war. Dies war der Fall in Frankfurt/Oder, Greifswald, Cottbus, Doberlug-Kirchhain, Guben, Horka, Hoyerswerda, Görlitz, Ölsnitz (evangelische Bahnhofsmission) und Heiligenstadt (Bereitschaftsdienst). Mancherorts aber wurde die Arbeit auch fortgesetzt, wenn die Räumlichkeiten gekündigt worden waren, so in: Potsdam (Kaue an der Bahnstrecke belassen), Arnstadt, Göschwitz, Saalfeld (evangelische Bahnhofsmission), Meiningen, Dessau (evangelische Bahnhofsmission) und Halle. Nicht gekündigt worden waren die Räume in Leinefelde, Nordhausen, Suhl, Gotha, Erfurt, Magdeburg und Stendal. ADCV 121/10+281.2, 1952-1956.

Im Mai folgten dann systematische Übergriffe gegen die kircheneigenen Kinderheime[52]: »›Eine verschärfte Überprüfung aller konfessionellen Kinderheime in der Sowjetzone hat das SED[-]Zentralkomitee in einem Schreiben an die Bezirksleitung angeordnet. In dem Schreiben heißt es, es müsse alles getan werden, um mit Hilfe sogenannter fortschrittlicher Methoden die kirchlichen Institutionen der Obhut des Staates zu unterstellen‹«[53]. Aus politischen Gründen wurden diese Zwangsmaßnahmen nach dem 10. Juni zwar sistiert[54], die Behinderungen und Schikanen gingen gleichwohl auch in der zweiten Jahreshälfte weiter.

Der Staatssicherheitsdienst war an diesen Aktionen zunächst offenbar nur in Einzelfällen beteiligt[55]. Es fehlte zu diesem Zeitpunkt noch der zentrale kirchenpolitische Apparat; erst im Dezember 1954 errichtete man eine eigene kirchenpolitische Abteilung mit einem eigenständigen Referat für die katholische Kirche[56]. Seitdem waren neben den machtpolitischen auch die strukturellen Voraussetzungen für die Organisation der »inoffiziellen Kirchenpolitik des SED-Staates«[57] gegeben. »Über der feindlichen Tätigkeit verdächtige Pfarrer, Kirchenangestellte und fanatische Anhänger der katholischen und evangelischen Kirche, reaktionäre Kirchenleitungen sind Überprüfungsvorgänge anzulegen, die durch aktive Bearbeitung in kurzer Zeit zu Operativ-Vorgängen entwickelt werden«, hieß es im entsprechenden Befehl Ernst Wollwebers. »Es sind Objektakten über Klö-

[52] Vgl. dazu T. Raabe, S. 174-176.

[53] So Walter Adolph in einer als »Meldung« formulierten Mitteilung an Herrn Brunst von NCWC, 28. Mai 1953, AKZG NL WA 5 b 1 p. 331. Vgl. auch den Bericht über die Überprüfung des Caritas-Kinderheimes Bad Saarow vom 26. März 1953, wo als Maßnahmen die sofortige Schließung sowie Überprüfung sämtlicher Kinderheime empfohlen wird. BArch DO 4, Nr. 2169. – Betroffen waren nachweislich die Heime in Römhild (ADCV 121/10+125 DDR, Fasz. 01: 1953-1956), Bad Saarow (ADCV 121/30+823.1, Fasz. 01), Blankenhain (für katholische Mütterarbeit) (ADCV 121/30+823.1, Fasz. 01), Ohrdruf (Kindergenesungsheim) (BAEF C III b), Oebisfelde (ADCV 121/30+823.1, Fasz. 01).

[54] U. von Hehl/W. Tischner, S. 896 f.

[55] Vgl. den Hinweis bei T. Raabe, S. 175, wonach das Ministerium für Staatssicherheit an der Überprüfung des Kinderheimes in Bad Saarow am 26. März 1953 mitwirkte.

[56] Vgl. C. Vollnhals, Kirchenpolitische Abteilung, S. 81. Zu den Auswirkungen des 17. Juni 1953 auf das Ministerium für Staatssicherheit vgl. ders., Das Ministerium für Staatssicherheit, S. 502.

[57] Zur Entwicklung des kirchenpolitischen Apparates vgl. Ders., Kirchenpolitische Abteilung S. 81-98.

ster, Priesterseminare, Schulen, theologische Fakultäten, Krankenhäuser, Kinder- und Altersheime, evangelische Akademien, Jungmännerwerk und Kolpingwerk usw. anzulegen. Die operative Arbeit an diesen Objekten ist voranzutreiben«[58]. Wollweber folgte damit einer von der SED vorangetriebenen systematischeren Politik gegenüber den Kirchen[59]. »Schnelle Festnahmen war die Devise des neuen Staatssicherheitschefs (...); abwartendes Taktieren und langwierige geheimdienstliche Beobachtung wie unter seinem Vorgänger Wilhelm Zaisser ließen sich mit der Forderung der Partei nach schnellen operativen Erfolgen nicht vereinbaren[60]. Es begannen die Jahre der »konzentrierten Schläge« (K. W. Fricke).

Im katholischen Referat der Hauptabteilung V (Bekämpfung von Untergrundorganisationen, Überwachung von Parteien, Massenorganisationen und Kirchen) versuchte man im Frühjahr 1955, die gesammelten Informationen in einem Objektvorgang »Caritasverband« zusammenzuführen[61]. Allerdings fügte sich die an Kirchenstrukturen ausgerichtete und vor allem in Berlin sehr vielgestaltige Caritasorganisation nur schwer in das gewünschte Bild einer an den zentralistischen Verwaltungsebenen des SED-Staates orientierten katholischen Kirche. Eine »Hauptvertretung für die DDR u. W.[est]B.[erlin]« gab es nicht[62], und auch der in den Augen der Staatssicherheit unvermeidliche Kontakt westlicher Kircheneinrichtungen zum amerikanischen Geheimdienst blieb ohne erkennbaren Nachweis[63].

---

[58] Vgl. den Befehl Ernst Wollwebers, 21. Dezember 1954. G. BESIER/St. WOLF, S. 191.

[59] Vgl. B. SCHÄFER, Staat, S. 92-100.

[60] Vgl. K. W. FRICKE, Konzentrierte Schläge, S. 8. Zur Person Wollwebers vgl. EBD., S. 30-41.

[61] Vgl. BSTU MfS HA XX/4, Nr. 2694.

[62] Der Eintrag in das dem MfS vorliegende Caritas-Adreßbuch von 1956 lautet: »Deutscher Caritasverband Berlin«. Nicht als offizielle Bezeichnung, sondern nur als einleitende Zwischenüberschrift vorgeschaltet (und entsprechend durch den folgenden Doppelpunkt gekennzeichnet) findet sich die Formulierung »Caritas-Hauptvertretung für die DDR im Demokratischen Sektor von Berlin:« Vgl. BSTU MfS HA XX/4/Dok., Nr. 583, Bd. 1, p. 96. Derselbe Fehler, die Zwischenüberschrift für die offizielle Bezeichnung zu halten, unterläuft allerdings nicht nur dem Staatssicherheitsdienst, sondern auch dem DCV! Vgl. die Übersicht »Anfänge der Zentralstelle Ost des DCV in Berlin«, ADCV 121.1

[63] Vgl. BSTU MfS HA XX/4, Nr. 2694, p. 33-34.

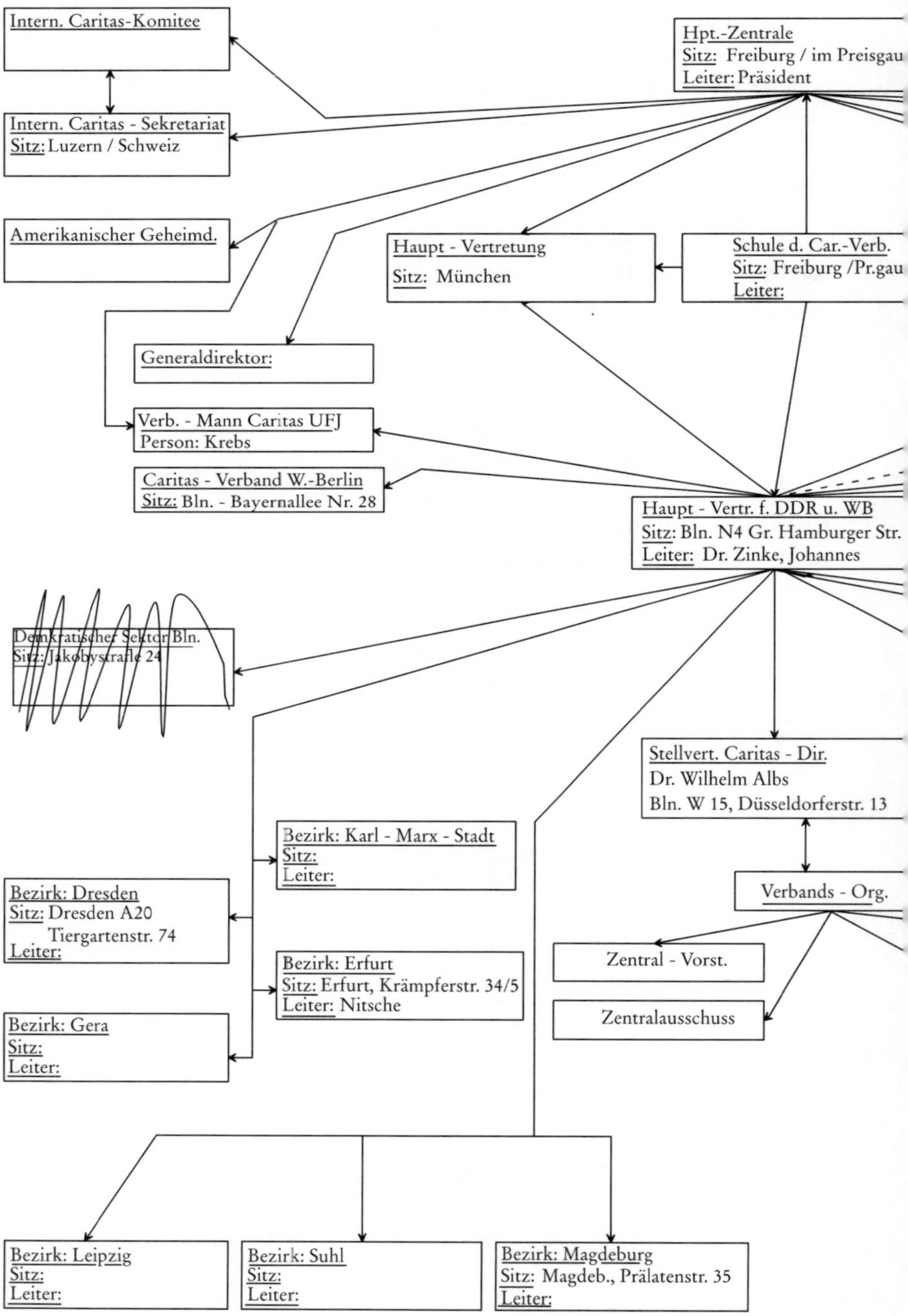
Intern. Caritas-Komitee
Hpt.-Zentrale
Sitz: Freiburg / im Preisgau
Leiter: Präsident
Intern. Caritas - Sekretariat
Sitz: Luzern / Schweiz
Amerikanischer Geheimd.
Haupt - Vertretung
Sitz: München
Schule d. Car.-Verb.
Sitz: Freiburg /Pr.gau
Leiter:
Generaldirektor:
Verb. - Mann Caritas UFJ
Person: Krebs
Caritas - Verband W.-Berlin
Sitz: Bln. - Bayernallee Nr. 28
Haupt - Vertr. f. DDR u. WB
Sitz: Bln. N4 Gr. Hamburger Str.
Leiter: Dr. Zinke, Johannes
Demokratischer Sektor Bln.
Sitz: Jakobystraße 24
Stellvert. Caritas - Dir.
Dr. Wilhelm Albs
Bln. W 15, Düsseldorferstr. 13
Bezirk: Karl - Marx - Stadt
Sitz:
Leiter:
Verbands - Org.
Bezirk: Dresden
Sitz: Dresden A20
Tiergartenstr. 74
Leiter:
Zentral - Vorst.
Bezirk: Erfurt
Sitz: Erfurt, Krämpferstr. 34/5
Leiter: Nitsche
Zentralausschuss
Bezirk: Gera
Sitz:
Leiter:
Bezirk: Leipzig
Sitz:
Leiter:
Bezirk: Suhl
Sitz:
Leiter:
Bezirk: Magdeburg
Sitz: Magdeb., Prälatenstr. 35
Leiter:

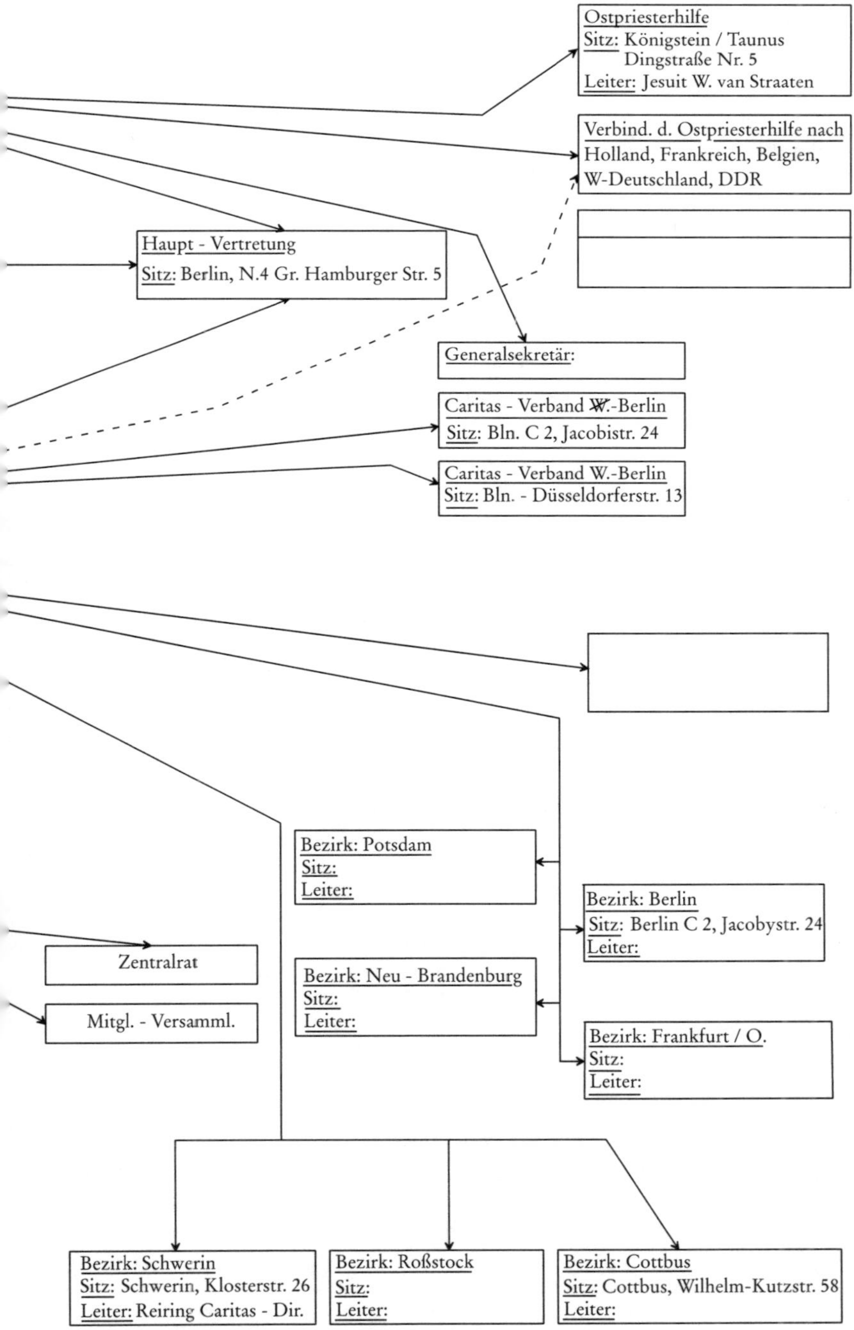
Ostpriesterhilfe
Sitz: Königstein / Taunus
Dingstraße Nr. 5
Leiter: Jesuit W. van Straaten
Verbind. d. Ostpriesterhilfe nach
Holland, Frankreich, Belgien,
W-Deutschland, DDR
Haupt - Vertretung
Sitz: Berlin, N.4 Gr. Hamburger Str. 5
Generalsekretär:
Caritas - Verband W.-Berlin
Sitz: Bln. C 2, Jacobistr. 24
Caritas - Verband W.-Berlin
Sitz: Bln. - Düsseldorferstr. 13
Bezirk: Potsdam
Sitz:
Leiter:
Bezirk: Berlin
Sitz: Berlin C 2, Jacobystr. 24
Leiter:
Zentralrat
Bezirk: Neu - Brandenburg
Sitz:
Leiter:
Mitgl. - Versamml.
Bezirk: Frankfurt / O.
Sitz:
Leiter:
Bezirk: Schwerin
Sitz: Schwerin, Klosterstr. 26
Leiter: Reiring Caritas - Dir.
Bezirk: Roßstock
Sitz:
Leiter:
Bezirk: Cottbus
Sitz: Cottbus, Wilhelm-Kutzstr. 58
Leiter:

Das Augenmerk der Staatssicherheit blieb auf Zinke gerichtet: Die kontrollierten Briefkontakte des Schlesiers Zinke nach Polen[64] gerieten unter den für diese Jahre typischen Spionageverdacht[65]. Die Bemühungen des kirchlichen Suchdienstes um Familienzusammenführung wurden als »Machenschaften« und »Tiefenforschung (...) im Sinne einer Agentenzentrale« betrachtet, die »eine offene Aussprache« mit Zinke erforderten. Man hielt Zinkes Aktivitäten für so bedeutsam, daß die Abteilung »Leitung« informiert wurde, »damit man im Z.K. oder M.d.I. mit den zuständigen Stellen spricht«[66]. Am 10. Oktober 1955 wurde ein Überprüfungsvorgang mit dem Ziel eingeleitet, die Feindtätigkeit des Prälaten Zinke zu erweisen, neue Agenturen innerhalb der Hauptvertretung zu schaffen und die Feindtätigkeit des Caritasverbandes zu entlarven[67]. Diverse Geheime Informatoren berichteten über ihre Begegnungen mit Zinke[68], ohne daß damit das Bild über Zinke zusätzliche Konturen gewann.

Die Erfurter Bezirksverwaltung des MfS forcierte im Verlauf des Jahres 1955 den bereits im März 1954 angelegten Überprüfungsvorgang »Abendland«[69] über Caritasdirektor Nitsche, indem sie nicht nur eine Postkontrolle durchführte, sondern auch zahlreiche weitere Geheime Informatoren abzuschöpfen suchte. Ganz entgegen der Absicht Wollwebers aber mußte der Vorgang im Oktober 1955 wegen mangelnder Ergebnisse zu einem personenbezogenen Einzelvorgang herabgestuft werden[70].

Über die Diözesancaritas im Bistum Meißen vermochte sich die Staatssicherheit einen recht genauen organisatorischen Überblick zu verschaffen, weil der als GI »Petrus« geführte Vorsitzende des Diözesancaritasrates und Generalvikar Strukturen und Namen von

---

64 Zinkes Engagement galt seit dem Herbst 1954 vor allem der Rückführung von 254 schlesischen Ordensschwestern in die DDR. Vgl. das Schreiben an das Ministerium f. Ausw. Angeleg. vom 10. September 1954, ADCV 121/30+732.43, Fasz. 01: 1950-1957; Weskamm an Klepacz vom 22. Dezember 1954, DAB V/24-2-2.

65 Vgl. B. SCHÄFER, Staat, S. 81;

66 Ungezeichneter Vermerk vom 25. Juni 1955, BSTU MfS AOP 614/59, p. 73.

67 Vgl. den Beschluß vom 10. Oktober 1955 sowie den Operativplan vom 25. Oktober 1955, BSTU MfS AOP 614/59, p. 9, 74 f.

68 So GI »Thaddäus« (BSTU Ddn AIM 103/64, Bd. II,1, p. 109-128, II,3, p. 52, 83-84), GI »Hans Strahlbach« (in: BSTU Ddn AOP 397/56, Bd. I, p. 21-22) und GI »Linus« (BSTU MfS HA XX/4/Dok., Nr. 583, Bd. 5, p. 532-534). Zur dubiosen Rolle des GI »Hans Strahlbach« vgl. B. SCHÄFER, »Er wollte in Fulda Zeuge sein«, S. 229-245.

69 BSTU Eft AOP 10/60, p. 37-56.

70 Vgl. den Einstellungsbeschluß vom 28. Oktober 1955, EBD., S. 60 f.

Führungspersönlichkeiten mitgeteilt hatte. Von internen Informationen konnte aber keine Rede sein; schon im Februar 1953 hatte »Petrus'« Führungsoffizier festgehalten, der GI wolle den Kontakt abbrechen, da es sich nur noch um belanglose Informationen handle[71]. Überdies leitete die Dresdener Bezirksverwaltung im Rahmen ihrer Ermittlungen über die Katholische Aktion Überprüfungsvorgänge über die katholische Leiterin der Dresdener Bahnhofsmission[72] sowie den Dresdener Caritasdirektor Paul Jung ein[73]. Sie sollten den Verdacht bestätigen, die katholischen Organisationen seien »unter dem Deckmantel der Religion und der christlichen Wohltätigkeit« an der illegalen Ein- und Ausschleusung von Personen und Material in die bzw. aus der DDR beteiligt[74].

Auf der Berliner Ordinarienkonferenz im April 1955 berichteten verschiedene Jurisdiktionsträger über Versuche des SSD, kirchliche Angestellte zu werben. Einen öffentlichen Protest hielt man in der angespannten deutschland- und kirchenpolitischen Lage für unangebracht[75] und erwog stattdessen, in einzelnen konkreten Fällen beim zuständigen Staatssekretär im Innenministerium zu protestieren. Im übrigen galt es vor allem dem Klerus den Grundsatz einzuschärfen, daß für Auskünfte allein die bischöflichen Stellen zuständig seien[76]. Der staatliche Druck nahm gleichwohl zu; Anfang 1956 kam es zu einer offenen Auseinandersetzung.

1.4 Bahnhofsmission

»Die Bedrückung der Christen in der Sowjetzone wird von Tag zu Tag schwerer«, teilte Walter Adolph am 31. Januar 1956 dem Nach-

[71] BStU Ddn AIM 1274/59, A-Akte, p. 53-54. Kontakt bestand bis 1959. Um den Druck zu erhöhen, griff das MfS in einer Vernehmung 1955 auf Devisenvergehen des Generalvikars in der NS-Zeit zurück (29. November 1955, EBD., p. 48-54).

[72] Vgl. den Überprüfungsvorgang »Judas« und den Kontrollvorgang »Aktion« von 1954, BSTU Ddn AOP 397/56, Bd. 1.

[73] BSTU Ddn AOP 211/54.

[74] Vgl. den Einstellungsbeschluß vom 20. Oktober 1954, BSTU Ddn AOP 211/54, p. 5-6.

[75] Der Vorsitzende der Berliner Ordinarienkonferenz, der Berliner Bischof Weskamm, hatte zusammen mit seinem Generalvikar Puchowski und Domkapitular Walter Adolph bereits am 30. Dezember 1954 vor den in Berlin tätigen Auslandskorrespondenten deutliche Worte zum Vorgehen des SED-Staates gefunden. Vgl. M. HÖLLEN, Bd. 1, S. 401.

[76] Vgl. Ostdeutsche Ordinarienkonferenz am 13./14. April 1955, Notizen zum Protokoll, DAB ASig. 30/42, p. 628. Vgl. auch die Hinweise bei B. SCHÄFER, Staat, S. 96-100.

richtendienst der N[ational]C[atholic]W[elfare]C[onference] mit. »Ferner bereitet man auch kirchlichen und caritativen Anstalten Schwierigkeiten. Davon sind besonders die Kommunikantenanstalten und die Kinderheime betroffen. Außerdem wirbt der Staatssicherheitsdienst in letzter Zeit in erhöhtem Maß Spitzel an, um die Geistlichkeit und das religiöse Leben überwachen zu lassen. In diesem ganzen Zusammenhang müssen Sie auch die Maßnahmen gegen die Bahnhofsmission ansehen. Die augenblickliche kirchenpolitische Lage in der Sowjetzone würde ich also so sehen: Nach monatelangem scharfen ideologischen Kampf gegen Religion und Kirche zeichnen sich jetzt die ersten praktischen zusätzlichen Maßnahmen gegen das religiöse Leben ab«[77].

Die Bahnhofsmissionen des Caritasverbandes waren dem MfS seit dem sogenannten »faschistischen Putschversuch« am 17. Juni 1953 mehr denn je ein Dorn im Auge. Ebenso wie in den übrigen caritativen Einrichtungen sah man in ihnen einen Ort illegaler, d. h. dem Zugriff staatlicher Kontrolle entzogener Aktivitäten und Personen, »Stützpunkte für Spione und Saboteure«[78]. Seit 1954 observierte die Bezirksverwaltung Dresden im Rahmen des Operativen Vorgangs »Judas« und des anschließenden Gruppenvorgangs »Aktion« über die Katholische Aktion in Görlitz auch die Dresdener Diözesanfürsorgerin und Leiterin der dortigen Bahnhofsmission. Sie sei, so die Begründung, durch den Vorstand der Katholischen Aktion, den Kölner Kardinal Frings, für die katholische Bahnhofsmission und Fürsorgetätigkeit innerhalb Sachsens eingesetzt und werde »Schutzengel der Kuriere« genannt. Sie sammle Berichte und leite sie durch Kuriere weiter; in allen größeren Städten Sachsens habe sie »ganz ergebene und zuverlässige Damen eingesetzt«[79].

Im Januar 1956 gingen die Bezirksverwaltungen der Staatssicherheit und die Transportpolizei in mehreren Aktionen gewaltsam gegen die evangelischen Bahnhofsmissionen vor[80]. Unter dem bekannten Vorwurf der »Spionage« wurden Mitarbeiterinnen verhaftet oder

---

[77] Adolph an NCWC vom 31. Januar 1956, AKZG NL WA 5 b 1, p. 118.

[78] Vgl. den Auskunftsbericht betr. Katholischen Caritas-Verband, 1956, BStU MfS HA XX/4, Nr. 2694, p. 12.

[79] Beschluß über die Eröffnung eines Überprüfungsvorgangs vom 23. April 1954, BStU Ddn AOP 397/56, Bd. I, p. 6.

[80] Zum folgenden vgl. B. Nikles, S. 347-355; F. Jostmeier, S. 243 f. – Der entsprechende Politbüro-Beschluß zur Ausschaltung der Bahnhofsmissionen fiel erst am 17. Januar 1956, also nachdem die ersten Übergriffe bereits stattgefunden hatten. Vgl. M. Höllen, Bd. 2, S. 3.

gezwungen, den Abbruch sämtlicher Verbindungen nach Westdeutschland schriftlich zu erklären[81], sowie Materialien beschlagnahmt. Die Deutsche Reichsbahn kündigte erneut pflichtschuldigst alle Räumlichkeiten auf bahneigenem Gelände. Katholische Bahnhofsmissionen waren – wie in Berlin und Dresden – dort mitbetroffen, wo sie mit der evangelischen Bahnhofsmission die Räumlichkeiten gemeinsam nutzten[82]. Die öffentlichen Proteste des Berliner Bischofs gegen die Auflösung in Berlin[83] und Verhandlungen Zinkes über die Weiterführung der Bahnhofsmissionen[84] blieben letztlich erfolglos. Eine Ende Februar durchgeführte, caritasinterne Erhebung ergab, daß katholische Bahnhofsmissionen nur noch in wenigen Ausnahmefällen existierten[85]. »Von den in der DDR und im demokratischen Sektor von Berlin bestehenden Bahnhofsmissionen wurden 80 (rund 83%) geschlossen. Davon sind auf Anweisung der Deutschen Reichsbahn 49 Bahnhofsmissionen gekündigt worden. Die restlichen 31 Bahnhofsmissionen wurden durch den Entzug der Berechtigungsscheine zum Betreten der Bahnsteige ausgeschaltet«[86],

---

[81] Vgl. den Bericht »Katholische Bahnhofsmission im Bereich der DDR«, 18. Februar 1956, ADCV 121/10+281.2, 1946-1956; vgl. auch die Aktennotiz der HA V/4 betr. Liquidierung der Bahnhofsmission vom 18. Februar 1956, BStU MfS HA XX/4, Nr. 436, p. 39-40.

[82] Vgl. den Bericht in der »Westfalen-Zeitung« vom 27. Januar 1956, AKZG NL WA 14 n 2, p. 307.

[83] Vgl. den Bericht in der »Deutschen Tagespost« vom 28. Januar 1956, AKZG NL WA 14 n 2, p. 307. – Der Übergriff auf die Bahnhofsmissionen hatte zu einem lebhaften Echo in der westlichen Presse geführt. Vgl. B. Nikles, S. 348 f.

[84] Zinke an Eckert, betr. Verhandlungen über Weiterführung der katholischen Bahnhofsmission, 31. Januar 1956, ADCV 121/10+101.1, Fasz. 03; vgl. auch das vermutlich ebenfalls von Zinke am gleichen Tag verfaßte Schreiben an Nuntius Aloys Muench, in dem es hieß: »Das Schicksal der evangelischen Bahnhofsmision in der DDR und ihrer Mitarbeiter bedrückt uns sehr. Soweit es in unserer Macht steht, haben wir uns um ihre Freilassung mit bemüht, jedoch bisher ohne Erfolg. Wir hoffen sehr, daß die Weiterführung unserer Bahnhofsmissionsarbeit und die Freiheit unserer Mitarbeiter erhalten bleiben«, ADCV 121/30+510.4, 1954-1958.

[85] Genannt werden die Bahnhofsmissionen im Bistum Berlin (mit Ausnahme von Berlin und Potsdam), Bautzen, Karl-Marx-Stadt (außerhalb des Bahnsteigs), Zwickau (dgl.), Cottbus (stundenweise Nutzung der Baracke auf dem Bahngelände), Görlitz, Niesky, Fürstenberg und Meiningen (außerhalb des Bahnsteigs), ADCV 121/10+281.2, 1946-1956. – Das Kommissariat Schwerin ist im Bericht nicht erwähnt.

[86] Aktennotiz der Hauptabteilung V/4 vom 18. Februar 1956, BStU MfS HA XX/4, Nr. 436, p. 39.

hieß es in einer von der Hauptabteilung V/4 angefertigten Aktennotiz über die »Liquidierung der Bahnhofsmissionen«.

Das beschlagnahmte Material legte das MfS nachträglich den verschiedenen Fachministerien mit der Bitte um Prüfung vor. Erwartungsgemäß bestätigte die eigens eingesetzte Untersuchungsabteilung der Hauptverwaltung Deutsche Volkspolizei anhand der vorliegenden Jahres-, Monats- und Sonderberichte den Spionagevorwurf gegen die evangelischen Bahnhofsmissionen, während sich die Zentralverwaltung für Statistik, die Deutsche Notenbank sowie das Zollamt darauf beschränkten, die illegale Einfuhr einzelner Päckchen und Geldbeträge zu konstatieren[87].

1.5 Höhepunkt der Auseinandersetzung Ende der fünfziger Jahre: Kinderheime und Verhaftungen

Die Auflösung der Bahnhofsmissionen bildete den Auftakt für neue Auseinandersetzungen und Konflikte. Die kirchenpolitischen Spannungen verschärften sich in den folgenden Jahren und erreichten im Sommer 1960 ihren Höhepunkt[88]. Die ideologische Offensive des SED-Staates traf auf eine »aktive Kirchenpolitik gegen den Kommunismus«[89] unter Führung des neuen Berliner Bischofs Döpfner. Das Regime zögerte nicht mit demonstrativen Maßnahmen, nachdem seit 1957 das machtpolitische Dreieck »Partei« – »Staatssicherheit« – »Regierung« durch eine dem Innenministerium angegliederte Dienststelle des Staatssekretärs für Kirchenfragen komplettiert worden war. Aus ebendieser Dienststelle kam im Mai 1958 die Anweisung, dem Berliner Bischof und Prälat Zinke die Einreise in die DDR zu untersagen. Seitdem war der Aktionsradius der beiden Kirchenmänner auf die Vier-Sektoren-Stadt beschränkt[90]. Die politische Abteilung brach zudem den Gesprächskontakt zur katholischen Kirche ab[91].

Betroffen von den Auseinandersetzungen waren erneut die Kinder- und Altersheime: Ihnen wurde in Einzelfällen das Vormundschaftsrecht entzogen; Kinder wurden in staatliche Heime verlegt; in

[87] Vgl. das Schreiben an das MfS betr. Bahnhofsmission vom 16.4.1956, BA DO 4, Nr. 1916.

[88] Vgl. dazu die Ausführungen bei B. SCHÄFER, Staat, S. 117-160; U. VON HEHL/W. TISCHNER, S. 901-908; Vgl. auch M. HÖLLEN, Bd 2.

[89] U. VON HEHL/W. TISCHNER, S. 901.

[90] Vgl. M. HÖLLEN, Bd. 2, S. 109; B. SCHÄFER, Staat, S. 149 f.

[91] Zu den Auswirkungen vgl. unten S. 94-97.

mehreren Fällen kam es zu unangekündigten Kontrollen. Höhepunkt bildete die Kündigung eines Altersheims in Neuzelle und die Schließung der Kinderheime in Sandau und Stralsund im Frühjahr und Sommer 1958[92].

Im Ministerium für Staatssicherheit war die interne machtpolitische Auseinandersetzung Ende 1957 endgültig geklärt. Am 1. November war Ernst Wollweber durch seinen bisherigen Stellvertreter, Erich Mielke, abgelöst worden. Die Anbindung an die Partei wurde enger denn je. Eine der ersten Anweisungen des neuen Ministers galt der Professionalisierung der Arbeit seines Ministeriums[93], insbesondere bei der Werbung neuer Spitzel.

In der Hauptabteilung V/4 ging man vermutlich daraufhin daran, die bisherige Arbeit zu bilanzieren. Das Ergebnis fiel ernüchternd aus. Zum Operativ-Vorgang »Große Hamburger Straße« hieß es: »Ein GI, der zur Aufklärung des Büro Zinke eingesetzt werden könnte, ist zur Zeit noch nicht vorhanden«[94]. Eineinhalb Jahre später war man offenbar nur wenig weitergekommen: »Eine Person aus diesem Kreise [der Mitarbeiter Zinkes] als GI zu werben, hat sich noch nicht ergeben, da es sich um solche Personen handelt, die der Kath. Kirche treu ergeben sind. (...) Eine erkennbare Feindtätigkeit von seiten der Angestellten des Kommissariats der Fuldaer Bischofskonferenz und des Büro Deutscher Caritasverband – Hauptvertretung Berlin, konnte in letzter Zeit nicht festgestellt werden, trotz des Einsatzes der A-Überwachung«[95] (d.i. Telefonüberwachung). Schließlich stellte Sachgebietsleiter Unterleutnant Baldauf im April 1959 in seinem Perspektivplan Defizite der eigenen Organisation fest: »Da das Arbeitsgebiet schwerpunktmässig nicht von einem Mitarbeiter besetzt war, wurde es bisher nicht bearbeitet. Die genannten Vorgänge[96] befinden sich deshalb nicht auf dem neuesten Stand. Der Mangel bei der Bearbeitung des Operativ-Vorgangs Zinke bestand darin, daß Quellen, die im Objekt vorhanden sind, nicht

---

92 Auf Einzelnachweise wird hier verzichtet. Vgl. ADCV 121/10+300.1, Fasz. 04. Stralsund und Sandau wurden im folgenden Jahr in Altersheime umgewandelt. Vgl. auch R. FISCHER, S. 218-223; K. HARTELT, S. 79-83.

93 Vgl. die Richtlinie 1/58 vom 1. Oktober 1958, H. MÜLLER-ENGBERGS, S. 195-239; B. SCHÄFER, Staat, S. 133.

94 Vermerk vom 19. August 1957, BStU MfS AOP 614/59, p. 90.

95 Sachstandsbericht Operativvorgang 253/55 vom 23. Dezember 1958, BStU MfS AOP 614/59, p. 111-112.

96 Baldauf erwähnt den Objektvorgang »Caritasverband« und den Operativvorgang »Zinke«.

in der Lage sind, inoffizielle Materialien zu beschaffen«[97]. Immerhin hatte man sich inzwischen in der kirchenpolitischen Abteilung der Berliner SSD-Zentrale die Durchwahlnummern Zinkes in der Großen Hamburger Straße sowie seine Wohnadresse bei den Steyler Missionsschwestern in der Thüringer Allee 12 notiert[98].

Hatte die erwähnte Telefonüberwachung des Büros in der »Großen Hamburger Straße« nicht das gewünschte Ergebnis gebracht[99], so bedeutete der Einsatz von »operativer Technik« in den privaten bzw. dienstlichen Räumlichkeiten Bengschs und auch seiner Bischofskollegen in Bautzen, Spülbeck[100], sowie in Magdeburg, Rintelen, »einen plötzlichen Qualitätssprung an wertvollsten internen Informationen zur katholischen Kirche«[101]. Nachdem man aber

---

[97] BStU MfS HA XX/4, Nr. 2696, Bl. 160. – Der Bericht faßte in einer »Einschätzung der Tätigkeit des Objekts« zunächst den Erkenntnisstand zusammen: »Der Caritasverband ist einer der Hauptträger der wirtschaftlichen und caritativen Tätigkeit der kath. Kirche. Eine Reihe Personen des Caritasverbandes führen auf dieser Grundlage ständig eine Feindtätigkeit gegen die DDR durch. Die bisherigen Erfahrungen zeigen, daß der Caritas Verbindungen zu den imperialistischen Geheimdiensten und Agentenorganisationen hat. Die imperialistischen Geheimdienste haben verschiedene Personen des Caritas geworben, weil sich mit Hilfe des Caritasverbandes verschiedene feindliche Tätigkeiten tarnen lassen. Weiter werden vom Caritas systematisch eine Menge von Verstössen gegen die Gesetze der DDR praktiziert. Bekannt sind: Aufkauf von Pkw zu Überpreisen; Einschleusen von Geldern aus Westberlin zum Wechselkurs; Einschleusen von Medikamenten und Baumaterialien aus Westdeutschland und Westberlin. Über den Caritas werden aus Westdeutschland, den USA und anderen kapitalistischen Ländern grosse Sendungen von Spendenpaketen in die DDR geschickt. (...) Auch diese Methode in ihrem Umfang betrachtet ist ideologische Diversion gegen den Aufbau des Sozialismus und zwar sehr wirksam.« (S. 159)

[98] Vgl. die handschriftliche Notiz auf der undatierten, mit »Struktur« überschriebenen Gliederungsübersicht über den Deutschen Caritasverband. BStU MfS HA XX/4, Nr. 2694, p. 35. – Die Marginalien dürften von dem mit der Bearbeitung des Vorgangs betrauten Unterleutnant Baldauf stammen und im Zusammenhang mit der Überarbeitung des Objektvorgangs »Caritasverband« aufgeschrieben worden sein. Vgl. BStU MfS HA XX/4, Nr. 2694, p. 35 u. 128 f; vgl. auch die Ausführungen zum Objektvorgang »Caritasverband« oben S. 23 f., 69. Datierung der Quelle ist schwierig. Sie führt den bereits am 4. November 1958 verstorbenen Kuno Joerger noch als Generalsekretär des DCV auf.

[99] Vgl. die Ausführungen oben S. 50 f.

[100] Vgl. BStU MfS AP 20200/92.

[101] B. Schäfer, Staat, S. 134.

am 5. September 1959 in der Wohnung des Ost-Berliner Weihbischofs die Abhöranlage entdeckt hatte[102], brach der SSD sämtliche Abhörvorgänge gegen die katholischen Kirche ab[103]. Es entstand eine schmerzlich empfundene »Lücke in der Überwachung der kath. Kirche«[104], die in den folgenden Jahren nicht geschlossen werden konnte.

Wie schon zu Beginn, setzten nun auch gegen Ende der fünfziger Jahre massive Versuche des MfS ein, die Überwachung der katholischen Kirche zu intensivieren und Geistliche und Laien gleichermaßen als Spitzel anzuwerben. So wurden entsprechende Nachforschungen beispielsweise über die Mitarbeiter im Ost-Büro der Hauptvertretung angestellt[105]. Unvermittelte Verhöre oder Verhaftungsaktionen waren für die Verantwortlichen in der Bistumsleitung ein untrügliches Kennzeichen für den Zugriff des MfS[106].

Sogar vor politischen Schauprozessen und drakonischen Strafen schreckte der Staatssicherheitsdienst nicht zurück[107]. Im Juli 1958 wurden vier Jesuitenpatres aus der Niederlassung in Berlin-Biesdorf verhaftet und fünf Monate später durch das Bezirksgericht Frankfurt/Oder wegen »Spionage, staatsgefährdender Hetze, Beihilfe zur Republikflucht und unerlaubtem Devisenbesitzes« zu hohen Haftstrafen[108] verurteilt. Ebenfalls im Juli hatte man elf katholische Männer aus Rathenow verhaftet, nachdem sie an einem Sozialseminar des Katholischen Hilfswerks für Männer in der Zone teilgenommen hatten. Am 12. Dezember, acht Tage vor der Verhandlung gegen die Biesdorfer Jesuiten, wurden sie in einem vom MfS beeinflußten Prozeß ebenfalls wegen vermeintlicher Spionage zum Teil mit Gefängnis- und Zuchthausstrafen zwischen 12 Monaten und fünf Jahren

---

102 Vgl. EBD., S. 136-137.

103 In den westlichen Medien stieß die Abhöraffäre auf ein beträchtliches Echo.

104 So der entsprechende MfS-Bericht vom 23. Dezember 1959, zit. n. B. SCHÄFER, Staat, S. 137.

105 Vgl. BStU MfS AP 10315/92 und BStU MfS AP 12419/92.

106 Vgl. die Beispiele in ADCV 121/30+732.46.

107 Rechtliche Grundlage bildete insbesondere das Strafrechtsänderungsgesetz vom 11. Dezember 1957 (GBl. I, S. 643), das Angriffe gegen den Staat mit besonderer Schärfe verfolgte. Bis dahin waren die Verbrechenstatbestände der Spionage, der staatsgefährdenden Propaganda und Hetze und der Verleitung zum Verlassen der DDR im Strafgesetzbuch der DDR nicht besonders geregelt. Vgl. den kirchlichen Aktenvermerk »Strafverfahren gegen katholische Laien und Geistliche«, ADCV 121/30+287 P, Fasz. 01.

108 Das Strafmaß bewegte sich zwischen eineinhalb und vier Jahren Haft; eine Strafe wurde zur Bewährung ausgesetzt.

bestraft[109]. Die Gerichtsverfahren gewannen ihre kirchenpolitische Dimension nicht nur dadurch, daß sich der Berliner Bischof Döpfner öffentlich hinter die verurteilten Jesuitenpatres[110] und Laienkatholiken[111] stellte. Der Schauprozeß gegen die Jesuiten bildete den Anlaß, um regelmäßige direkte Gesprächskontakte der katholischen Kirche mit dem MfS anzubahnen[112].

Solche hohen Haftstrafen gegen Katholiken blieben zwar die Ausnahme, verfehlten jedoch zusammen mit den Verhören und Verhaftungen ihre Wirkung nicht[113]. In Kirchenkreisen schätzte man die Situation realistisch ein und mahnte beim Klerus ein entsprechend taktisch »kluges« Verhalten an: »Es besteht kein Grund zu Nervosität oder Angst oder gar zu Panik«, hieß es in offenkundig an die Geistlichkeit gerichteten pastoralen Anweisungen über die »Folgerungen aus den Prozessen gegen Geistliche«[114]. »Oberstes Prinzip für uns als Priester ist die Seelsorge. Wir können und dürfen hierbei der religiös-weltanschaulichen Auseinandersetzung mit unseren Gegnern nicht aus dem Wege gehen. (...) Aus solchen religiösen Gründen angeklagt zu werden, wird stets für den Priester ehrenvoll

---

[109] Vgl. die kirchlichen Aktenvermerke in ADCV 121/30+287 P, Fasz. 01, 121/30+287, Fasz. 06. Vgl. auch B. SCHÄFER, Staat, S. 135 f., 150; W. KNAUFT, S. 106-109.

[110] Vgl. die Erklärung des Bischofs von Berlin bei der Firmung in Biesdorf-Süd, 2. November 1958, AKZG NL WA 32 e, p. 201-202.

[111] Vgl. W. KNAUFT, S. 108.

[112] Zu den Einzelheiten vgl. unten S. 91-93.

[113] Vgl. B. SCHÄFER, Staat, S. 134-136. Anders als in späteren Jahren, als der SED-Staat darauf bedacht war, ein negatives Bild in der westdeutschen Öffentlichkeit zu verhindern, nahm man in diesem Fall die schädlichen Folgen für die Außenwirkung in Kauf.

[114] Das Schriftstück enthält weder Datum noch Unterschrift, so daß es sich auch um einen Entwurf handeln könnte. Es ist gleichwohl aufschlußreich für die kirchliche Wahrnehmung der Auseinandersetzungen und die Konsequenzen, die man aus ihnen zog. Für die Reaktionen im Bistum Meißen ist eine entsprechende Verhaltensanweisung von Bischof Otto Spülbeck überliefert. In dem Aktenvermerk des MfS, der in die Akte des Meißener Bischofs Spülbeck Eingang fand und die Auswertung des Jesuiten-Prozesses zum Gegenstand hatte, heißt es weiter: »Während der Beratung über das von der Regierung der DDR mit der Durchführung des Prozesses verfolgte Ziel kam zum Ausdruck, dass es sich wahrscheinlich nicht um die strafbaren Handlungen, wonach die Jesuiten verurteilt wurden, gehandelt haben wird. In diesem Zusammenhang wurde erwähnt, diese Punkte mit in ein Memorandum aufzunehmen. Näheres über Inhalt und Adresse des Memorandums wurde nicht bekannt«. BSTU MfS AP 20200/92, p. 12-13.

sein! Aber aus solchen Gründen wird kaum jemand vor Gericht gestellt werden, sondern man wird andere, nach den bestehenden Gesetzen strafbare Handlungen zum Anlass nehmen, Geistliche in ihrer aktiven Tätigkeit lahm zu legen. Deshalb gilt es, den Staatsorganen möglichst wenig Ansatzpunkte zu einem Eingreifen zu bieten und sich legal zu verhalten und alle Klugheit anzuwenden, um dadurch Ausfälle von Priestern in der Seelsorge zu vermeiden. Man scheut gewöhnlich die offene Anschuldigung, dass in der DDR ein ›Kirchenkampf‹ geführt werde. (...) Aber eine grosse Rolle spielen in Anklage und Urteilsbegründung die ständig vorkommenden Formeln ›unter Ausnutzung seines Amtes als Beichtvater‹, ›unter dem Deckmantel der Religion‹, ›unter Missbrauch der Religion‹ u.a.«[115].

Entsprechend warnte das Papier vor Kontrolle der Post – besonders aus dem Westen und sogar aus dem Ordinariat – und der Telefonate (»bes. mit dem Ordinariat!«), der Weitergabe der als Hetzschriften deklamierten Zeitschriften aus dem Westen, dem sorglosen Aufheben von Briefen, Anschriften u.ä., das ggf. Anlaß zu Verhören geben und zur Verhaftung auch Dritter führen könne; es mahnte zur besonderen Vorsicht im Schriftverkehr mit dem Bonifatiusverein und zur großen Klugheit im Umgang mit Leuten, die republikflüchtig seien, vor unbedachten Kontakten zum Westen, die generell unter Spionageverdacht ständen. Bei Verhaftungen und Untersuchungen solle nicht mehr erzählt werden als unbedingt notwendig sei oder nachgewiesen werden könne, um Dritte nicht zu belasten; im Falle einer Inhaftierung sei der vom Bischof beauftragte Rechtsanwalt zu konsultieren.

Im Hinblick auf Werbungen des MfS wurde noch einmal eingeschärft, was der Berliner Bischof Döpfner bereits am 26. November 1957[116] in einer bischöflichen Anweisung gefordert hatte: »Wird jemand vom Staatssicherheitsdienst gedrängt, Spitzeldienste zu leisten, so lehne er gleich am Anfang radikal ab und mache umgehend dem Bischof Mitteilung davon. Dann kann die Sache sofort abgestoppt werden und er hat in Zukunft Ruhe. Auch hier ist kein Grund zu irgendwelcher Panik oder unüberlegten Entschlüssen auf eigene Faust. Man wende sich stets erst an das Ordinariat«[117].

Döpfners Anweisungen galten in ähnlicher Weise auch für die Caritasmitarbeiter. Das wurde selten so deutlich angesprochen wie in

---

[115] Undatierter, vermutlich vom Januar 1959 stammender Vermerk über die »Folgerungen aus den Prozessen gegen Geistliche«, ADCV 121/30+287 P, Fasz. 02.

[116] Vgl. G. Lange/U. Pruß/F. Schrader/S. Seifert, S. 113 f.; M. Höllen, Bd. 2, S. 73; B. Schäfer, Staat, S. 151.

[117] ADCV 121/30+287 P, Fasz. 02.

den Regelungen des Magdeburger Weihbischofs Rintelen, der im Falle einer Zuwiderhandlung sogar die Entlassung aus dem kirchlichen Dienstverhältnis androhte[118]. Der sogenannte »Döpfner-Erlaß« wie auch die in den anderen Jurisdiktionsbezirken in ähnlicher Weise ergangenen Anweisungen[119] hatten zwei erkennbare Auswirkungen: Zum einen gelang es, Klerus und Laien weitgehend zu immunisieren. Zahlreiche Geistliche und Laien kamen der bischöflichen Aufforderung nach, über die Werbungsversuche zu berichten[120], wie auch die bereits erwähnten Beispiele des Caritas-Justitiars Dr. Treutler oder des als GI »Horst« geführten Ostberliner Caritasdirektors Rothkegel[121] zeigen. Ähnliches galt auch für GI »Klinger«. Seine konspirative Tätigkeit u. a. im Potsdamer St. Josefs-Krankenhaus hatte das MfS unter Rückgriff auf eine Veurteilung wegen Sittlichkeitsvergehen in der NS-Zeit erpreßt. Der Geistliche eröffnete dem Ost-Berliner Weihbischof Bengsch im November 1960 seine Tätigkeit für die Staatssicherheit, woraufhin das MfS die Akte schloß[122].

Erleichtert konnte Döpfner in seinem »Bericht zur Lage der Kirche in der DDR« Ende 1960 resümieren: »Nach wie vor versucht der Staatssicherheitsdienst, einzelne Geistliche durch Versprechungen und Drohungen für die Politik der Partei und des Staates zu gewinnen. (...) Alle Bemühungen des Staatssicherheitsdienstes, der SED und der Ost-CDU haben – Gott sei Dank gesagt – auch im vergangenen Jahr nicht zu dem Ziel geführt, die Festigkeit des Kle-

---

118 In dem Schreiben Rintelens an die Mitarbeiter des Kommissariates und der Caritas vom 2. November 1963 hieß es: »1. Wenn irgend jemand von unseren Angestellten von der Polizei oder dem Staatssicherheitsdienst in einer Sache vernommen wird, hat er vorher – oder falls das nicht möglich ist – sofort nachher dem Unterzeichneten Mitteilung zu machen. 2. Werden von einem unserer Angestellten Auskünfte über Angelegenheiten des Erzbischöflichen Kommissariates verlangt, so sind solche Auskünfte zu verweigern, weil für sie nur der Unterzeichnete und die Herren Räte zuständig sind. Bei Nichtbefolgung dieser Anordnung müßte ein Angestellter unter Umständen mit seiner Entlassung rechnen«. Zit. n. D. GRANDE/B. SCHÄFER, Interne Richtlinien, S. 388.

119 Vgl. EBD., S. 392 f.; außerdem J. PILVOUSEK, Kirchliches Leben, S. 135, 138 (Meißen), 472 (Magdeburg).

120 Vgl. die aktenkundig gewordenen Einzelfälle in ADCV 121/30+511 Be, 121/30+511.6, 1952-1968, 121/30+732.46 sowie AKZG NL WA 33 c, p. 265-267, 282-292, 293, 294, 296, 297, 514-514', 33 d, p. 118, 379-382, 383-387, 401-406, 716, 717, 718, WA 36, p. 65-67.

121 Vgl. oben S. 65 und S. 41-44.

122 Vgl. das Schreiben von Bengsch an Döpfner als Anlage zum Einstellungsbeschluß 23. Mai 1961, BStU Pdm AIM 395/61, P-Akte, p. 43-44.

rus sowie die Einheit zwischen den Seelsorgern und ihren Gläubigen und zwischen den Gemeinden und dem Bischof zu zerbrechen«[123]. Seinen Grund hatte dies nicht zuletzt darin, daß es gelang, die Gespräche mit staatlichen Stellen auf wenige Personen zu konzentrieren[124]. Zum Prälaten[125] in kirchenpolitischer Schlüsselstellung wurde mehr denn je Johannes Zinke.

1.6 Zusammenfassung

Seit seiner Gründung versuchte das MfS, die Aktivitäten der Caritas gewaltsam zurückzudrängen. Vor dem Hintergrund der ideologischen, deutschlandpolitischen und internationalen Spannungen zielten die »konzentrierten Schläge« auf die caritative Präsenz im Bildungs- und Erziehungsbereich, die Kinderheime zumal, und sämtliche Strukturen und Einrichtungen, die der Verbindung mit dem weltanschaulichen Gegner im feindlichen Westen dienten. Von der hier untersuchten Caritaselite gerieten zwangsläufig die Direktoren in das Fadenkreuz staatspolizeilicher Ermittlungen und Verhaftungen. Zwar gelang es dem MfS, sich ein genaueres Bild vom Gegner zu machen; Zuträger aus dem für die Diaspora kennzeichnenden engen Umfeld der caritativen Führungskräfte wie auch der Bruch des Brief- und Fernmeldegeheimnisses ermöglichten einen ständigen Zugewinn an Informationen. Die Geschlossenheit der Caritasführung konnte gleichwohl nicht aufgebrochen werden. Die ideologisch überhöhten Auseinandersetzungen verstärkten die identitätsbestimmte Anbindung an Kirche und Caritas; im allgemeinen hielt man sich an die klaren bischöflichen Anweisungen.

2. Pragmatische Koexistenz (1961-1968)

2.1 Auswirkungen des Mauerbaus: »Perspektivwechsel« der Caritas und »differenzierende« Gesprächstaktik des MfS

Der Bau der Mauer in Berlin im August 1961 markiert neben ihrem Fall im November 1989 deutschland- und kirchenpolitisch die wohl tiefste Zäsur in der gesamten Geschichte der DDR. Die gewaltsa-

123 ADCV 121/30+511.213, Ber. 1952-1969.

124 Vgl. B. Schäfer, Staat, S. 151.

125 Zinke hatte den päpstlichen Ehrentitel 1957 erhalten.

men Trennungsversuche der zurückliegenden Jahre hatten nun auch unwiderruflich die »Nahtstelle der Systeme« erreicht. Hier in Berlin, wo die Fäden caritativen Arbeitens noch stärker zusammenliefen als jene kirchenpolitischen Agierens, galt es deshalb besonders, nach neuen Wegen zu suchen, um das in den fünfziger Jahren mühsam Geschaffene zu bewahren oder gar auszubauen. Dabei sah man sich einem Regime gegenüber, das nach der Abriegelung seiner Bevölkerung nunmehr vor allem durch einen hemmungslosen Ausbau der Industriewirtschaft im Rahmen des sogenannten »Neuen ökonomischen Systems der Planung und Lenkung« (NÖSPL) den umfassenden Aufbau der sozialistischen Gesellschaft vorantrieb[126]. Zugleich bemühte sich die DDR, die internationale Isolation zu durchbrechen. Nicht zuletzt deshalb konnte ihr an dauerhaften innenpolitischen Auseinandersetzungen mit den christlichen Kirchen nicht gelegen sein. Deren Fortexistenz in der sozialistischen Gesellschaft wurde als das geringere »Übel« betrachtet[127], dessen Ausschaltung man am besten durch »differenzierende« Marginalisierung erreichte.

Die katholische Kirche in der DDR zwang der Mauerbau zu einem markanten Perspektiv- und Standortwechsel, ohne daß sie das nach 1945 gelegte, bewährte kirchenpolitische Fundament der Ablehnung des SED-Regimes verließ. Besonders in Berlin ging die Blickrichtung nunmehr von Ost nach West statt wie bis dahin umgekehrt. Um die innere Geschlossenheit des Katholizismus in der DDR und die grenzübergreifende Einheit seines Berliner Bistums – mithin die Einheit der katholischen Kirche in Gesamtdeutschland – zu bewahren, vertrat der neue Berliner Bischof und Vorsitzende der Ordinarienkonferenz, Alfred Bengsch, den Kurs einer »politischen Abstinenz«[128]. In diese von Bengsch bis zu seinem Tode 1979 durchgehaltene kirchenpolitische Leitlinie wurde die Caritas konsequent einbezogen.

Die zahllosen kirchenpolitischen und caritativen Herausforderungen waren immens: von der kirchlichen Mitwirkung an der Passierscheinfrage für Berlin zwischen November 1963 und Juli 1964[129] über den Entwurf eines neuen Familiengesetzbuches 1965 bis zur Verabschiedung der neuen Verfassung 1968, von den finanziellen

---

[126] Vgl. B. SCHÄFER, Staat, S. 171-183.

[127] Vgl. EBD., Staat, S. 241.

[128] Vgl. M. HÖLLEN, Bd. 2, S. 270-329; vgl. auch B. SCHÄFER, Staat, S. 232-246, der – tautologisch – von einer »öffentlichen politischen Abstinenz« spricht.

[129] Vgl. die Chronologie vom 13. Juli 1964, AKZG NL WA 20 m, p. 140-141.

Auswirkungen der Industriepreisreform zwischen 1964 und 1967 über den erzwungenen Rückzug der Caritas aus dem Bereich der Kinderheime und deren damit einhergehende Umprofilierung[130] bis zur Vermeidung des drohenden personellen[131] und finanziellen[132] Kollapses der caritativen Gesundheits- und Sozialeinrichtungen; schließlich und nicht zuletzt die Einfädelung des Devisentransfers, des sogenannten »Häftlingsfreikaufs«, der Familienzusammenführung und Kinderrückführung.

Als die Bischöfe der DDR im Juli 1965 in Berlin zu ihrer Ordinarienkonferenz zusammenkamen, blieb zwar keine Zeit, um ausführlich über Fragen der Caritas zu beraten[133]. Gleichwohl enthielt der vorbereitete Bericht bemerkenswerte Ausführungen über die »Caritas und caritatives Wirken in der DDR«. Zusammenfassend hieß es dort: »1. Die Anpassung der äußeren Gestalt der caritativen Tätigkeit an die Situation in einem totalitär regierten sozialistischen Staat hat in den verflossenen 20 Jahren weder entscheidende Nachteile noch einen bedrohlichen Substanzverlust gebracht. 2. Das erfreuliche Zahlenbild caritativer Institutionen bei nur 1,7 Millionen Katholiken zeigt, daß die katholische Kirche in der DDR keinesfalls nur ›Kultkirche‹ ist. 3. Die gegenwärtige Situation im staatlichen Bereich ermöglicht es uns, bisherige Einrichtungen zu modernisieren und auszubauen, eine Chance, die es zu nutzen gilt und in der wir die ge-

---

130 Vgl. S. KROLL, S. 254.

131 Der spürbare Rückgang des Ordensnachwuchses zwang neben der Priesterausbildung auch zum Aufbau eines eigenen Ausbildungswesens im kirchlich-caritativen Bereich, dessen Abschlüsse im Bereich des Gesundheits- und Sozialwesens auch der staatlichen Anerkennung bedurften.

132 Als Reaktion auf die Lohnerhöhungen im staatlichen Gesundheitswesen und damit einhergehenden Forderungen des FDGB nach einem Tarifvertrag auch für die kirchlichen Mitarbeiter kam es am 19. Dezember 1967 zwischen dem Zentralvorstand der Gewerkschaft Gesundheitswesen und dem DCV zum Abschluß einer sogenannten Vergütungsregelung (nicht -vereinbarung!). Sie regelte die jeweilige Anpassung der kirchlichen Löhne an das Lohnniveau im staatlichen Gesundheitswesen, ohne die Eigenständigkeit der kirchlich-caritativen Einrichtungen zu gefährden. Vgl. D. STOLTE, Verhandlungen und Regelungen. Mit der Weigerung, analog zur evangelischen Kirche ein »Abkommen« bzw. eine »Vereinbarung« zu treffen, sollte bewußt jedwede vertragspolitische Einflußnahme des FDGB ausgeschaltet werden. Vgl. das Protokoll über eine Besprechung im Ministerium für das Gesundheitswesen am 26. Juni 1967, BA-EF C IV a 1.

133 Vgl. Protokoll der Berliner Ordinarienkonferenz vom 2. und 3. Juli 1965, AKZG NL WA 33 l, p. 265.

samte christliche Position festigen können. 4. Die einseitige Ausrichtung des Staates auf Produktionssteigerung macht den Menschen in besonderem Maße für persönliche Begegnung und Betreuung aufgeschlossen. Diese Aufgabe ist allen unseren Gemeinden und jedem einzelnen Katholiken gestellt. Sie ist zugleich eine missionarische Aufgabe«[134].

Was hier im Horizont des konziliaren Aufbruchs[135] formuliert wurde, war nichts anderes als die Aufforderung, unter den gegebenen Umständen die Möglichkeiten kirchlich-caritativen Wirkens in der sozialistischen Gesellschaft[136] sowohl organisatorisch als auch gesellschaftlich auszunutzen[137], ohne sich mit dem politischen System zu identifizieren[138]. Im Schatten der Mauer vollzog die Caritas jenen grundlegenden Perspektivwechsel, der auch für die katholische Kirche in der DDR insgesamt zu beobachten ist. Und Berlin rückte in seiner Brückenfunktion zwischen Ost und West auch aus Sicht

---

134 Vgl. den Bericht »Zur kirchenpolitischen Lage in der DDR«, AKZG NL WA 33 e, p. 443.

135 Vgl. dazu auch die Veröffentlichung von R. SCHUMACHER, Kirche und sozialistische Welt.

136 Dabei hatte man vermutlich auch die sozialstaatlichen Defizite dieser sozialistischen Gesellschaft im Blick. Unmittelbarer Anlaß solcher grundsätzlichen Überlegungen dürfte nämlich u.a. die Tatsache gewesen sein, daß seit 1964 für die kirchlichen Einrichtungen des Gesundheitswesens eine eigene Baukapazität bewilligt wurde, d.h. es wurden für diese Einrichtungen besondere Baugenehmigungen erteilt, während bis dahin Bauvorhaben katholischer Krankenhäuser als kirchliche Bauvorhaben angesehen wurden. Vgl. dazu auch den Bericht »Über die caritativen Werke und das caritative Wirken der Katholischen Kirche in der DDR« vom 18. August 1965. ADCV 121/30+732.41, Fasz. 02.

137 Explizit findet sich dieser Gedanke auch im Bericht »Zur Lage der Kirche in Mitteldeutschland« vom Frühjahr 1966: Die wirtschaftliche Lage sei so angespannt, daß der Staat im Augenblick seine ganzen finanziellen Mittel auf den weiteren Ausbau bestimmter Schwerpunktindustrien konzentrieren müsse. Das Gesundheitsministerium verfüge nur über einen ungewöhnlich beschränkten Etat. »So kommt es, daß der Staat geradezu auf die Hilfe kirchlich-caritativer Einrichtungen im Augenblick angewiesen ist«. AKZG NL WA 33 e, p. 462.

138 Vgl. dazu auch den Bericht »Über die caritativen Werke und das caritative Wirken der Katholischen Kirche in der DDR« vom 18. August 1965. Dort heißt es: »Die caritativen Werke (...) sind Zeichen, an denen deutlich wird, daß sich die Kirche situationsgerecht integriert und sich mit den Problemen und Nöten der Menschen identifiziert (keine Identifizierung mit dem System)«. ADCV 121/30+732.41, Fasz. 02.

der übrigen Jurisdiktionsbezirke mehr denn je in das Zentrum caritativen Wirkens.

Martin Vorgrimler, Direktor in der Freiburger Verbandszentrale, brachte diesen Wandel auf den Punkt, als er das Verhältnis zwischen der Hauptvertretung in Berlin (-West) und deren Büro in Ost-Berlin umriß: In ihrer Aufgabenstellung sei sie heute nur noch als »ein Ableger der H[aupt]V[ertretung] B[erlin] Ost anzusehen«[139]. Konsequenterweise wurde das Ost-Büro der Hauptvertretung ausgebaut, nachdem erste Überlegungen zu einem Caritaspräsidenten in der DDR und einem Ost-Zentralrat sich als undurchführbar erwiesen hatten[140]. 1962 erhielt das Ost-Büro der Hauptvertretung Berlin mit Wolfram Lewicki einen eigenen Caritasdirektor[141]. Lewicki schloß

---

139 Vgl. den Bericht von Martin Vorgrimler über die Hauptvertretung Berlin des Deutschen Caritasverbandes. Unter diesem Aspekt würden, so Vorgrimler, Organisationskosten der Hauptvertretung mit Recht bezuschußt.

140 Ernsthafte Überlegungen, in der DDR einen eigenen Caritaspräsidenten sowie einen Ost-Zentralrat zu installieren, scheiterten mangels personeller Alternativen, wie aus einem vertraulichen Aktenvermerk Martin Vorgrimlers über eine Besprechung mit Zinke am 28. Juli 1962 in Köln hervorgeht. »1.) *Caritaspräsident in der Ostzone*: Prälat Zinke steht der Realisierbarkeit dieses Planes mangels einer überzeugenden geeigneten sachkundigen und allgemein akzeptierten Persönlichkeit, die vom Episkopat hauptberuflich freizustellen wäre, skeptisch gegenüber. Msgr. Nitsche, der als Priester sich durchaus empfehlen würde, scheidet aus, weil er bei Exz. Freusberg in Ungnade gefallen ist (...) Auch versage Msgr. Nitsche zunehmend in der Caritasarbeit hinsichtl[ich] Initiative und Führung und überlasse das Frl. Menzel, die über ihren engen oberschlesischen Horizont nicht hinauskommt. Prälat Zinke ist von Msgr. Nitsche recht enttäuscht. 2.) *Ost-Zentralrat*. Auch dieser Plan dürfte an der Personenfrage scheitern. Es gibt nur in 2 Kommissariaten Vorsitzende des Diözesan-Caritasverbandes, die außerdem nicht überzeugend wirken. Die Ergänzung in den anderen Bistümern dürfte personell schwierig sein«. ADCV 121 HV Berlin, Fasz. 06, 1961 –.

141 Lewicki nahm die Leitung des Büros wahr, die Gesamtverantwortung trug aber weiterhin Zinke. – Zuvor hatte Lewicki als Kuratus von Alt-Buchhorst das Christian-Schreiber-Haus geleitet und war am 23. Dezember 1961 zum Pfarrer ernannt worden. Vgl. SCHEMATISMUS FÜR DAS BISTUM BERLIN 1965, S. 157. Mit Wirkung vom 15. Mai 1962 bestimmte ihn Bengsch »zum Hausgeistlichen des St. Joseph-Heimes, Berlin N 58 [Pappelallee 61], unter gleichzeitiger Berufung zum Mitarbeiter in der kirchlichen Verwaltung«. AMTSBLATT DES BISCHÖFLICHEN ORDINARIATS BERLIN 34 (1962), Nr. 6 v. 1. Juni 1962, S. 33. Die Ernennung zum Caritasdirektor, die mit dieser Berufung erfolgte, wurde im Amtsblatt nicht, wohl aber im Personalschematismus veröffentlicht. Vgl. SCHEMATISMUS FÜR DAS BISTUM BERLIN 1963, S. 153.

zunächst die Lücke, die Rudolf Hoffmann 1961 hinterlassen hatte[142]. Im Sommer 1964 wechselte der Magdeburger Caritasdirektor Theodor Hubrich als zusätzlicher hauptamtlicher Mitarbeiter in das Ost-Büro der Hauptvertretung[143]. Schließlich erweiterte Zinke den Mitarbeiterkreis Ende 1966 um den aus Westdeutschland übergesiedelten Verwaltungsfachmann Dr. Dieter Stolte[144].

Der Ausbau der Hauptvertretung in Ost-Berlin hatte aber auch ganz praktische Ursachen: Nachdem im Jahr zuvor die vorbereitete Verlegung seines Wohnsitzes in den Ostteil der Stadt nicht verwirklicht worden war[145], ermöglichte eine vom MfS zumindest geduldete[146] Arbeitsbescheinigung seines Bischofs[147] dem Geschäftsträger des Commissariats der Bischofskonferenz Johannes Zinke den täglichen Übertritt über die Sektorengrenze. Die generelle Einreise in die

---

142 Der aus dem Erzbischöflichen Amt Görlitz stammende Hoffmann war 1956 auf Wunsch Zinkes als geistlicher Mitarbeiter mit dem Titel »Caritasrektor« in die HV eingetreten. Vgl. Zinke (?) an Eckert vom 12. März 1956 betr. Ernennungsschreiben von Bischof Weskamm für Caritasrektor [!] Hoffmann. Der Dienstantritt erfolgte demnach am 20. Februar 1956, ADCV 121/10+101.1 Fasz. 03: 1956-1957. Vgl. auch SCHEMATISMUS FÜR DAS BISTUM BERLIN 1960, S. 99. Im Caritasadreßbuch wurde Hoffmann als Stellvertreter Zinkes aufgeführt und galt nicht zuletzt deshalb als Zinkes »rechte Hand«. Vgl. BStU MfS HA XX/4/Dok., Nr. 583, Bd. 2, p. 96. Vgl. außerdem den Bericht Zinkes über die Mitarbeit von Caritasdirektor Rudolf Hoffmann in der Hauptvertretung Berlin des DCV vom 20. März 1961: Angesichts der Tätigkeit Zinkes für das Commissariat komme der Arbeit Hoffmanns »als meinem Vertreter in der Hauptvertretung Berlin« besondere Bedeutung zu. ZBM Caritas, Caritasverband Magdeburg 1947-1970.

143 Vgl. das Schreiben von Stehlin an Hubrich vom 2. Juni 1964, wonach für die Berufung nach Berlin nicht zuletzt auch die latenten Spannungen an Hubrichs bisheriger Dienststelle in Magdeburg für die Berufung nach Berlin ausschlaggebend waren, ADCV 101 (-11), Fasz. 1: 1947-1990.

144 Dieter Stolte, geb. 10. Juli 1935 in Kaiserslautern, Studium der Wirtschaftswissenschaft in Köln, Promotion zum Dr. rer. pol., 1966 Beginn seiner Tätigkeit in der Zentralstelle des Deutschen Caritasverbandes in Berlin (Ost), ab 1991 Leiter der Zentralstelle Berlin des Deutschen Caritasverbandes, ab 1992 stellvertretender Leiter der Hauptvertretung Berlin, 1. Mai 1996 – 31. Januar 1999 Leiter der Hauptvertretung Berlin.

145 Vgl. B. SCHÄFER, Staat, 151; H. D. THIEL, S. 194.

146 B. SCHÄFER, Staat, S. 151 betont, die Grenzpassage sei durch das MfS gefördert worden. Der Quellennachweis fehlt allerdings. Vgl. auch M. HÖLLEN, Bd. 2, 318 f.

147 Arbeitsbescheinigung für Zinke zwecks Betreten des Demokratischen Sektors von Berlin vom 24. August 1961, Signatur: ADCV 121/30 .025, 1960-1969.

DDR[148] aber blieb ihm wegen seines West-Berliner Wohnsitzes versagt[149]. Durch den Ausbau des Ost-Büros blieb die für die Caritas notwendige Verbindung erhalten; Zinke selbst wurde spürbar entlastet.

Eine der Hauptvertretung des DCV vergleichbare Entwicklung vollzog sich auch beim Caritasverband für das Bistum Berlin: Bereits im Februar 1960 waren Räumlichkeiten und Dienstsitz von der Jacobystraße 24 nach Berlin-Weißensee in die Gürtelstraße 8, den Wohnsitz des Weihbischofs Alfred Bengsch, verlegt worden[150]. Seit dem 15. Januar 1961, also noch vor dem Mauerbau, war der vormalige Ordinariatssekretär Horst Rothkegel mit den Aufgaben eines Caritasdirektors »für den Demokratischen Sektor und den in der DDR gelegenen Teil des Bistums Berlin« betraut worden[151]. Im Sommer 1964 schließlich erhielt der Bistumsverband von Bengsch ein nach dem Görlitzer Vorbild entworfenes Statut für einen Diöze-

---

148 Arbeitsbescheinigungen »für den Osten«, d.h. wohl für die DDR, hatte Prälat Drews auch für die West-Berliner Monsignori Haendly und Greve sowie für Domvikar Scharfenberger und Prälat Zinkes Fahrer Szelag beantragt. Vgl. Adolph an Döpfner vom 9. Oktober 1961, AKZG NL WA 5 b 2, p. 261.

149 Dies hatte zur Folge, daß Kapitelsvikar Piontek, dem die zwangsweise Abwesenheit des Caritasvorsitzenden aus seinem Erzbischöflichen Amt Görlitz schon seit 1959 ein Dorn im Auge war, nach dem Mauerbau Zinke unverblümt zum Rücktritt von seinem Amt als Vorsitzenden aufforderte. Vgl. Piontek an Zinke vom 5. September 1961, ADCV 121/10+125 DDR, Fasz. 03: 1948-1962.

150 Vgl. die Aufstellung von Hubert Pohl, Die Entwicklung der Caritasverbände im Gebiet des heutigen Erzbistums Berlin, ADCV 121/20+125.111.

151 Vgl. Döpfner an Rothkegel vom 10. Januar 1961, ADCV 121/10+125 DDR, Fasz. 04; vgl. auch Adolph an Machnik, 12. Januar 1961, ADCV 121/10+125 DDR, Fasz. 04. Zuvor hatte Pfarrer Hans-Ludwig Knüppel bis zum 1. Juni 1956 die Aufgaben in der Jakobystraße wahrgenommen. Seitdem war das Amt offenbar verwaist. Die Arbeit übernahm derweil der Büroleiter Bernhard Machnik. Letztlich verantwortlich blieb der West-Berliner Caritasdirektor Wilhelm Albs. Vgl. auch die Aufstellung von Hubert Pohl, Die Entwicklung der Caritasverbände im Gebiet des heutigen Erzbistums Berlin, ADCV 121/20+125.111. Vgl. dazu auch das Schreiben von Zinke an Vorgrimler vom 14. Dezember 1959, wonach sich Weihbischof Bengsch bemühte, »endlich wieder einen Caritasdirektor für Ostberlin zu bekommen«. ADCV 167+387, Fasz. 1. In der (hausinternen?) Mitteilung 221.23 Nr. 7, 1964 des Deutschen Caritasverbandes wird die Ernennung Rothkegels zum Caritasdirektor der »Diözesangeschäftsstelle des Diözesan-Caritasverbandes Berlin für die Deutsche Demokratische Republik« mitgeteilt. Vgl. den Auszug aus der (hausinternen?) Mitteilung 221.23 Nr.7, 1964 des Deutschen Caritasverbandes, ADCV 125.11.

san-Caritasrat[152]. Prälat Otto Groß wurde nach außen mit der Aufgabe eines sogenannten »Vorsitzenden der Diözesangeschäftsstelle des Diözesan-Caritasverbandes Berlin für die Deutsche Demokratische Republik«[153] betraut.

Die wachsende Zahl erforderlicher Verhandlungen und Gespräche mit den Stellen bei Regierung und Partei führten vor allem Prälat Johannes Zinke und – mit der Dienststelle des Staatssekretärs für Kirchenfragen – ab September 1961 der Ost-Berliner Prälat Bernhard Drews. Der neue Berliner Bischof Bengsch reagierte damit auf die staatliche Herausforderung »differenzierender« Gesprächspolitik und geräuschloser Repression durch die Sicherheitsorgane[154] im Sinne der von ihm verfolgten Linie der »politischen Abstinenz«: Die kirchlichen Kontakte zu staatlichen Stellen blieben auf wenige, bischöflich kontrollierte Schnittstellen beschränkt.[155]

2.2 Konzentrierte Gesprächskontakte: Johannes Zinke

Das Ministerium für Staatssicherheit nahm unter diesen Kontakten eine hervorragende Stelle nicht zuletzt deshalb ein, weil es allmählich zu einem entscheidenden kirchenpolitischen Staatsorgan avancierte[156]. Zinkes Schlüsselstellung resultierte daraus, daß er dem kirchlichen[157] wie staatlichen Interesse an einer geräuschlosen Lösung der »Konfliktfälle« in verläßlicher Weise entgegenkam. Die Anfänge reichten bis in die Jahre vor dem Mauerbau zurück: Am 2. November 1959

152 Vgl. das Schreiben von Zinke an Stehlin vom Juni (?) 1964, ADCV 101 (-11), Fasz. 1: 1947-1990. Im März 1965 beschloß auch der Caritasverband im Erzbischöflichen Kommissariat Magdeburg eine Ergänzung seiner Ordnung, ZBM Caritas, Caritasverband Magdeburg, 1947-1970.

153 Vgl. die Erwähnung der Ernennung in der caritaseigenen Mitteilung 221.23 Nr. 7, 1964, ADCV 125.11. Vgl. auch Zinkes Schreiben an Stehlin vom Juni 1964, ADCV 101 (-11), Fasz. 1: 1947-1990. Zur Rolle von Prälat Groß vgl. unten S. 126.

154 Vgl. B. SCHÄFER, Staat, S. 205-232.

155 Vgl. EBD., S. 166, 187, 205.

156 Zur Bewertung der Stellung des MfS gegenüber der Dienststelle des Staatssekretärs für Kirchenfragen vgl. B. SCHÄFER, Staat, S. 189; C. VOLLNHALS, Kirchenpolitische Abteilung, S. 79 spricht treffend von der »staatliche(n) Kulisse«, die der Staatssekretär als Organ der staatlichen Verwaltung gebildet habe.

157 Vgl. das Protokoll über die Besprechung beim Staatssekretär für Kirchenfragen am 4. Februar 1965. »Wenn der Staatssekretär von Vertrauen spreche, dann möchte er, der Erzbischof, darauf hinweisen, dass eine ganze Anzahl von Priestern in erpresserischer Weise vom SSD verhört worden sei. Alle diese Dinge habe er zur Kenntnis genommen und niemals hochgespielt«. AKZG NL WA 33 l, p. 204-205.

hatte das MfS den Überprüfungsvorgang zur Person Zinkes mit der Begründung zu den Akten gelegt, die Vorwürfe der Agenten- und Spionagetätigkeit hätten sich nicht beweisen lassen[158]. Zu diesem Zeitpunkt nahm Zinke bereits mit Wissen seines Bischofs Döpfner die Aufgabe eines kirchlichen Gesprächsbeauftragten zum MfS wahr[159].

Es waren zunächst nicht primär kirchenpolitische Gründe, die Zinke bewogen, den Kontakt von neuem aufzunehmen. Vielmehr dürften caritative Motive – die jedoch bis 1989 nie von den kirchenpolitischen zu trennen waren – eine gewichtige Rolle gespielt haben. Die Auswirkungen der sicherheitspolizeilichen und strafrechtlichen Verfolgungsmaßnahmen gegen die Kirchen und nicht zuletzt die Folgen des 1957 verabschiedeten »Republikfluchtgesetzes« (Paßgesetz mit Strafen für Beihilfe zur Republikflucht) hatten Zinke in der zweiten Hälfte der fünfziger Jahre mit einer zunehmenden Zahl von Verhaftungen, Vorladungen und Werbungsversuchen durch die Staatssicherheit konfrontiert[160]. Dem Geschäftsträger der Jurisdiktionsträger in der DDR wuchs unter anderen Vorzeichen jene Aufgabe zu, die der seines Amtsvorgängers Heinrich Wienken ähnlich war[161]. Überdies hatte der Staatssekretär für Kirchenfragen dem Prälaten bedeutet, die Entscheidung über die Passierscheinfrage liege beim Innenministerium bzw. den Organen der Staatssicherheit[162].

---

158 Schlußbericht und Einstellungsbeschluß vom 2. November 1959, BStU MfS AOP 614/59, p. 113-115.

159 M. Höllen, Bd. 2, S. 221. B. Schäfer, Staat, S. 74, 135, 140, 150 f.

160 Nachweise bei ADCV 121/30+732.46. Vgl. auch Adolph an NCWC v. 31. Januar 1956 und Drews an Nuschke/Zinke z.K. v. 21. April 1956, AKZG NL WA 5 b 1, p. 118 u. ADCV 121/30+511.02, Fasz. 03.

161 Vgl. dazu auch die im Nachlaß Wienken enthaltenen Listen v. 1947-1950 der vom NKWD internierten Personen, ADCV 121/30+511 W, Fasz. 04. ADCV 121/30+287, Fasz. 04.

162 Vgl. die Niederschrift der Aussprache des Staatssekretärs für Kirchenfragen mit Zinke vom 16. Dezember 1957, BArch DO 4, Nr. 838. Darin hieß es: »Die Verweigerung [des Passierscheins] ist nicht auf die Vorgänge in Heiligenstadt zurückzuführen. Sie steht im Zusammenhang mit der ganzen letzten Entwicklung. Die Bevölkerung ist stark empört über die Tätigkeit des Episkopats (Kanzelabkündigung – Telegramm). Die Entscheidung über die Reisetätigkeit liegt beim M.d.I. bzw. den Organen der Staatssicherheit. Wir werden lediglich konsultiert, wobei eine Befürwortung unsererseits nicht immer eine Genehmigung nach sich ziehen muß, da diese Organe selbständig entscheiden.« Die Beschränkung erstrecke sich noch nicht auf Bischöfe, auch wenn Vorgänge in Erfurt zu denken gegeben hätten (Elisabeth-Wallfahrt). Zinke fragte, »ob er etwas dazu tun kann, die alte Regelung herzustellen. ›Wäre es nicht besser, wenn durch die ungestörte Ausbübung meines Amtes viele Dinge geregelt werden können‹?«

Es bedurfte nurmehr eines »konkreten« Falles. Im Schatten der Berlin-Krise 1958/59 mit ihren v. a. auch atmosphärischen Auswirkungen auf die kirchliche Situation[163] war ein solcher Fall mit den vom MfS veranlaßtenVerhaftungsaktionen gegen die vier Biesdorfer Jesuiten am 22. und 23. Juli 1958 gegeben[164]. Vermutlich im August suchte Zinke mit Wissen Döpfners das Gespräch mit den kirchenpolitisch Verantwortlichen in der Normannenstraße[165].

Doch weder Zinke noch den beiden kirchlicherseits beauftragten Rechtsanwälten aus der DDR gelang es, bis zum Beginn der Hauptverhandlung überhaupt Näheres über die Gründe der Verhaftung zu erfahren. Den Anwälten wurde überdies der Zutritt zu ihren Mandanten verweigert. Und schließlich verhinderte das MfS sogar, daß

163 Zu diesen Auswirkungen gehörten kirchlicherseits die ernsthaften Überlegungen, den Wohnsitz des Berliner Bischofs ebenso wie den Zinkes nach Ost-Berlin zu verlegen, nachdem ihnen seit Mai 1958 die Einreise in die DDR verwehrt war. Bedenken gegen den von Bischof Döpfner im Mai 1959 beabsichtigten Plan kamen aus Rom von Kardinalstaatssekretär Tardini, der in einem solchen Schritt »nicht geringe Schwierigkeiten« vorhersah. Vgl. das Aide memoire vom 26. Mai 1959, AKZG NL WA 33 d, p. 241-255; das Schreiben Tardinis vom 28. Juni 1959, ADCV 121/30+510.1, Fasz. 01. Vgl. außerdem die vom MfS 1959 mitgehörte Befürchtung des Meißener Bischofs Spülbeck, daß Zinke in Zukunft nicht mehr als Verhandlungspartner der DDR-Regierung anerkannt werde, weil er seinen Wohnsitz in West-Berlin habe. »In einem solchen Falle ist beabsichtigt, dass Prälat Zinke in den demokratischen Sektor von Berlin umsiedelt. Die entsprechenden Vorbereitungsarbeiten kirchlicherseits sollen bereits abgeschlossen sein«. BStU MfS AP 20200/92, p. 213.
Anders hingegen erinnerte sich rückblickend der Direktor Martin Vorgrimler aus der DCV-Zentrale in Freiburg: Zinke sei von der Ostseite der Plan unterbreitet worden, nach Ostberlin überzusiedeln und DDR-Bürger zu werden, doch sei dieser Plan dann von der Ostseite selbst wieder aufgegeben worden. Vgl. den vertraulichen Bericht Vorgrimlers über die HV Berlin.
Die Frage der Wohnsitzverlegung nach Ost-Berlin hatte sich bereits 1952 gestellt. Auf den Passierschein-Antrag Zinkes für den Berliner Bischof Weskamm und einen Antrag auf Einreisegenehmigung für den Fuldaer Bischof Bolte hatte das Innenministerium seinerzeit erwidert: »1. Das MdI könnte aufgrund besonderer Anlässe nur noch mit solchen Vertretern der Kirche verhandeln, welche im Demokratischen Sektor von Berlin oder in der DDR ihren Wohnsitz haben. (...)« BStU MfS AOP 614/59, p. 16. Vgl. auch B. SCHÄFER, Staat, S. 157 f.

164 Vgl. B. SCHÄFER, Staat, S. 150; vgl. dazu die Berichte über die Verhaftungsaktion und das Verfahren, ADCV 121/30+287 P, Fasz. 02. Zum Fall selbst vgl. die Ausführungen oben S. 79 f.

165 Vgl. B. SCHÄFER, Staat, S. 150.

mit Ausnahme eines Beobachters aus dem Jesuitenorden kirchliche Vertreter am Prozeß selbst teilnehmen konnten[166], obwohl durch den Generalstaatsanwalt Gegenteiliges signalisiert worden war[167].

Die Verurteilung der Patres am 17. Dezember 1959 konnten weder die Rechtsanwälte noch Zinke und seine Vorsprache bei der Staatssicherheit verhindern. Dieser versuchte aber in den folgenden Monaten seine Verbindungen zu nutzen, um eine Begnadigung der Inhaftierten zu erreichen[168]. Die rechtliche Vertretung der bis auf eine Ausnahme zu hohen Haftstrafen Verurteilten[169] übernahm Rechtsanwalt Wolfgang Vogel[170]. Am 3. Februar 1961 konnte P. Robert Frater als letzter die Haftanstalt wieder verlassen[171]. Der »Gesprächskontakt« zur Staatssicherheit war eingeleitet, fallweise wurde er nunmehr aktiviert.

Am 7. März 1959 beispielsweise protestierte Zinke im Auftrag Döpfners beim MfS gegen das Verhör des Michendorfer Pfarrers und Hausgeistlichen des Norbertusheimes, einer Tbc-Kinderheilstätte bei Berlin[172]. In gleicher Weise legte Zinke »im Auftrag des

166 Vgl. die Berichte vom 30. Januar 1959 und vom 1. Februar 1959, ADCV 121/30+287 P, Fasz. 02.

167 Generalstaatsanwalt Melsheimer hatte die Teilnahme Horst Rothkegels gebilligt. Als der mit einem schriftlichen Dienstauftrag des Ordinariats versehene Berliner Caritasdirektor, der sechs Tage zuvor noch in Rathenow die Verhandlung gegen die angeklagten elf Laienkatholiken beobachtet hatte, auch am »Jesuitenprozeß« teilnehmen wollte, stieß er auf den Widerstand des MfS. Das MfS hielt in einem Aktenvermerk fest: »Es wurde bekannt, daß während des Prozesses gegen die 4 Jesuitenpater [sic] in Frankfurt/Oder ein gewisser Rothkegel laufend versuchte, als Zuschauer zum Prozess eine Karte zu erhalten. Er berief sich dabei auf eine Zusage der Generalstaatsanwaltschaft Berlin an Prälat Zinke«. Vgl. den undatierten Aktenvermerk, BStU MfS AIM 6973/73, Bd. I, 1, p. 42.

168 Vgl. den Vermerk Treutlers vom 4. Juli 1960, ADCV 121/30+287 P, Fasz. 02.

169 P. Frater wurde zu 4 Jahren und 4 Monaten Zuchthaus, P. Menzel zu 3 Jahren und 4 Monaten Gefängnis, P. Ruether zu einem Jahr und 5 Monaten Gefängnis und P. Müldner zu zwei Jahren Bewährungsstrafe verurteilt. Vgl. den Bericht vom 30. Januar 1959, ADCV 121/30+287 P, Fasz. 02.

170 Vgl. Wolfgang VOGEL, Meine Erinnerungen.

171 Vgl. den Aktenvermerk vom 6. Februar 1961, ADCV 121/30+287 P, Fasz. 02. Der in der Haft erkrankte P. Frater floh anschließend aus Ost-Berlin nach Münster, wo er seine Erlebnisse zu Papier brachte. Vgl. den zweiseitigen maschinenschriftlichen Bericht vom 11. Oktober 1961, ADCV 121/30+287 P, Fasz. 02.

172 ADCV 121/30+732.46. Das Norbertusheim wurde von Dominikanerinnen getragen.

Berliner Ordinarius an zuständiger Stelle« Anfang Juli 1961 Einspruch gegen den Versuch des SSD ein, eine Schülerin des Kindergärtnerinnen-Seminars in Berlin-Nikolassee zu werben[173]. Schließlich teilte der neue Berliner Generalvikar Adolph knapp drei Wochen nach dem Mauerbau dem Nuntius Bafile in Bad-Godesberg mit, daß im Zusammenhang mit den Ereignissen des 13. August drei katholische Geistliche verhaftet worden seien. »Herr Prälat Zinke hat bereits mit dem SSD wegen der verhafteten Priester Fühlung aufgenommen«[174].

Es blieb allerdings nicht bei politischen Häftlingsaktionen. Zu den caritativen Gesprächsgegenständen kamen rasch kirchenpolitische hinzu[175]. Mit dem pragmatischen Kontakt zur »Regierung der Deutschen Demokratischen Republik. Ministerium für Staatssicherheit«[176] umging der Leiter des Commissariats der Fuldaer Bischofskonferenz die Versuche der Dienststelle des Staatssekretärs für Kirchenfragen, die katholische Kirche kirchenpolitisch zu isolieren – ein Umweg, der bezeichnenderweise vom MfS akzeptiert wurde.

Wie erwähnt hatte die Dienststelle des Staatssekretärs im Mai 1958 dem Berliner Bischof Döpfner und dem bischöflichem Verhandlungsbeauftragten Zinke als West-Berliner Bürgern die Einreise in die DDR untersagt[177]; zugleich hatte Staatssekretär Eggerath der SED-Spitze angeraten, ebenso wie zur Kirchenkanzlei der EKD auch die kirchenpolitischen Beziehungen zum Commissariat abzubrechen[178]. Anders als bei den evangelischen Kirchen[179] wurde dieser Schritt offenbar erst

---

173 Vgl. den Aktenvermerk vom 2. Juli 1961, ADCV 121/30+732.46.

174 Vgl. Adolph an Bafile vom 5. September 1961, AKZG NL WA 33 e, p. 233.

175 Vgl. D. Grande/B. Schäfer, Interne Richtlinien, S. 397. 1959 wandte sich das MfS an Zinke, um die peinliche Veröffentlichung der Vorgänge um die Abhöranlage im Dienstzimmer von Weihbischof Bengsch in der westlichen Presse zu verhindern; im Juni 1960 führte Zinke allein drei ausführliche Gespräche mit einer großen Themenbreite mit dem MfS.

176 So das offizielle Anschreiben, das Zinke auf dem offiziellen Briefbogen des Commissariats am 7. März 1959 in der Angelegenheit Pfr. Ohland an das MfS schickte, ADCV 121/30+732.46.

177 Vgl. oben S. 76, 88 f.

178 Vgl. M. Höllen, Bd. 2, S. 109, Anm. 275.

179 Der Grund für die andere Behandlung Grübers und der EKD ergibt sich aus dem am 2. April 1959 angefertigten Protokoll einer gemeinsamen Besprechung zwischen Justitiar Treutler vom Commissariat und Vertretern der EKD. Generalsuperintendent Führ hatte beim Staatssekretär auf den unterschiedlichen Umgang hingewiesen und zur Antwort erhalten: »Im übrigen sei Propst Grüber Bevollmächtigter des Rates der EKiD bei der Regierung der DDR gewesen,

im Verlauf des Sommers 1959 vollzogen[180], ohne daß damit der Kontakt zum MfS den einzig verbliebenen Verbindungskanal zu staatlichen Stellen in der DDR darstellte[181]. In einem vermutlich für die Sitzung der Berliner Ordinarienkonferenz am 19. und 20. Januar 1960 gefertigten Vermerk vom 18. Januar hieß es: »Die Zusammenarbeit des Kommissariats in Berlin mit den Regierungsstellen ist weithin noch möglich, z.B. Ministerium des Innern, Verwaltung Strafvollzug, Gesundheitsministerium, Ministerium für Innerdeutschen und Außenhandel, Ministerium für Auswärtige Angelegenheiten usw. Abgelehnt wird sie von der Politischen Abteilung des Staatssekretärs für Kirchenfragen (nicht von der Oekonomischen) und zum Teil vom Ministerium für Volksbildung. Es ist ausdrücklich festgestellt worden, daß eine Anweisung an die Ministerien der DDR, die Zusammenarbeit mit dem Kommissariat abzulehnen, nicht besteht. (...) In den Fällen, in denen Schwierigkeiten auftreten, nehmen die Vertreter der Ordinariate die Verhandlungen mit den betreffenden Regierungsstellen in Abstimmung mit dem Kommissariat unmittelbar wahr« [182].

Die Frage der politischen Gesprächskontakte zwischen der Dienststelle des Staatssekretärs, dem MfS und der katholischen Kirche steuerte im Juni 1960 auf einen Höhepunkt zu, nachdem in der Auseinandersetzung um die Teilnahme katholischer Christen am Eucharistischen Weltkongreß in München das SED-Politbüro jegliche weiteren Verhandlungen mit »westdeutschen bzw. westberliner katholischen Stellen« untersagt hatte[183]. Während Eggerath daraufhin jeden Kontakt mit dem Geschäftsträger des Commissariats ablehnte und am 8. Juli weisungsgemäß[184] einzelne, gemeinsam beauf-

---

habe also eine diplomatische Vertretung wahrgenommen, deren Weiterführung die Regierung habe ablehnen müssen. Das Commissariat der Fuldaer Bischofskonferenz sei dagegen eine Dienststelle der Katholischen Kirche für die Verhandlungen mit den Regierungsstellen der DDR«, ADCV 121/30+523, 1959-1968. – Weder Zinke noch sein Vorgänger im Amt, Wienken, waren bei der Regierung der DDR akkreditiert.

180 Die vermutlich letzte aktenmäßig faßbare Rücksprache Zinkes mit dem Staatssekretär fand am 9. Juni 1959 statt. Vgl. den ungezeichneten Aktenvermerk über die Rücksprache mit der Dienststelle des Staatssekretärs für Kirchenfragen am 9. Juni 1959, ADCV 121/30+732.42, 1958-1968.

181 Gegen D. GRANDE/B. SCHÄFER, Interne Richtlinien, S. 397.

182 Aktenvermerk v. 18. Januar 1960 über die „Verbindung der Bischöflichen Ordinariate der Katholische Kirche mit der Regierung der DDR", ADCV 121/30+511.213 Ber. 1952-1996.

183 Vgl. M. HÖLLEN, Bd. 2, S. 222-224.

184 Vgl. EBD., S. 223.

tragte Ordinariatsvertreter mit der restriktiven Haltung des Politbüros in der Frage des Eucharistischen Weltkongresses konfrontierte[185], suchte Zinke bereits in den Junitagen auch in dieser Frage mehrfach die Vertreter der Staatssicherheit in der Normannenstraße auf[186]. Einen Tag nach seinem Besuch am 17. Juni stellte der Caritasprälat einen schon länger überlegten[187] Antrag beim Berliner Magistrat auf Übersiedlung nach Ost-Berlin[188], die dann aber nicht realisiert wurde. Der Grund dafür ist unklar[189].

Möglicherweise spielte in diesem Zusammenhang auch eine Rolle, daß es gelang, mit einem Kompromiß die Dienststelle des Staatssekretärs wieder aus der kirchenpolitischen Sackgasse herauszumanövrieren: Als am 16. September Staatssekretär Eggerath und sein Stellvertreter Flint den in Ost-Berlin residierenden Weihbischof Alfred Bengsch ad hoc zu einem Gespräch in ihre Dienststelle baten,

[185] Vgl. den Bericht über die Besprechung beim Staatssekretär für Kirchenfragen am 8. Juli 1960 betr. die Teilnahme von Katholiken aus den Diözesangebieten der DDR am Eucharistischen Weltkongreß in München. Von staatlicher Seite nahmen Staatssekretär Eggerath, sein Stellvertreter Flint, Gruppenleiter Kusch und Oberreferent Quast teil; von kirchlicher Seite waren beauftragt Domdekan Palm, Bautzen, Prälat Aufderbeck, Magdeburg und Domvikar Rothkegel, Berlin, ADCV 121/30+732.42, 1958-1968. Eggerath betonte gegenüber den Kirchenvertretern, »daß wiederholt zum Ausdruck gebracht worden sei, daß die Regierung der DDR keine Verbindung zu Institutionen in Westdeutschland oder Organisationen gesamtdeutschen Charakters unterhalte, sondern daß sie nur Verhandlungen mit Bürgern der DDR und mit Ländern, mit denen sie diplomatische Beziehungen unterhalte, führe. Auch sei Herrn Prälat Zinke des öfteren klar und eindeutig erklärt worden, daß er nicht mehr als Verhandlungspartner erwünscht sei. Auch den Einwand, daß Prälat Zinke als Vertreter im Kommissariat der Fuldaer Bischofskonferenz eine rein innerkirchliche Angelegenheit vertrete und keine westdeutsche Organisation, lehnte der Staatssekretär ab. Auch den Verkehr mit einem Staatssekretariat durch Telefon erachte er unter seiner Würde. Die Ablehnung des Prälat Zinke betreffe nur die Institution des Commissariats, in keiner Weise seine Person«. Anders als noch im Frühjahr 1959 lag nun die Argumentation des Staatssekretärs ganz auf derselben Linie wie gegenüber der Evangelischen Kirche.

[186] Vgl. D. GRANDE/B. SCHÄFER, Interne Richtlinien, S. 397; vgl. auch die von Zinke am 8. Juni und 17. Juni 1960 verfaßten Gesprächsvermerke bei M. HÖLLEN, Bd. 2, S. 221-227.

[187] Vgl. die vom MfS bereits 1959 mitgehörte Befürchtung des Meißener Bischofs Spülbeck; im Mai 1959 hatte der Berliner Bischof Döpfner ebenfalls überlegt, nach Ost-Berlin überzusiedeln. Vgl. oben S. 92.

[188] Vgl. M. HÖLLEN, Bd. 2, S. 224.

[189] Vgl. die rückblickend formulierte Erinnerung von Martin Vorgrimler, Zinkes »alter Ego« in der Zentrale des DCV in Freiburg, oben S. 92.

betonte der Staatssekretär, »daß er bei Verhandlungen mit der kath. Kirche nicht recht wüßte, an wen er sich halten soll. Er habe keine Vollmacht, mit dem Kardinal oder dem Kommissariat der Fuldaer Bischofskonferenz zu verhandeln. Obwohl solche Verhandlungen vielleicht manchen Ärger ersparen könnten, dürfte er jedoch nur mit Bürgern der DDR sprechen. Der Weihbischof sagte zu diesem Punkte: jede Einladung, die an den Weihbischof persönlich gerichtet sei, wäre für ihn peinlich, da er zu einer Verhandlung immer einen Auftrag brauche. Er würde dem Staatssekretär vorschlagen, sich in solchen Fällen an das Ordinariat W 8 [d. i. Ost-Berlin, Stadtmitte], also einer Dienststelle im demokratischen Sektor, zu wenden. Denn dadurch wäre die Frage der Beauftragung für den Weihbischof immer zu klären«[190].

Seitdem nahmen zuerst Bengsch selbst, seit September 1961 dann der Ost-Berliner Ordinariatsrat Bernhard Drews und in seiner Nachfolge seit 1967 Prälat Otto Groß und seit 1974 Prälat Gerhard Lange die Gesprächskontakte bis 1989 wahr, und zwar in Abstimmung mit dem Berliner Bischof und dem Commissariat der Fuldaer Bischofskonferenz[191]. Als Geschäftsträger des Commissariats und Leiter der Hauptvertretung Berlin des Deutschen Caritasverbandes führte Zinke die Verhandlungen mit den übrigen kirchenrelevanten staatlichen Stellen, zumal dem MfS. Es sollte allerdings nicht bei diesen Verhandlungsebenen bleiben.

2.3 Anfänge des Devisentransfers, des Häftlingsfreikaufs und der Familienzusammenführung

Mit der endgültigen Abriegelung der DDR leiteten die sozialistischen Machthaber zwar eine politische Konsolidierung ihres Regimes ein; zugleich aber stießen sie damit auch einen Prozeß an, der dieser Abriegelung zuwiderlief und letztendlich zum Fall der Mauer beitrug: den wachsenden Bedarf an »westlichen« Devisen[192].

---

190 Vgl. den Bericht über die Besprechung beim Staatssekretär am Freitag, dem 16. September 1960, ADCV 121/30+732.42, 1958-1968.

191 Schon im Juli 1960 waren kirchlicherseits entsprechende Schritte überlegt worden: »Soweit das Commissariat gegenüber den Regierungsstellen nicht mehr zum Zuge kommt, müßte wie bisher das Ordinariat Berlin (in interner Zusammenarbeit mit dem Commissariat) die anfallenden Geschäfte bei den Regierungsstellen erledigen«, hieß es in einem nach dem 8. Juli 1960 angefertigten Aktenvermerk über die »Vertretung der kirchlichen Interessen gegenüber der Regierung der DDR«, ADCV 121/30+732.42, 1958-1968.

192 Vgl. B. SCHÄFER, Staat, S. 224.

Über die Kontakte zur kirchenpolitischen Abteilung des MfS hinaus suchte Zinke weitere direkte Gesprächskanäle zu eröffnen: 1966 fädelte er das sogenannte »Kirchengeschäft C« ein. Dabei handelte es sich um Transfers für die katholische Kirche[193]. Wie die Transfers insgesamt wurden diese politisch und nicht ökonomisch motivierten Finanzleistungen von West nach Ost[194] von Beginn an nicht über den üblichen innerdeutschen Handel, sondern über eine 1966 eigens zur Devisenbeschaffung eingerichtete, nach marktwirtschaftlichen Gesichtspunkten agierende und unter Kontrolle des MfS abgeschirmt arbeitende Außenhandelsbehörde der DDR abgewickelt: den Bereich Kommerzielle Koordinierung[195]. Unter der formellen und tatsächlichen Zuordnung zum Außenhandelsministerium besaß das MfS beträchtlichen Einfluß über die Behördenchefs des Koko, die für die Staatssicherheit als Offiziere im besonderen Einsatz arbeiteten. Im September 1983 wurde zudem auf Mielkes Anordnung hin in der Hauptabteilung XX (zuständig für Staatsapparat, Kunst, Kultur, Kirche, Untergrund) seines Ministeriums eine »Arbeitsgruppe Bereich Kommerzielle Koordinierung« eingerichtet; jeder sechste Mitarbeiter des Koko stand auf der Gehaltsliste dieser Arbeitsgruppe, darunter auch der mit der katholischen Kirche verhandelnde Stellvertreter von Schalck-Golodkowski, Manfred Seidel[196].

Im Dezember 1966 richtete man kirchlicherseits eine Zentrale Beschaffungsstelle[197] ein, die dem Kauf von Waren gegen Valuta-Mark

---

193 Vgl. die Niederschrift vom 1. Dezember 1966 über die Besprechung am 18. November 1966 bei der Intrac-Handelsgesellschaft m.b.H. über Vereinbarungen zu Ablauf und Modalitäten des Bar- und Valutatransfers, BAEF ROO XII.

194 Vgl. M. Haendcke-Hoppe-Arndt, S. 302.

195 Zusammenfassend: A. Herbst/W. Ranke/J. Winkler, Bd. 1, S. 523-529.

196 Vgl. ebd., S. 524 f.

197 Zu den kircheninternen Überlegungen zur Errichtung und personellen Ausgestaltung der katholischen Zentralen Beschaffungsstelle vgl. das Protokoll der Caritasdirektorenkonferenz vom 23.-24. November 1966, ADCV 121/20+125.0, 1963-1968. Die Bischöfe stimmten der Errichtung auf ihrer Konferenz im Januar 1967 zu. Vgl. das Protokoll der Berliner Ordinarienkonferenz vom 2.-3. Januar 1967, AKZG NL WA 33 l, p. 376. Über die Besetzung der Leitung der Beschaffungsstelle lag der Ordinarienkonferenz folgender, am 4. Dezember abgefaßte Vorschlag vor: Ordinariatsrat Schneider, Bautzen (zugleich als Vertreter des Sekretariats der Ordinarienkonferenz), Architekt Gramse, Erfurt (zugleich als Vertreter des einzigen behördlich anerkannten Bischöflichen Baubüros in der DDR), Otto Groß (als Vertreter für Berlin), Wolfgang Lewicki (als Vertreter des DCV), Theodor Hubrich (als geschäftsführender Direktor), Dr. Dieter Stolte (als Geschäftsführer) und Prälat Johannes Zinke (für das Commissariat

bei der Intrac-Handelsgesellschaft diente[198]. Die Intrac gehörte zum Bereich der Kommerziellen Koordinierung. »Die diversen ›Kirchengeschäfte‹ hatten für beide Seiten, Staat wie Kirche, unübersehbare Vorteile und schufen gegenseitige Abhängigkeiten, wobei für die Kirche ohnehin die generelle Abhängigkeit von der staatlichen Politik gegeben war.«[199] Die Machtfrage stellte sich – wie schon erwähnt – nicht. Der gravierende Unterschied zu den direkten Gesprächskontakten zur Kirchenabteilung XX/4 des MfS bestand allerdings darin, daß Prälat Zinke und die nach ihm kirchlicherseits mit den Verhandlungen befaßten Caritasdirektoren Hubrich, Thiel, Steinke und Puschmann[200] sowie Prälat Groß[201] die konspirative Zusammenarbeit ihrer Gegenüber mit der Staatssicherheit zwar annehmen, nicht aber wissen konnten. Diese Kontakte zu beurteilen ist aber vor allem auch deshalb schwierig, weil die Diskretion des »Geschäfts« eine ausführliche Aktenführung nicht erlaubte[202].

Diskretion bestimmte in gleicher Weise auch das sogenannte »Kirchengeschäft B«, den Freikauf politischer Häftlinge, und die humanitären Bemühungen im Rahmen der Familienzusammenführung. Folgt man den veröffentlichten Erinnerungen der damals Beteiligten (Ludwig Rehlinger, Wolfgang Vogel und Reymar von Wedel), so war Prälat Zinke maßgeblich an der Einfädelung des Kirchengeschäfts beteiligt. »Man muß alle Bemühungen unterstützen, die die Mauer öffnen, auch wenn es zunächst nur ein kleiner Spalt ist«[203], bemerkte Zinke einmal gegenüber seinem Mitarbeiter Heinz Dietrich Thiel auf die Frage, warum er sich von Anfang an so intensiv an den Bemühungen um den Häftlingsfreikauf und die Familienzusammenführung beteiligt habe.

---

der Fuldaer Bischofskonferenz), BAEF ROO XII, 4. Die Zentrale Beschaffungsstelle wurde im Januar 1991 aufgelöst. Vgl. das Schreiben der Zentralstelle Berlin an die Generalvikare, Caritasdirektoren und Baureferenten vom 3. Januar 1991, BAEF ROO VI,1.

198 Zusammenfassend G. LANGE, 12-15; H. PUSCHMANN, Brückenfunktion; zuletzt B. SCHÄFER, Staat, 225-228, 323-330.

199 EBD., S. 329.

200 Vgl. EBD., S. 325.

201 Vgl. EBD., S. 259.

202 »Wir haben jährliche Vereinbarungen bei KOKO in der dort üblichen Kürze – der rechts Unterzeichnete, der links Unterzeichnete – getroffen seit den siebziger Jahren.« H. PUSCHMANN, Statement, S. 319. Außerdem Hinweise bei B. SCHÄFER, Staat, 325.

203 Zit. n. H. D. Thiel, S. 195. Thiel war 1967 in den hauptamtlichen Dienst der Hauptvertretung eingetreten und seit 1968 deren Stellvertretender Leiter.

Der Einsatz für politisch Verfolgte war stets Inbegriff caritativer Tätigkeit[204]. Beim Deutschen Caritasverband hatten im Mai 1949 Heinrich Höfler und Karl Hünerfeld im Rahmen der Kriegsgefangenenhilfe[205] eine »Rechtsschutzstelle für deutsche Angeklagte im Ausland« errichtet[206]. Schon mit der Gründung in Freiburg wurde die Einrichtung einer Berliner »Arbeitsstelle« bei der Hauptvertretung geplant, die sich um das Schicksal von unter Anklage stehenden Kriegsgefangenen wie auch Zivilinternierten in der Ostzone kümmern sollte[207]. Parallel zu diesen frühen, in Berlin vor allem von Heinrich Wienken unterstützten Bemühungen der Caritas bildeten sich ähnliche Initiativen u.a. der evangelischen Kirchen und des Deutschen Roten Kreuzes[208]. Nach der Gründung der Bundesrepu-

[204] Vgl. dazu den Hinweis zur Identität der Caritas oben S. 19-22. Zu den Motiven der katholischen Kirche vgl. die Pressekonferenz am 5. Dezember 1989: »Angesichts der Situation, daß Menschen mittels einer Willkürjustiz ihrer Freiheit beraubt wurden (...), hat sich die katholische Kirche aus ausschließlich humanitären Gründen entschlossen, Betroffenen alle nur menschenmögliche Hilfe zuteil werden zu lassen. Daß dies mit rechtsstaatlichen Mitteln nicht möglich war, weiß jeder, der mit der ungerechten Gewalt der Diktatur vertraut ist, die ja selbst die ›eigenen‹ Leute nicht verschont hat. Manchem konnte geholfen werden, bei anderen stand einer wirksamen Hilfe das hartnäckige Nein von Leuten entgegen, die man kirchlicherseits nie zu Gesicht bekam und deren Namen unbekannt sind bis auf den heutigen Tag. Ob man jemandem durch finanzielle oder materielle Mittel aus ungerechter und unmenschlicher Haft herauszubringen versucht, ist letztlich eine Gewissensfrage, die sich unter den gegebenen politischen Machtverhältnissen einer Beurteilung nach rechtsstaatlichen Kriterien entzieht. Wenn dies die einzige Möglichkeit ist, einem Menschen zu Hilfe zu kommen – darf man sie verweigern?« Zit. bei G. LANGE , S. 28. Das Dokument fand sich bemerkenswerterweise auch bei den sogenannten »Schalck-Papieren«. Vgl. W. SEIFFERT/N. TREUTWEIN, S. 158. – Kritisch, teilweise polemisch zur primär caritativen Motivation W. BRINKSCHULTE/H. J. GERLACH/T. HEISE, Freikaufgewinnler, S. 8 f.

[205] Zur Person Höflers und zu seinem Engagement in der Kriegsgefangenenhilfe vgl. H. G. ASCHOFF, Überlebenshilfe, S. 267.

[206] Vgl. den Vermerk Höflers und Hünerfelds vom 24. Mai 1949 betr. Rechtsschutz für deutsche Inhaftierte in fremden Ländern (meist ehemalige Kriegsgefangene), die Kriegsverbrechen beschuldigt werden, ADCV 121/10+372, Fasz. 01.

[207] Vgl. die Vermerke des Justitiars der Hauptvertretung, Larisch, vom 14. Mai 1949 sowie Hünerfelds vom 16. Juni 1949, ADCV 121/10+372, Fasz. 01. Zu den Initiativen der katholischen Kirche bis 1950 vgl. auch W. TISCHNER, Katholische Kirche, S. 449-475.

[208] Rehlinger nennt außerdem den »Untersuchungsausschuß freiheitlicher Juristen« sowie die Vereinigung der Opfer des Stalinismus. Vgl. L. REHLINGER, S. 13.

blik übernahm im Auftrag des Auswärtigen Amtes das Berliner Rechtsanwaltsbüro Behling[209] die Betreuung wegen sogenannter Kriegsverbrechen verurteilter Deutscher. Behlings Arbeit wurde dann seit Beginn der fünfziger Jahre durch das Bundesministerium für gesamtdeutsche Fragen direkt unterstützt[210], sein Büro dort intern unter der Bezeichnung »Rechtsschutzstelle« geführt[211].

Eine koordinierte Zusammenarbeit der verschiedenen Initiativen erwies sich zunehmend als dringlich. Die Verhandlungen über eine Arbeitsgemeinschaft zogen sich während des ganzen Jahres 1950 hin. Erst im Oktober wurde ein kleiner Ausschuß gebildet, der entsprechende Vorfragen klären sollte[212]. Im Mai 1951 kam es schließlich zu einem Gespräch zwischen Behling, Zinke und seinen Mitarbeitern, Fräulein Franz und Justitiar Liebau, welches Zuständigkeiten

209 Behling hatte schon am 12. Mai 1949 mit dem vormaligen Reichsfinanzminister (1919/20) und Präsidenten der Deutschen Zentralverwaltung für Justiz in der SBZ (1945-1948), Dr. Eugen Schiffer, über die Frage einer Rechtsschutzstelle in Berlin gesprochen. Schiffer riet Behling von einer Besprechung der Frage mit seinem Amtsnachfolger in der Zentral-Justizverwaltung, Fechner, ab und vertrat die Auffassung, daß allein die Kirchen die strukturellen Voraussetzungen in Berlin und in der Ostzone mitbrächten, um in Berlin eine ähnliche Stelle wie im Westen einzurichten. Die Kirchen sollten allerdings nicht als Arbeitsgemeinschaft auftreten, sondern die Mandate an einen Vertrauensanwalt abgeben, der dann unter eigener Firma in ständiger Fühlungnahme mit den Kirchen tätig werden sollte. Vgl. den Aktenvermerk Behlings vom 12. Mai 1949, ADCV 121/10+372, Fasz. 01.

210 Intern erfüllte Behling den persönlichen Auftrag der Bundesregierung unter fachlicher Aufsicht des Bundes-Justizministeriums und unter der Dienstaufsicht des Ministeriums für gesamtdeutsche Fragen. Dafür standen ihm 1951 beschränkte Haushaltsmittel für zunächst ein Jahr zur Verfügung. Vgl. den Vermerk des Justitiars der Hauptvertretung Berlin, Liebau, vom 2. Mai 1951 betr. Rechtsschutzangelegenheiten, ADCV 121/10+372, Fasz. 01.

211 Vgl. L. REHLINGER, S. 13. Die Geschichte der Rechtsschutzstelle ist bisher nicht aufgearbeitet. Vgl. dazu die wenigen Hinweise bei L. REHLINGER, S. 11-13; kritische Ausführungen dazu bei N. FREI, S. 164 f., 181-184, 187 f.

212 An der gemeinsamen Besprechung am 20. Oktober 1950 nahmen u. a. der Vertreter des Ministeriums für gesamtdeutsche Fragen, des Untersuchungsausschusses freiheitlicher Juristen, der evangelischen Kirchenkanzlei sowie Behling und – als Repräsentanten der katholischen Kirche – Walter Adolph und Dr. Richter vom Berliner Caritasverband teil. Im vorbereitenden Ausschuß war die katholische Kirche nicht vertreten. Von der Wahl Zinkes in den vorbereitenden Ausschuß hatte man – wie das Protokoll ausdrücklich vermerkt – auf »Vorschlag von Herrn Prälaten Adolph Abstand genommen«. Vgl. den Vermerk Richters vom 20. Oktober 1950, ADCV 121/10+372, Fasz. 01.

und Modalitäten klärte. Der Anwalt versicherte, daß der Rechtsschutz schon deshalb nicht staatliche Aufgabe sein könne, weil »die Bundesrepublik, die in den östlichen Staaten keine diplomatischen Vertretungen hat, gar keine Wirkungsmöglichkeit besitzt« und zum anderen »die Rechtsschutzarbeit auch eine caritative Tätigkeit ist, die wesensmässig zu den Aufgaben der kirchlichen Wohlfahrtsverbände gehört«[213]. Seine Tätigkeit sehe er deshalb lediglich in einer Hilfe für diese Verbände, die darin bestehe, im Einzelfall so zu vermitteln, daß der »tatsächlich am meisten interessierte Verband ungestört federführend tätig« werden könne und ein Nebeneinander vermieden werde[214]. Für die im Gewahrsam der DDR befindlichen Personen standen Behling Anwälte zur Verfügung, deren offizielle Beauftragung durch Angehörige erfolgte. Behling selbst trat nach außen lediglich persönlich als bei Gericht in Ost- und West-Berlin zugelassener Anwalt auf. Doch solle, so Behling zu Zinke, nach Möglichkeit auch versucht werden, »Anwälte zur Vertretung für Gefangene in den östlichen Volksdemokratien zu ermitteln« [215]. Einer der Rechtsanwälte, die von der Rechtsschutzstelle in Strafverfahren als Korrespondenzanwalt hinzugezogen wurden, hieß Wolfgang Vogel.

Seit Ende 1956 wußte Zinke von der Existenz des Berliner Rechtsanwalts. Dr. Richter, Justitiar beim Caritasverband Berlin, notierte am 19. Dezember 1956 in einem Vermerk für Zinke: »Betr.: Geeigneter Rechtsanwalt in Ostberlin. Gelegentlich eines Gesprächs in ande-

[213] Vermerk des Justitiars der Hauptvertretung Berlin, Liebau, vom 2. Mai 1951 betr. Rechtsschutzangelegenheiten, ADCV 121/10+372, Fasz. 01.

[214] Im einzelnen hielt der Gesprächsvermerk über die Kooperation mit der Caritas fest: »Die Hauptvertretung teilt ihm ein Verzeichnis der hier behandelten Fälle unter Angabe des bereits Veranlassten mit. Zur Wahrung des kirchlich-caritativen Charakters der Rechtsschutzarbeit des DCV wird eine Zusammenarbeit mit der Kampfgruppe gegen Unmenschlichkeit und dem Untersuchungsausschuss freiheitlicher Juristen unterbleiben. Herr Dr. Behling wird deshalb alle Mitteilungen des DCV vertraulich behandeln und die genannten Organisationen von sich aus veranlassen, dass sie in den vom DCV bearbeiteten Fällen gegebenenfalls unerwünschte Bemühungen unterlassen. Bei der Bearbeitung der Rechtsschutzfälle wird in gelegentlichen Besprechungen mit Herrn Dr. Behling die erfolgversprechendste Behandlungsweise zu ermitteln versucht werden. Rechtsuchende Angehörige, in deren Fällen der DCV aus irgendwelchen Gründen nicht tätig werden will, können unter schriftlicher Bestätigung an Herrn Dr. Behling gewiesen werden. Herr Dr. Behling wird alle Fälle, in denen sich Personen unter Berufung auf den DCV an ihn wenden, der Hauptvertretung mitteilen«. EBD.

[215] EBD.

rer Sache empfahl mir die Krankenhausfürsorgerin Fräulein Happich [sic] vom Hedwigskrankenhaus als einen versierten und vertrauenswürdigen Rechtsanwalt in Ostberlin Herrn Wolfgang Vogel, Berlin-Friedrichsfeld, Alt-Friedrichsfelde 113 (Tel.: 557575). Ob er selbst katholisch ist, wusste Fräulein Happich nicht. Es empfiehlt sich, bei Inanspruchnahme sich auf Fräulein Happich[216] zu berufen«[217]. Zinke lud den aus der Grafschaft Glatz stammenden Katholiken Vogel zu einem Gespräch in das Ignatiushaus der Jesuiten in die Neue Kantstraße nach Charlottenburg ein. Er bat den gerade 31jährigen Anwalt und vormaligen Hauptreferenten im Justizministerium um anwaltliche Hilfe für Menschen, die sich in ihrer Bedrängnis an den Caritasverband gewandt hatten. Vogel sagte zu und übernahm seitdem einzelne Mandate, u.a. die Vertretung im Begnadigungsverfahren für die 1958 verurteilten Jesuiten[218]. Aus der stillen Übernahme einzelner Mandate erwuchs auch ein gegenseitiges persönliches Vertrauensverhältnis zwischen Zinke und Vogel[219], das zum Fundament für die diskrete Zusammenarbeit Vogels mit der Caritas in Fragen des Freikaufs politischer Häftlinge und v. a. der sogenannten Familienzusammenführung wurde[220].

Der Kontakt zu Vogel, der zu diesem Zeitpunkt noch ohne direkte Unterstützung des Regimes agierte, war nicht unproblematisch. Seit 1953 arbeitete der Ost-Berliner Anwalt konspirativ mit dem MfS zusammen, zunächst als GI »Eva«, dann als GM »Georg«. Vogel, zu dem die Rechtsschutzstelle seit 1955 Kontakt hielt[221], berichtete auftragsgemäß u. a. über deren Arbeit[222]. Auf Weisung des Lei-

---

216 Im Berliner St. Hedwig-Krankenhaus hatte Hapig schon seit Ende der zwanziger Jahre die Grundlagen für eine professionelle Krankenhausfürsorge gelegt und während der NS-Zeit zusammen mit Marianne Pünder Verhafteten und Verfolgten beigestanden. Vgl. P. REINICKE, Art. »Hapig«, S. 226 f.

217 Vgl. Dr. Richter an Zinke v. 19. Dezember 1956, ADCV 121/30+511.211, 1952-1961.

218 Vgl. W. VOGEL, Erinnerungen.

219 Vgl. den Hinweis bei J. SCHMIDTHAMMER, S. 84.

220 Am 18. November 1957 beispielsweise teilte Ingeborg Franz, Mitarbeiterin in der Hauptvertretung Berlin, Zinke in einem Aktenvermerk mit, Rechtsanwalt Hirsch habe 16 Vorgänge von SMT Verurteilten mit der Bitte übermittelt, bei Angehörigen in der DDR Nachforschungen anzustellen. ADCV 121/30+287, Fasz. 01. Bei Hirsch handelte es sich vermutlich um Wolfgang Vogel. Vgl. dazu den Hinweis bei N. PÖTZL, S. 41.

221 Vgl. L. REHLINGER, S. 13.

222 Vgl. DER BEREICH KOMMERZIELLE KOORDINIERUNG, S. 318 f.; außerdem N. PÖTZL, S. 15-57.

ters der Hauptabteilung V der Berliner Staatssicherheit, Heinz Volpert, wurde die Akte »Georg« im März 1957 geschlossen und als gesperrte Ablage archiviert, um »Georgs« weitere Tätigkeit gegenüber anderen MfS-Abteilungen »abzuschirmen«. Nicht zuletzt dem MfS öffneten sich durch den im Dezember 1957 auch in West-Berlin als Anwalt zugelassenen Vogel weitergehende Perspektiven[223].

Durch den Leiter des Sektors Justiz in der Abteilung Staats- und Rechtsfragen im ZK der SED und späteren Generalstaatsanwalt Josef Streit war Volpert dem Rechtsanwalt bereits im Herbst 1956 als Herr »Krügler« bekannt gemacht worden. Im September 1960 übernahm der MfS-Offizier die Führung Vogels und fertigte bis 1966 – zu diesem Zeitpunkt schon in der Funktion des Stellvertretenden Leiters der Hauptabteilung XX – Berichte über Gespräche an, die der mit ihm bald befreundete Vogel mit Anwälten und Vertretern der Bundesregierung wie der Kirchen über die Fragen des Häftlingsfreikaufs und der Familienzusammenführung führte[224]. 1969 wurde Volpert in das Erich Mielke direkt unterstellte »Büro der Leitung«, 1971 dann ins Sekretariat des Ministers versetzt und mit den Sonderaufgaben der Devisenbeschaffung und des Häftlingsfreikaufs betraut. Im Jahr zuvor war er an der Juristischen Hochschule des MfS zum Dr. jur. promoviert worden mit einer – gemeinsam mit Alexander Schalck-Golodkowski verfaßten – Arbeit über die »Vermeidung ökonomischer Verluste und zur Erwirtschaftung zusätzlicher Devisen im Bereich Kommerzielle Koordinierung des Ministeriums für Außenwirtschaft der Deutschen Demokratischen Republik«[225].

Noch bevor jedoch der erste Häftlingsfreikauf verwirklicht wurde, war Zinke an einer der ersten der erfolgreichen deutsch-deutschen Austauschaktionen von Gefangenen beteiligt. Im Februar 1962 hatte die Staatssicherheit den Vorsitzenden der KDSE, Engelbert Nelle, unter dem angeblichen Vorwurf der Fluchthilfe in Ost-Berlin festgenommen[226]. Nach der Verurteilung zu einem Jahr Gefängnis[227] über-

---

223 Vgl. DER BEREICH KOMMERZIELLE KOORDINIERUNG, S. 319.

224 Vgl. EBD.

225 Vgl. EBD., S. 89, 93, 108, 305-320, 480. Zur Person vgl. ANATOMIE DER STAATSSICHERHEIT-MFS-HANDBUCH, Bd. V, 4, S. 74. Volpert hatte intern den Decknamen »Windisch«. Freundliche Mitteilung von Heinz D. Thiel, Berlin.

226 Vgl. die Einzelheiten bei J. SCHMIDTHAMMER, S. 90 f.; N. PÖTZL, S. 132-136; C. WHITNEY, S. 76-78; H. D. THIEL, S. 195.

227 Vogel erhielt von der DDR-Justiz das Pflichtverteidiger-Mandat. Die katholische Kirche in der Bundesrepublik hatte ursprünglich einen Anwalt aus Halle beauftragt, der aus Westdeutschland dorthin übergesiedelt war. Vgl. N. PÖTZL, S. 135.

brachte Vogel einen Vorschlag seines Führungsoffiziers Volpert: Die katholische Kirche solle ihre Kontakte zur Bundesregierung spielen lassen, um Nelle gegen einen in der Bundesrepublik einsitzenden DDR-Wissenschaftler auszutauschen. Mitte Juli 1962 war Nelle wieder frei. In die Verhandlungen einbezogen war namens der Rechtsschutzstelle auch der 34jährige Jürgen Stange[228]; für den West-Berliner Rechtsanwalt war es der Auftakt zu einer mehr als 30jährigen Zusammenarbeit mit Vogel im diskreten humanitären Geschäft zwischen Ost und West, die bis zu Stanges ungeklärter Verstrickung in die »Franke/Hirt-Affäre«[229] im Jahre 1983 währte.

Der Freikauf politischer Häftlinge kam im Sommer 1962 mit einer Initiative der evangelischen Kirche in Gang[230]. Auf Drängen Vogels wurde auch Zinke in die vorbereitenden Gespräche mit einbezogen; auch der Berliner Generalvikar Walter Adolph war beteiligt. Im Rahmen von drei Aktionen gelang es, 1962/63 ca. 100 Häftlinge freizukaufen und ausreisen zu lassen; die von der DDR geforderten Gegenleistungen v. a. in Form von Warenlieferungen vermochte die Evangelische Kirche zu beschaffen[231]. Die kirchlichen Mittel waren allerdings rasch erschöpft; es blieb bei der Abwicklung von drei Häftlingslisten der Kirchen[232]. Um weitere Freikäufe abwickeln zu können, informierten die Kirchen die Bundesregierung. Ihr wollte man nunmehr die Organisation und Finanzierung der Häftlingsfreikäufe überlassen. Neben anderen war es Zinke, der über das Katholische Büro in Bonn auf die grundsätzliche Bereitschaft der Bundesregierung zu den »besonderen Bemühungen (...) im humanitären Bereich«[233]

[228] Anläßlich des Falles »Nelle« trafen Zinke und Stange erstmals zusammen. Freundliche Mitteilung von Heinz D. Thiel, Berlin.

[229] Zum »Franke-Hirt-Prozeß«, bei dem es um das Verschwinden von über die Caritas transferierten, für den Häftlingsfreikauf bestimmten Regierungsgeldern in Höhe von ca. 6 Millionen DM ging, vgl. L. REHLINGER, S. 91-102; C. R. WHITHEY, S. 201-207.

[230] Zum folgenden vgl. R. VON WEDEL, S. 39-57; J. SCHMIDTHAMMER, 79-88; zusammenfassend DER BEREICH KOMMERZIELLE KOORDINIERUNG, S. 306.

[231] Offenbar hatte der ehemalige Staatssekretär im Bundeskanzleramt, Dr. Ludger Westrick, ein Gespräch Zinkes mit dem Vorstandssprecher der Deutschen Bank AG, Hermann Josef Abs, vermittelt. Vgl. Westrick an Zinke, 18. August 1964, ADCV 121/10. 025, Fasz. 01. Zinkes Versuche, katholische Geldgeber für die erste Freikaufaktion aufzutreiben, blieben jedoch erfolglos. Freundliche Mitteilung von Heinz D. Thiel, Berlin.

[232] Vgl. den Vermerk Rehlingers vom 7. September 1964, ADCV 121/7+376.2, Fasz. 02.

[233] So die offizielle Bezeichnung. Vgl. L. REHLINGER, S. 21.

hinwirkte[234]. Gegen Bezahlung eines Pro-Kopf-Satzes wurden Ende 1963 acht politische Gefangene für den Preis von insgesamt 320.000 DM in bar vorzeitig aus der Haft in die Bundesrepublik und das westliche Ausland oder in die DDR entlassen[235].

Für den weiteren Freikauf von Häftlingen wurden zwischen Mai und Juli 1964 durch Vermittlung des Bevollmächtigten der Evangelischen Kirchen bei der Bundesregierung, Bischof Hermann Kunst, tragfähige Regelungen gefunden: In der Verantwortung der Minister für gesamtdeutsche Fragen sollte in Zukunft die Rechtsschutzstelle in Berlin in Zusammenarbeit mit den Anwälten Jürgen Stange und Wolfgang Vogel den »Freikauf« von politischen Häftlingen organisieren und das Diakonische Werk der Evangelischen Kirchen als Treuhänder der Bundesregierung die wirtschaftliche Gegenleistung in Form von Warenlieferungen vermitteln[236]. Bereits im August 1964 tauchten jedoch ernsthafte Hindernisse auf. Die DDR lehnte weitere vergleichbare Groß-Aktionen und die Bundesregierung als Verhandlungspartner ab, nachdem über den ersten erfolgreichen Freikauf von mehreren hundert Häftlingen in der westlichen Presse berichtet worden war[237]. »Die Verhandlungen über Häftlinge stagnieren zur Zeit«, hieß es in einem kirchlichen Aktenvermerk noch im November desselben Jahres. Allein die Kirchen würden als Verhandlungspartner akzeptiert, um Härtefälle und Familienzusammenführungen im kleinen Umfang zu klären. Die Bundesregierung solle Finanzmittel für entsprechende, zwischen den Kirchen und den Advokaten ausgehandelten Aktionen zur Verfügung stellen, die in der nunmehr erprobten Weise abgewickelt werden sollten[238].

---

[234] Freundliche Mitteilung von Prof. Wolfgang Vogel. Zu denen, deren Widerstände im Kanzleramt und im Gesamtdeutschen Ministerium zu überwinden waren, zählt Jens Schmidthammer rückblickend Ludger Westrick, Franz Thedieck und Carl Krautwig. Vgl. J. SCHMIDTHAMMER, S. 92. Zumindest für Westrick trifft dies in dieser allgemeinen Weise nicht zu. Vgl. oben S. 105.

[235] DER BEREICH KOMMERZIELLE KOORDINIERUNG, S. 306; ausführlich sind die Vorgänge geschildert bei L. REHLINGER, S. 22-36; J. SCHMIDTHAMMER, S. 72-78.

[236] Vgl. DER BEREICH KOMMERZIELLE KOORDINIERUNG, S. 307; zu den Abwicklungsmodalitäten vgl. EBD., S. 307-311; vgl. auch L. REHLINGER, S. 49-53; J. SCHMIDTHAMMER, S. 92-95; L. GEIßEL, S. 330-334. Von der Interpretation als humanitäre Hilfsmaßnahme setzen sich kritisch ab W. BRINKSCHULTE/H. J. GERLACH/T. HEISE, Freikaufgewinnler.

[237] Vgl. dazu die Schilderung bei L. REHLINGER, S. 52-63.

[238] Vgl. den ungezeichneten Aktenvermerk vom 23. November 1964, ADCV 121/7+376.2, Fasz. 02.

Die Kirchenkontakte ermöglichten somit prinzipiell, den Freikauf fortzusetzen, derweil die Bundesregierung selbst ihr Augenmerk vorübergehend auf den neuen Komplex der Familienzusammenführung[239] richtete; ein wirkliches Zurück hinter die aktive Beteiligung der Bundesregierung an die Freikaufsverhandlungen jedoch gab es letztlich nicht. An weiteren Aktionen des Häftlingsfreikaufs waren Zinke und die katholische Kirche dann noch insofern beteiligt, als sie an der Zusammenstellung der zu verhandelnden Häftlingslisten mitwirkten. Auf anwaltlicher Ebene waren, wie Jürgen Stange Zinke 1968 mitteilte, seit 1962 »beiderseits anerkannte und beachtete Regeln zur Lösung von Problemen entwickelt [worden], die im beiderseitigen Interesse liegen«; die Medienöffentlichkeit wurde ausgeschaltet, etwaige Einwirkungen des Nachrichtendienstes wurden beseitigt und somit Verhandlungsmöglichkeiten unterhalb der Ebene direkter politischer Kontakte geschaffen[240].

Die guten Verbindungen der katholischen Kirche ins Bundeskanzleramt blieben indessen auch weiterhin wichtig, insbesondere wenn Hindernisse auftauchten[241]. Im August 1966 bat Zinke den Berliner Generalvikar Walter Adolph, in Bonn mit Vertretern der Bundesregierung zu verhandeln. Anläßlich einer konkreten Einzelaktion[242] und des Problems, daß die DDR unter dem Deckmantel der »Namensverwechslungen« nicht benannte Häftlinge auf die Freikauflisten setzte[243], war der Gefangenenfreikauf erneut ins Stocken geraten und drohte gänzlich zum Erliegen zu kommen. Adolph gelang es, die Zustimmung der Bundesregierung zu erhalten. Über Stange wurde Vogel informiert, die DDR-Regierung stimmte dem Ergebnis zu, der Gefangenenaustausch ging weiter[244]. Auch der enge persönliche Kontakt Vogels zu Zinke blieb; Zinke wußte, daß sich Vogel

239 Vgl. dazu unten S. 108-111, 168-185.

240 Vgl. Rechtsanwalt Jürgen Stange an Zinke vom 2. Juli 1968, ADCV 121/7+376.2, Fasz. 02.

241 Mehrfach wandte sich Stange in solchen Fällen an den Leiter des Katholischen Büros, so 1964 und 1966. Vgl. ADCV 121/7+376.2, Fasz. 02.

242 Vgl. die Hinweise bei L. Rehlinger, S. 63 f.

243 Vgl. den ungezeichneten Bericht des Gesamtdeutschen Ministeriums vom 6. Januar 1967, ADCV 121/7+376.2, Fasz. 02.

244 Vgl. Berolinen. Canonizationis Servi Dei Bernhardi Lichtenberg, S. 194. Den Hinweis verdanke ich Dr. Gotthard Klein, Berlin. Vgl. auch den geheimen Aktenvermerk von Staatssekretär Krautwig vom 8. August 1966 sowie das Schreiben Vogels an Stange vom 15. Oktober 1966 über Komplikationen bei der Aktion 1966, ADCV 121/7+376.2, Fasz. 02; außerdem die undatierte handschriftliche Notiz Adolphs, AKZG NL WA 29 b, p. 339.

mit den sogenannten H[äftlings]-Fällen an den Generalstaatsanwalt und an einen Vertrauensmann beim MfS – das war Heinz Volpert – wandte, wie er auch umgekehrt dem Anwalt offenbarte, daß er Kontakte zur Normannenstraße pflegte, die er nutzte, wenn Vogel gescheitert war[245]. Auf seinem Sterbebett mahnte Zinke 1968 den Ost-Berliner Rechtsanwalt: »Avis, Sie müssen weitermachen! Ich passe da oben auf Sie auf!«[246]

Die Gespräche zwischen den christlichen Kirchen, den beiden Advokaten sowie den maßgeblichen Regierungsstellen in der Bundesrepublik und der DDR blieben nicht auf die Frage der politischen Häftlinge beschränkt. Sperranlagen und Mauer hatten Familien wider Willen auseinandergerissen[247]. Es war allerdings nicht nur das humanitäre Anliegen, das den in diesen Fragen wichtigsten Mitarbeiter im Gesamtdeutschen Ministerium, Ludwig Rehlinger, nach den ersten erfolgreichen Freikäufen überlegen ließ, ob nicht auch in gleicher Weise die Familienzusammenführung gelöst werden könne. Die politischen und praktischen Untiefen, die der Häftlingsfreikauf in dieser Anfangsphase für beide Regierungen barg[248], legten es nahe, auch aus taktischen Gründen, dieses Problemfeld anzugehen: »Schon jetzt ist darauf hinzuweisen«, notierte Rehlinger im September 1964, »daß weitere drängende Probleme, insbesondere die Zurückhaltung von Kindern (2.300) und die Familienzusammenführungen von Häftlingen, die vor diesen Bemühungen nach Mitteldeutschland entlassen worden sind, deren Angehörige aber während der Haftzeit nach dem Westen geflohen sind (ca. 400), vorliegen. Es ist vielleicht verhandlungstaktisch angebracht, nach der Abwicklung der laufenden [Freikauf-] Aktion (...) auf diese Gebiete umzuschalten. In ihrem menschlichen und politischen Gewicht müssen sie hoch eingeordnet werden, so daß Fortschritte unter beiden Gesichtspunkten starke Beachtung finden werden. Die Gegenseite

245 Vgl. W. VOGEL, Erinnerungen.

246 EBD.

247 Zum folgenden vgl. L. REHLINGER, S. 68-73; DER BEREICH KOMMERZIELLE KOORDINIERUNG, S. 317; R. v. WEDEL, S. 98-105.

248 Die Bundesregierung mußte vor allem auf geregelte Beschränkungen hinwirken, um dem Eindruck entgegenzuwirken, unbegrenzt hohe Summen für den Freikauf zur Verfügung stellen zu wollen. Die DDR mußte trotz ihres großen Interesses an dem »Geschäft« darauf achten, daß die Unruhe in Staatsapparat und Haftanstalten über diesen – im Wortsinn – »Ausweg« aus der Haft und dem sozialistischen Staat nicht überhand nahm. Vgl. den Vermerk Rehlingers vom 7. September 1964, ADCV 121/7+376.2, Fasz. 02.

würde dadurch gehindert, auf dem einen Gebiet aus den oben dargelegten Gründen durch ständig neue Angebote Druck auszuüben«[249].

Die weitere Entwicklung gab Rehlinger recht, denn schon nach relativ kurzer Zeit konnte Rechtsanwalt Vogel eine positive Entscheidung der DDR-Regierung in dieser Frage mitteilen. Über 2.000 Kinder konnten in die Bundesrepublik zu ihren Eltern ausreisen, ohne daß eine wirtschaftliche oder politische Gegenleistung dafür erbracht werden mußte[250].

Diese erste Aktion war mit Unterstützung des DRK abgewickelt worden[251]. Daß nach den Erfahrungen des Häftlingsfreikaufs ebenso die Kirchen als Verhandlungspartner akzeptiert waren, stieß in der westdeutschen Rotkreuz-Führung auf beträchtlichen Widerspruch. Zum Streitfall wurde Anfang 1966 die sogenannte »Prälatenaktion«: Träger dieser zwischen der Bundesrepublik und der DDR vereinbarten Aktion zur Familienzusammenführung und Kinderrückführung[252] waren »hohe kirchliche Würdenträger, u. a. Herr Bischof D. Kunst und Prälaten der katholischen Kirche«[253]. Daraufhin brachte die westdeutsche DRK-Führung gegenüber der Leitung des Suchdienstes des DRK der DDR ihr Befremden zum Ausdruck, daß diese Verhandlungen nicht von »DRK zu DRK geführt würden« [254]. Als Vogel am 19. März seinen West-Berliner Anwaltskollegen Stange über diesen Vorgang informierte, konnte er ihm zugleich die Entscheidung der politischen Führung mitteilen. Zwar sei die Reaktion des DRK in der DDR noch offen, aber der Generalstaatsanwalt habe ihn ersucht, in geeigneter Form darum zu bitten, daß

---

249 EBD.

250 Vgl. L. REHLINGER, S. 70.

251 Vgl. EBD.

252 Die Ausreise der Kinder und die Familienzusammenführung sollten bis zum Oktober 1966 gegen Bezahlung erfolgen und, ebenso wie eine neu vereinbarte Häftlingsaktion, über die Rechtsanwälte abgewickelt werden. Vgl. den Aktenvermerk Stanges vom 19. März 1966, ADCV 121/7+376.2, Fasz. 02.

253 Vgl. den Aktenvermerk Stanges vom 19. März 1966, ADCV 121/7+376.2, Fasz. 02.

254 Das bundesdeutsche DRK hatte in Person von Dr. Wagner gegenüber der Leiterin des Suchdienstes des DRK der DDR, Frau Hartmann, v. a. moniert, allein der direkte Handlungsweg zwischen den beiden Rotkreuz-Organisationen verhindere, daß die Betroffenen durch Kirchen und Rechtsanwälte Zu-, durch das MdI jedoch ständig Absagen erhielten, und gefordert, eine beiderseitig besetzte Rotkreuz-Kommission zu bilden und mit Regierungsvollmacht auszustatten. Vgl. EBD.

das bundesdeutsche DRK seine Bemühungen um eine Beteiligung an den Verhandlungen einstelle[255].

Die Bedeutung dieser Entscheidung sollte sich schon in den kommenden Monaten erweisen: Zu Beginn des Jahres 1966 hatte die DDR-Regierung zugesagt, rund 1.000 Kinder im Rahmen der besonderen Bemühungen ohne wirtschaftliche Gegenleistungen in die Bundesrepublik ausreisen zu lassen. Dann diente ihr der spektakuläre Kinderfall »Martina W.«[256] als Vorwand, um weitere Ausreisegenehmigungen zu verweigern. Der Knoten wurde auf der schon erwähnten Besprechung im August 1966 im Bundeskanzleramt unter Mitwirkung des Berliner Generalvikars Walter Adolph gelöst: Der Streitfall »Martina W.« wurde ausgeräumt, und durch die enge Verzahnung der Kinderrückführungsfrage mit dem Häftlingsaustausch konnte für zuerst 50, später 100 Kinder die Ausreisegenehmigung erreicht werden[257].

Als man im Januar 1967 im Gesamtdeutschen Ministerium Bilanz zog[258], konnten sich die Kirchen in ihren – auch früheren[259] –

---

[255] L. REHLINGER, S. 70 hingegen hebt die Rolle des DRK bei der Lösung der ersten Fälle von Familienzusammenführung hervor. Ebenso wie die Bemühungen des DRK wurden auch die Versuche des westdeutschen Rechtsanwalts Dieter Posser und des über die Grenzen der DDR hinaus bekannten Anwalts Friedrich Kaul unterbunden, sich in den Häftlingsfreikauf einzuschalten. Vgl. dazu das Schreiben von Jürgen Stange an den Leiter des Katholischen Büros in Bonn, Prälat Wilhelm Wissing, vom 21. Dezember 1964, wonach Vogel mitgeteilt habe, daß bei der Generalstaatsanwaltschaft der DDR ein Rechtsanwalt Dr. Posser aufgetaucht sei und sich als der maßgebliche, von einem protestantischen Kirchenführer beauftragte Verhandlungsführer vorgestellt habe; Vogel fordere Diskretion. ADCV 121/7+376.2, Fasz. 02. Vgl. auch die Hinweise bei N. PÖTZL, S. 151-161.

[256] Vgl. dazu J. SCHMIDTHAMMER, S. 101-113.

[257] Vgl. den Aktenvermerk Krautwigs vom 8. August 1966 sowie den ungezeichneten Bericht des Gesamtdeutschen Ministeriums vom 6. Januar 1967, ADCV 121/7+376.2, Fasz. 02.

[258] Vgl. den ungezeichneten, vermutlich von Ludwig Rehlinger verfaßten Bericht des Gesamtdeutschen Ministeriums vom 6. Januar 1967, ADCV 121/7+376.2, Fasz. 02.

[259] Ein führender Vertreter des Internationalen Roten Kreuzes in Genf, ein Katholik, hatte bereits 1964 in Rom in einer Privataudienz Papst Paul VI. gebeten, einen öffentlichen Appell an die östliche und die westliche Seite zu richten, um das Zustandekommen einer Regelung in der Frage der Familienzusammenführung durch gegenseitige Konzessionen zu ermöglichen. Paul VI. sicherte eine Prüfung mit »dem grössten positiven Interesse« zu. Vgl. den abschriftlichen, mit »H. H. B.« gezeichneten Bericht vom 27. Mai 1964, AKZG NL WA 20 m, p. 137-140.

Bemühungen um die Zusammenführung getrennter Familien bestätigt sehen. 1966 waren 728 Familienzusammenführungen und 100 Kinderrückführungen erreicht worden. Und die Regierungen in Bonn und Ost-Berlin waren grundsätzlich bereit, diesen Weg weiterzugehen. »Finanziell«, hieß es in dem Bericht, »könnte an folgende Größenordnung gedacht werden: 1. Familienzusammenführung – 40 Listen zu je 26 Personen à 300.000,- DM = 12 Mio DM, zuzüglich 2.200 Häftlinge à 40.000,- DM = 8 Mio. DM, insgesamt 20 Mio. DM. Sollte die SBZ grundsätzlich ihre Bereitschaft zu weiteren Verhandlungen erklären, ist damit zu rechnen, daß ein größerer Umfang angestrebt wird«[260]. Daß diese Bereitschaft durchaus vorhanden war, hielt der Bericht ebenfalls fest: »Prälat Zinke teilt mir mit, daß er den Eindruck habe, RA Vogel bereite schon jetzt neue Listen mit Familienzusammenführungsfällen vor. Nach den Erfahrungen bin ich sicher, daß es sich tatsächlich so verhält, insbesondere weil RA Stange angedeutet hat, die SBZ sei zu weiteren Verhandlungen über Häftlingsentlassungen, Familienzusammenführungen und Kinderrückführungen auf der bisherigen Basis bereit«[261]. Die zwischen 1966 und 1967 erreichten Verhandlungsergebnisse wurden zur Grundlage für die Durchführung der Familienzusammenführung[262]; bis 1989 wurde auf diesem Wege mehr als 250.000 Personen die Ausreise aus der DDR ermöglicht[263].

2.4 Erfolglose Zersetzungsversuche der Dienststelle des Staatssekretärs für Kirchenfragen und des MfS

Die Errichtung von Mauer und Stacheldraht hatte – wie gesehen – für die katholische Kirche und die Caritas in der DDR und Berlin vor al-

260 Ungezeichneter, vermutlich von Ludwig Rehlinger verfaßter Bericht des Gesamtdeutschen Ministeriums vom 6. Januar 1967, ADCV 121/7+376.2, Fasz. 02.

261 Ebd.

262 Seitdem wurden die vom Gesamtdeutschen Ministerium bzw. den Kirchen zusammengestellten Listen mit Übersiedlungsersuchen über Rechtsanwalt Stange an Wolfgang Vogel weitergeleitet. Vogel stimmte die Listen dann zunächst mit der Zentralen Koordinierungsgruppe (ZKG) im MfS ab, erstellte daraufhin eine sogenannte F[amilien]-Liste, die als Grundlage für die Besprechungen mit dem Gesamtdeutschen Ministerium diente. In der dann erstellten L-Liste waren jene Personennamen aufgeführt, die in die Bundesrepublik ausreisen durften. Schließlich verzeichnete eine FA[usreise]-Liste abschließend, wer tatsächlich ausgereist war. Vgl. Der Bereich Kommerzielle Koordinierung, S. 317.

263 Vgl. ebd.

lem zwei Auswirkungen: Zum einen begann sich der kirchenpolitische Schwerpunkt nach Ost-Berlin und hier besonders auf das Berliner Ordinariat mit seinem Bischof Bengsch an der Spitze zu verlagern. Zum anderen wuchs die Zahl der Probleme und Aufgaben, die kirchenpolitische Gespräche mit den verschiedenen Regierungsstellen erforderlich machten, so daß eine Verteilung der vorwiegend auf Zinke konzentrierten Lasten auf Dauer unumgänglich war.

Als Zinke sich im Herbst 1964 infolge eines Herzinfarktes mehrere Wochen im Hedwigskrankenhaus behandeln lassen mußte, kam die kirchliche und caritative Arbeit ins Stocken. »Die Direktoren (...) klagen sehr«, notierte Caritaspräsident Stehlin in einem internen Bericht, »daß seit der Erkrankung von Prälat Zinke alles stagniere«; Berge von unerledigten Akten könnten nicht bearbeitet werden, »weil Zinke keine entsprechenden Anweisungen« gebe und auch nicht zulasse, »daß Dr. Wuttke[264] oder sonst jemand die Dinge erledigt«[265]. Ende Dezember notierte der in der Freiburger Caritaszentrale agierende Martin Vorgrimler über seinen Freund Zinke: »Gesundheitlich geht es ihm befriedigend. Der Infarkt ist vollständig geheilt; die Angina pectoris ist geblieben. Er geht 4 mal pro Woche in den Osten«[266]. Zinke fiel es offenkundig schwer, Aufgaben wirklich abzutreten. Zweifellos aber war ihm auch bewußt, daß die staatlichen Organe auf die führenden Caritasmitarbeiter Druck ausüben würden.

In der Tat suchten die Dienststelle des Staatssekretärs für Kirchenfragen und das MfS die personellen Veränderungen in der Caritasführung in ihrem Sinne für inoffizielle Informationen oder gar Gesprächskontakte zu nutzen. Das MfS konnte bei seinen Zersetzungsversuchen auf einen zunehmend professionalisierten kirchenpolitischen Apparat zurückgreifen. Gemessen an der personalpolitischen Entwicklung des MfS ingesamt führte die Hauptabteilung XX/4 ein Schattendasein[267]. Gleichwohl ist im Vergleich zu den Vorjahren eine zunehmende Spezialisierung unverkennbar. Auch rück-

---

[264] Dr. Alois Wuttke, * 20. März 1899 in Breslau, geweiht 2. März 1924, 1927 Ordinariatsrat in Breslau, 1946 Vertreter des Erzbischöflichen Amtes Görlitz in Berlin, 1954 Domkapitular, 1958 Prälat, 1962 Stellv. Leiter der Hauptvertretung Berlin(-West) des Deutschen Caritasverbandes, † 26. August 1985. Vgl. ORTS- UND PERSONENVERZEICHNIS DES ERZBISCHÖFLICHEN AMTES GÖRLITZ 1961, S. 74; Mitteilung von Caritaspräsident Hüssler an die Abteilungen und Referate im Hause vom 13. August 1962, ADCV 121, Fasz. 6.

[265] Vgl. den Bericht Stehlins vom 19. Oktober 1964, ADCV 121 HV-Berlin, Fasz. 06

[266] Aktennotiz Vorgrimler vom 30. Dezember 1964, ADCV 121, Fasz. 6.

[267] Vgl. C. VOLLNHALS, Kirchenpolitische Abteilung, S. 90; B. SCHÄFER, Staat, S. 205 f.

ten seit Ende der sechziger Jahre Leiter an die Spitze der Referate, die in kirchenpolitischen Fragen erfahren waren. Bis in die fünfziger Jahre waren vornehmlich proletarische Herkunft und politische Zuverlässigkeit für die Besetzung dieser Führungspositionen ausschlaggebend gewesen[268].

Die Auswirkungen einer intensivierten Überwachung durch die Staatssicherheit seit dem 13. August 1961 hatte die Caritas rasch zu spüren bekommen. Daß sich der Focus besonders auf Berlin richtete, lag auf der Hand. War Caritasrektor Rudolf Hoffmann während seiner fünfjährigen Zeit in der Hauptvertretung Berlin offenbar unbehelligt geblieben[269], so unternahmen zunächst die Dienststelle des Staatssekretärs für Kirchenfragen und dann v. a. das MfS 1964 um so heftigere Anstrengungen, um gegen den (Ost-)Berliner Caritasdirektor Rothkegel und den Stellvertretenden Leiter des Ost-Büros der DCV-Hauptvertretung, Lewicki, vorzugehen.

Den Auftakt bildeten die Auseinandersetzungen um das Heiligenstädter Kinderheim, gegen das der Staat im Frühjahr 1963 gezielt vorging[270]. Im Stile früherer Jahre verlegte der Rat des Bezirks Erfurt dreißig Kinder gegen den Willen der Eltern aus dem Raphaelsheim in staatliche Kinderheime und stieß damit auf heftige Gegenwehr der katholischen Kirche[271]. Die Dienststelle des Staatssekretärs für Kirchenfragen versuchte offenbar, den Protest Rothkegels gegen die staatlichen Maßnahmen in Heiligenstadt für eine Kontaktaufnahme zu

---

268 Vgl. die Übersicht S. 114 f.; C. VOLLNHALS, Kirchenpolitische Abteilung, S. 85 f, 91.

269 Das MfS ließ ihn beobachten und fertigte am 12. August 1961 einen Auskunftsbericht an. BSTU MfS AP 21681/92, p. 3-5. bzw. p. 1. Die wenigen bisher aufgetauchten Blätter lassen weitergehender Aussagen nicht zu. Immerhin scheint der Auskunftsbericht im Kontext eingehenderer Recherchen über die engen Mitarbeitern Zinkes in der Hauptvertretung zu stehen; denn mit dem gleichen Datum verfaßte das MfS auch einen Bericht über Martin Zange. Vgl. BStU MfS AP 12419/92, p. 13.

270 Vgl. die in der Dienststelle des Staatssekretärs für Kirchenfragen angefertigte Aktennotiz vom 5. November 1962 über den Besuch der Kollegin Herzog betr. Maßnahmenvorschläge gegen das Raphaelsheim Heiligenstadt. Handschriftlich vermerkte der für ökonomische und juristische Fragen zuständige Abteilungsleiter Ernst Kusch: »Nach Rücksprache m. Staatss. am 8.11.1962 m. 1. Stellv. Bez. Erfurt ansprechen (absprechen?)«. BARCH DO 4, Nr. 1660. Zu Kusch vgl. auch T. RAABE, S. 69 f.

271 Vgl. das Telegramm von Freusberg an Ulbricht vom 18. Februar 1963 betr. Protest gegen staatliche Übergriffe auf St. Raphaelsheim, Heiligenstadt, AKZG NL WA 32 g, p.238.

Entwicklung der Bearbeitung der »katholischen Kirche« im Rahmen der Hauptabteilung V bzw. XX »Staatsapparat, Kirche, Kunst, Kultur, politische Untergrundtätigkeit«[272]

Ministerielle Struktur	**1950**	**1952**[273]	**1954**[274]	**1964 -1989**
Haupt-abteilung			V[275] ——— *Leiter:* **1954-1955:** Bruno Beater **1955-1963:** Fritz Schröder	XX ——— *Leiter:* **1964-1989:** Paul Kienberg *Stellv. Leiter:* **1964-1969:** Heinz Volpert **1969-1982:** Hans Ludwig
Abteilungen	VI	V	4: Kirchen und Religions-gemeinschaften ——— *Leiter:* **1955-1957:** Willi Butter *Stellv. Leiter:* **1955-1957:** Hans Ludwig *Leiter:* **1957-1969:** Hans Ludwig *Stellv. Leiter:* **1962-(1969):** Franz Sgraja	4: Kirchen und Religions-gemeinschaften ——— *Leiter:* **bis 1969:** Hans Ludwig *Leiter:* **1969-1979:** Franz Sgraja *Leiter:* **1979-1989:** Joachim Wiegand *Stellv. Leiter:* **1979-:** Klaus Roßberg
Referat		E: Kirchen und Sekten	*I: Evangelische Kirche* *Leiter:* **1954-1962:** Franz Sgraja	*I. Evangelische Kirche* *Leiter:* **1967-1979:** Klaus Roßberg

272 Vgl. EBD., S. 81-98; D. GRANDE/B. SCHÄFER, Kirche im Visier, S. 34 f.

273 Vgl. G. BESIER/St. WOLF, S. 163-167.

274 Vgl. EBD., S. 189-192.

275 Die HA V entstand aus der Zusammenlegung der Abteilungen V und VI.

Ministerielle Struktur	1950	1952[270]	1954[271]	1964 -1989
Referat			**1962-1975:** Hans Buhl *II: Katholische Kirche* *Leiter:* **1954-1962:** Arno Schulz	*II: Katholische Kirche*[276] *Leiter:* **1962-1975:** Hans Buhl bzw. Helmut Wegener (spätestens seit **1972**) **1975-1989:** Hans Baethge *Stellv. Leiter:* Werner Sprotte
Sachgebiet / Arbeitsgruppe	»Sachgebiet Kirchen«	II: Katholische Kirche und dazugehörige Organisationen	Caritas (1959)[277]	
Operativgruppe		4: Caritas		

nutzen. Der Berliner Bischof Bengsch untersagte daraufhin Rothkegel, der Aufforderung zum »Gespräch« nachzukommen, und schickte im April 1964 seinen kirchlichen Beauftragten Drews zu einer grundsätzlichen Aussprache mit dem Stellvertreter des Staatssekretärs. Drews unterstrich nachdrücklich die grundsätzliche Trennung zwischen Staat und katholischer Kirche in Fragen der Zuständigkeit für den Klerus[278]. Zusätzliche Gesprächskontakte auf diesen

[276] Das Referat umfaßte unter Baethge weitere hauptamtliche Mitarbeiter: Werner Sprotte, Bernd Thieme, Dieter Leutloff, Heinz Nordt.

[277] Ein eigenes Sachgebiet »Caritas« ist für 1959 nachgewiesen. Sachbearbeiter war Unterleutnant Baldauf. Vgl. BSTU MfS HA XX/4 Nr. 2696, Bl. 159.

[278] Drews wies namens seines Bischofs den Vorwurf zurück, der kirchliche Einspruch gegen einen solchen Gesprächskontakt sei ein verfassungsfeindlicher »Angriff gegen die Staatsorgane«. Im Unterschied zum Standpunkt der evangelischen Kirche hätten sich die katholischen Geistlichen zunächst nach den kirchlichen Gesetzen zu richten und agierten keineswegs als Privatpersonen. Dem Vorwurf, der Caritasverband könne nicht – wie Caritasdirektor Rothkegel für die aus Heiligenstadt verlegten Kinder – eine Rechtsvertretung von DDR-Bürgern

Ebenen über Caritasangelegenheiten waren nach Auffassung des Vorsitzenden der Berliner Ordinarienkonferenz nicht opportun[279].

Wenige Wochen später bot sich dem MfS die Gelegenheit, Druck auf Rothkegel wie auch auf Lewicki auszuüben. Über Rothkegel lag zu diesem Zeitpunkt bereits anderes belastendes Material über illegale Finanztransfers vor[280], das in den Augen des MfS ausreichte, um ein Ermittlungsverfahren einzuleiten[281]. Über Lewickis Tätigkeit war das MfS ebenfalls klar im Bilde[282]. Die Adressen beider Geistli-

wahrnehmen, begegnete Drews mit dem Hinweis auf die fürsorgerische Funktion, die der Caritasverband in diesem Fall wahrgenommen habe. Vgl. den Bericht über Besprechung Flint/Kusch/Rupprecht – Drews/Groß vom 23. April 1964, BAEF ROO A VIII, 6, Teil 1; vgl. außerdem das Protokoll der Berliner Ordinarienkonferenz vom 11. Juni 1961, AKZG NL WA 33 l, p. 100; die Frage der Rechtsvertretung durch den Caritasverband wird hier allerdings nicht erwähnt. In gleicher Weise wurden innerkirchlich im Juni 1964 die staatlichen Versuche unterbunden, auf Bezirksebene in regionale Verhandlungen über Fragen der beruflichen Ausbildung von Krankenschwestern einzusteigen. Vgl. den Bericht betr. Konfessionelle Krankenpflegeschulen. BAEF C IV a 1 a, 1968-1988. Der ungezeichnete Bericht vom 1. Juli 1964 trägt den handschriftlichen Vermerk »1.) Verhandlungen z. St[aatssekretariat] f[ür] K[irchenfragen] haben nicht stattgefunden. 2.) Verhandlungen werden *nur* zentral geführt, nicht auf Bezirksebene. 3.) einheitl. kirchl. Ausbildungsplan.«

279 Gänzlich unterbinden konnte Bengsch solche Initiativen, zumal auf der Ebene der »Jurisdiktionsbezirke – Rat der Bezirke«, nicht. Vgl. B. SCHÄFER, Staat, S. 186-198. – Am 10. Juli 1962 fand mit Wissen von Weihbischof Rintelen eine Besprechung zwischen Vertretern des Rates des Bezirks Magdeburg (Langer u. Bellstedt) und dem Verantwortlichen der Caritas im Kommissariat Magdeburg (Solbach und Hubrich) statt. Es ging um die Räumung von Kinderheimen im 5-km-Sperrgebiet. Vgl. AKZG NL WA 33 e, p. 295-296.

280 Vgl. dazu oben S. 41-44.

281 Vgl. den Aktenvermerk der HA XX/4 vom 10. Juli 1964, BSTU MfS AIM 6973/73, Bd. I,1, p. 138.

282 Die Staatssicherheit war noch *vor* der offiziellen Ernennung Lewickis zum Caritasdirektor und Hausgeistlichen des St. Josephsheims in der Pappelallee entsprechend informiert. »Aus Gesprächen[,] die am Sonntag dem 6.5.62 in Alt-Buchhorst geführt wurden[,] ging hervor, daß der bisherige Rektor des Christian-Schreiber-Hauses Wolfgang Lewicki[,] Pfarrer, als Caritas-Direktor eingesetzt werden soll. Der Einsatz soll demnächst erfolgen«, hieß es in einer »Information« des MfS vom 10. Mai 1962. Vgl. die Information von Oberleutnant Döme vom 10. Mai 1962, BSTU MfS AP 13213/92, p. 5. Ob Lewicki selbst zu den Gesprächspartnern gehörte, muß offen bleiben. Die Bedeutung der Nachricht vermochte dessen Verfasser, Oberleutnant Döme, jedoch nicht unmittelbar zu erfassen; er sah in Lewicki den Nachfolger für den (Ost-)Berliner Caritasdirektor Rothkegel. In einem zwei Jahre später verfaßten Auskunftsbericht herrschte dann allerdings Klarheit. Lewicki sei Nachfolger von

chen waren ohne deren Wissen im Zusammenhang mit einem illegalen Ausreiseversuch im Mai 1964 als Unterschlupfmöglichkeiten aufgetaucht[283]. Die weiteren Nachforschungen hatten überdies ergeben, daß der junge Berliner Kaplan und spätere Caritasdirektor Roland Steinke auf Bitten einer westdeutschen Bekannten den Flüchtlingen Ende März seine Wohnung für ein vorbereitendes Treffen mit einer Schleuserorganisation zur Verfügung gestellt hatte, ohne von der Absicht der als Familientreffen getarnten Begegnung zu wissen. Am 13. und 14. Juli wurden alle drei Kleriker daraufhin durch Beamte des MfS vernommen. In der hochsensiblen Phase der Organisierung des Häftlingsfreikaufs sah sich die katholische Kirche mit dem Vorwurf konfrontiert, illegale Schleuserorganisationen zu unterstützen und Beihilfe zur Republikflucht zu leisten.

In einer Besprechung am 18. Juli in der Normannenstraße erreichte Zinke, daß alle drei Geistlichen letztlich unbehelligt blieben. In Abstimmung mit dem in West-Berlin residierenden Generalvikar Walter Adolph[284] wurden die vom MfS erbetenen zwei Stellungnahmen am 28. Juli verfaßt und am 1. August von Zinke übergeben. Der für die Geistlichen zuständige Erzbischof Bengsch distanzierte sich sowohl von jedwedem illegalen Finanztransfer[285] wie auch von der

Zinke in der »Geschäftsstelle des Deutschen Caritas-Verbandes, Berlin N 4, Große Hamburger Str. 5-11, da Zinke als Westberliner Bürger dieses Amt in der DDR nach dem 13.8.1961 nicht mehr ausüben konnte. Diese Geschäftsstelle des Deutschen Caritasverbandes ist die Zentrale für alle Caritas-Stellen, die im Gebiet der DDR bei den einzelnen katholischen Kirchenleitungen existieren«. Auskunftsbericht vom 14. Mai 1964, BSTU MfS AP 13213/92, p. 2.

283 Vgl. die Information der HA XX/4 vom 1. August 1964, und den Bericht über Rothkegel vom 23. August 1966, BSTU MfS AIM 6973/73, Bd. I,1, p. 160-164, 165-167.

284 Vgl. den ungezeichneten Aktenvermerk vom 25. Juli 1964. »II. In der Angelegenheit Lewicki, Steinke und Rothkegel ist eine zusammenfassende Stellungnahme der Kirchenleitung (hier wohl des Ordinariats) erforderlich, daß die Genannten von sich aus mit Schleuser-Organisationen nichts zu tun haben und keinen Kontakt hatten. Wenn dabei aufgeklärt werden kann, wie es zu der Benennung der 3 Namen gekommen ist, wäre dies von Bedeutung. Wenn bei dieser Gelegenheit zum Ausdruck kommen kann, wie die Kirchenleitung zu dieser Betätigung überhaupt steht, wäre das sehr wertvoll«. AKZG NL WA 33 e, p. 406.

285 In der Stellungnahme »Betr. Angelegenheit Rothkegel« hieß es: »Es wird ausdrücklich bemerkt, daß die Angelegenheit von kirchlicher Seite zur Sprache gebracht worden ist. Exz. Erzbischof Dr. Bengsch fordert immer wieder, daß finanzielle Hilfen für kirchliche Anliegen ausschließlich auf dem Transferwege getätigt werden«. BSTU MfS AIM 6973/73, Bd. I,1, p. 159. Vgl. auch AKZG NL WA 33 e, p. 407.

Unterstützung für illegale Schleuserorganisationen[286]. Das MfS resümierte triumphierend: »Bei der Unterredung mit dem Beauftragten entstand der Eindruck, daß der Kirchenleitung und insbesondere Erzbischof Bengsch diese Angelegenheit höchst peinlich ist. Es wurde angefragt, ob diese Geistlichen mit noch weiteren Vernehmungen rechnen müssen«[287].

Ein weitergehender Zersetzungserfolg des MfS war hingegen verhindert worden, auch wenn Ende 1964 die für die Sicherung der Volkswirtschaft zuständige Hauptabteilung XVIII, offenbar gemeinsam mit der Hauptabteilung XX/4, Lewicki von neuem nachstellte. Der Versuch, den in diesen Jahren u. a. mit dem Gesundheitsministerium über die Fragen der Pflegekostensätze verhandelnden Caritasdirektor zu bespitzeln, scheiterte allerdings an der mangelnden Eignung des IM[288]. Ob der nach seinem Herzinfarkt im Herbst 1964 gesundheitlich deutlich angeschlagene Zinke an seiner Statt Lewicki damit betraute, einzelne caritasrelevante Angelegenheiten mit dem MfS zu klären, muß offen bleiben.

Theodor Hubrich war bereits vor seiner Ernennung zum Magdeburger Caritasdirektor (1959) einige Male von Volkspolizei und Staatssicherheitsdienst besucht und »revisionistischer« Kontakte zur Ostpriesterhilfe bezichtigt worden[289]; er hatte deshalb wiederholt, aber vergeblich seine Exkardination aus seiner Glatzer Heimatkirche zu erreichen versucht[290]. Doch erst als der Magdeburger Bezirksver-

---

[286] Vgl. die abschriftliche Anlage 1 zur Information über eine Besprechung mit dem Beauftragten von Bengsch (d. i. Zinke) vom 1. August 1964, BStU MfS AIM 6973/73, Bd. I,1, p. 160-164. In der Stellungnahme »Betr. die Angelegenheit Steinke, Lewicki und Rothkegel« hieß es dann: »Abschließend ist darauf hinzuweisen, daß jewede Zusammenarbeit mit Schleuserorganisationen von der Kirchenleitung nicht gebilligt wird und daß auch die Geistlichen entsprechend unterrichtet und angewiesen sind« (p. 162).

[287] Information der HA XX/4 vom 1. August 1964, BStU MfS AIM 6973/73, Bd. I,1, p. 161.

[288] Vgl. die undatierten abschriftlichen und handschriftlichen Notizen über Lewicki, BStU MfS AP 13213/92, p. 38-41.

[289] Vgl. den Aussprachebericht der Hauptabteilung V/4/II vom 6. Dezember 1956, einen Aktenvermerk vom 21. September 1956 über eingegangene Materialien der Bezirksverwaltung Leipzig zur Ostpriesterhilfe und einen Strukturplan zu Verbindungen des Priesters Hubrich, BStU MfS AP 22019/92, p. 16-27; Vgl. die Ermittlungsanfrage der Hauptabteilung V/4 an die Magdeburger Bezirksverwaltung des MfS vom 24. September 1956, MfS HA XX/4, Nr. 3202, p. 1-7.

[290] Vgl. M. Hirschfeld, S. 142. Der für Hubrich zuständige Glatzer Großdechant Monse wußte demnach um die Pressionsversuche des SSD.

waltung im Januar 1958 – also bereits ein Jahr vor der Amtsübernahme – inoffiziell bekannt wurde, Hubrich sei für die Position des Magdeburger Caritasdirektors vorgesehen, faßte man den Entschluß, ihn als »Kontaktperson« anzusprechen[291]. Der ausführliche Plan für die Zusammenkünfte, bei denen Hubrichs Unterstützung für die Einrichtung operativer Technik gewonnen werden sollte[292], scheiterte: Eine Verpflichtung sei zwar nicht möglich, hieß es im abschließenden Vermerk, doch durch indirekte Gesprächsführung könne man vorerst einige »informatorische Seiten der katholischen Kirche erfahren«[293].

Ob mit Hubrichs Wechsel nach Berlin neue Gesprächskontakte mit dem MfS in Gang kamen, läßt sich aufgrund bisher fehlender Quellen nicht sagen. Im Einvernehmen mit Bischof Bengsch beauftragte Zinke vermutlich seinen neuen Mitarbeiter in Ost-Berlin damit, in einzelnen Fällen an seiner Statt mit dem MfS zu sprechen. Bei seinen Bemühungen, den Magdeburger Caritasdirektor an seine Seite zu holen, hatte Zinke offenbar von Beginn an daran gedacht, ihn auch mit Aufgabenbereichen des Commissariats zu betrauen und damit als seinen verlängerten kirchenpolitischen Arm in Ost-Berlin einzusetzen[294]. Immerhin hatte Hubrich bereits während seiner Mag-

---

[291] Vgl. den abschriftlichen Bericht von GM »Kurt« vom 29. Januar 1958, BStU MfS HA XX/4, Nr. 3202, p. 9. In der Tat hatte Weihbischof Rintelen bereits zu Beginn des Jahres bestimmt, daß Hubrich das Amt des Caritasdirektors übernehmen solle, allerdings nicht schon – wie »Kurt« dem MfS mitteilte – im Frühjahr, sondern erst Ende 1958. Vgl. M. HIRSCHFELD, S. 142.

[292] Vgl. den Plan über Gespräche und Zusammenkünfte mit Vikar H[ubrich], 17. Februar 1958, BStU MfS HA XX/4, Nr. 3202, p. 15.

[293] Bericht vom 7. März 1958, BStU MfS HA XX/4, Nr. 3202, p. 22.

[294] Mit Zustimmung von Bengsch hatte sich Zinke am 13. März 1964 an den für Hubrich zuständigen Magdeburger Weihbischof Rintelen gewandt und die Bitte um die Freigabe Hubrichs für die Aufgaben in Berlin mit der wachsenden Zahl an Aufgaben und seiner »räumlichen Behinderung« begründet. Zinke wies dabei v. a. auf die caritativen Aufgaben der Kinderfürsorge, der Aus- und Weiterbildung der Kindergärtnerinnen sowie der Altenhilfe hin, die Lewicki wegen des Umfangs allein nicht mehr bewältigen könne. Bemerkenswert ist allerdings, daß Zinke am Anfang wie am Schluß seines Briefes auf seine Arbeit im Commissariat seit dem Mauerbau verwaist. »Am heutigen Tage«, hieß es gleich zu Beginn, »sind es 2 Jahre und 7 Monate, in denen ich meinen Dienst im Commissariat und im DCV in der Ihnen bekannten Weise tun darf. Ich sage ausdrücklich, tun darf, weil die Weiterführung meiner bisherigen Arbeit mir wirklich ein besonderes Geschenk Gottes bedeutet (...) Abschließend bitte ich Ew. Exzellenz noch einmal sehr herzlich um die Gewährung meines Anliegens. Sie würden mir helfen, den Aufgabenbereich des Commissariats, der

deburger Zeit gemeinsam mit dem Caritas-Vorsitzenden Heinrich Solbach verschiedene Gespräche mit dem Rat des Bezirkes über Konflikte in Caritasangelegenheiten geführt[295]. Und an seiner neuen Wirkungsstätte war Hubrich 1966/67 an den wichtigen Besprechungen mit dem Staat über die kirchlichen West-Ost-Transfers bzw. die kirchliche Vergütungsregelung beteiligt[296]. Die Registrierung als IM sollte allerdings erst 1970 erfolgen.

2.5 Zusammenfassung

Der »differenzierende« und damit auch kontrollierend-steuernde Einfluß des MfS auf die Caritas in der DDR blieb auch im Jahrzehnt nach dem Mauerbau aus. Dies war zuerst und vor allem einer kirchlicherseits gewollten und von der Staatssicherheit akzeptierten »Gesprächspolitik« zu verdanken. Im Kontext einer allgemeinen politischen Abstinenz der katholischen Kirche blieben diese »Gesprächskontakte« weitgehend auf die Person des Johannes Zinke beschränkt. Der Caritasmann und Prälat in kirchenpolitischer Schlüsselstellung handelte pragmatisch zum Wohle von Kirche und Caritas jenseits von Mauer und Stacheldraht; er verband dabei Loyalität gegenüber seiner Kirche und persönliche Integrität mit einer gleichermaßen hartnäckigen wie verbindlichen Verhandlungspraxis, was ihn zu einem vertrauenswürdigen Gesprächspartner staatlicher Stellen auf beiden Seiten des Eisernen Vorhangs werden ließ.

Auf diese Weise war Zinke beteiligt, als 1966 der kirchliche Devisentransfer von West nach Ost organisiert wurde, der Kirche und Caritas das finanzielle Überleben sicherte. Vor allem aber am Zustandekommen des Freikaufs politischer Häftlinge, der Familienzusammenführung und Kinderrückführung bis Mitte der sechziger Jahre hatte er erheblichen Anteil. Dabei kamen ihm seine vertrauens-

auch heute noch einen beträchtlichen Umfang hat, sorgfältiger und besser zu bewältigen, wie es unserer Situation und der Bedeutung dieser Anliegen zukommt«. Vgl. Zinkes Schreiben an Rintelen vom 13. März 1964, ADCV 121 HV-Berlin, Fasz. 06, 1961 ff.

295 Vgl. die Verhandlungen über die Umprofilierung des Kinderheims Sandau in ein Altenheim im Frühjahr 1959, ADCV 121/30+823.1, Fasz. 02, ADCV 121/10+347, Fasz. 01. Vgl. auch die Besprechung zwischen den Herren Langer (Rat des Bez. Magdeburg)/Bellstedt (Referent f. Kirchenfragen) und Solbach/Hubrich am 10. Juli 1962 betr. Räumung v. Heimen im 5-km-Sperrgebiet, AKZG NL WA 33 e, p. 295-296. – Hubrichs und Solbachs Gesprächsgegenüber, Fritz Bellstedt, war bis zu seinem Wechsel nach Magdeburg hauptamtlich für das MfS tätig gewesen. Vgl. D. GRANDE/B. SCHÄFER, Kirche im Visier, S. 30.

vollen Verbindungen zugute, die er sowohl zu dem mit der Lösung der humanitären Probleme betrauten Rechtsanwalt Vogel besaß als auch – vermittelt durch das Katholische Büro und den Berliner Generalvikar Adolph – zur Bundesregierung in Bonn.

Daß die Schnittstellen dieser für Kirche und Caritas bedeutsamen Arbeitsgebiete auf der staatlichen Seite mit hochrangigen MfS-Offizieren wie Volpert, Roigk und Seidel besetzt waren, die steuernden Einfluß auf das Geschehen nahmen, dürfte Zinke geahnt wenn nicht sogar gewußt haben. In Ab- und Übereinstimmung mit den Bischöfen Döpfner und Bengsch suchte er überdies den direkten Kontakt zum MfS, wobei anfangs konkrete Einzelfallhilfe und nicht kirchenpolitische Taktik handlungsleitend waren. Gleichwohl trug Zinke damit zugleich den machtpolitischen Realitäten innerhalb des SED-Regimes Rechnung. Diese pragmatische Koexistenz zwischen Caritas und MfS in den sechziger Jahren entsprach den veränderten sicherheitspolizeilichen Zielen des MfS, die katholische Kirche und die Caritas möglichst geräuschlos zu marginalisieren; der Arbeit der Diasporacaritas verschaffte sie nach der gewaltsamen Trennung vom Westen unbeschadet aller substantiellen Schwierigkeiten eine stabile Grundlage.

3. Partielle Kooperation (1968/71-1989)

3.1 Tod Zinkes in Zeiten des Umbruchs

Der Tod Johannes Zinkes im November 1968 riß in die Reihen von katholischer Kirche und Caritas eine große Lücke. »Er ist nicht zu ersetzen«, bekannte der (West-)Berliner Generalvikar Walter Adolph in einem Schreiben an Heinz Dietrich Thiel, Zinkes Stellvertreter und Nachfolger in der Leitung der Hauptvertretung Berlin[297].

Die personelle Zäsur wirkte sich auf die Kontakte zwischen Caritas und Staatssicherheit aber auch deshalb nachhaltig aus, weil sie mit tiefgreifenden politischen und gesamtkirchlichen Veränderungen zusammentraf: In der Bundesrepublik wurde 1969 durch die neue sozialliberale Koalition eine sich zuvor schon abzeichnende Wende

[296] Vgl. die Protokolle über die Besprechungen im sogenannten »Ministerium für Außenhandel« bzw. bei der Intrac-Handelsgesellschaft vom 7. Oktober und 1. Dezember 1966, BAEF ROO XII,4.

[297] Adolph an Thiel, 13. Oktober 1969, ADCV 121/30+511.02.11.

in der Ost- und Deutschlandpolitik vollzogen. Dies kam den Bestrebungen der DDR-Machthaber nach innerer Konsolidierung und außenpolitischer Anerkennung entgegen. Der von Ulbrichts Nachfolger Erich Honecker verfolgte Kurs einer Einheit von Wirtschafts- und Sozialpolitik und internationaler Legitimation ließ aus diesem Bedürfnis einen wachsenden finanziellen Druck und somit ein steigendes Devisenbedürfnis entstehen.

Zugleich wirkte sich der vom Zweiten Vatikanischen Konzil ausgehende innerkirchliche Aufbruch auf die deutschen Ortskirchen aus: Auf den Pastoralsynoden im Bistum Meißen (1966/1969-1970), in Dresden (für die katholische Kirche in der DDR) (1971/1973-1975)[298] und in Würzburg (für die katholische Kirche in der Bundesrepublik) (1973-1975) wurde um die angemessene Rezeption der Konzilsbeschlüsse gerungen.

In der katholischen Kirche in der DDR bewegten sich die Diskussionen allerdings vor dem Hintergrund marginalisierter kirchlicher Rechtspositionen; die neue, 1968 verabschiedete DDR-Verfassung berücksichtigte kaum mehr die kirchlichen Rechte. Die Berliner Ordinarienkonferenz beschloß auf ihrer Zusammenkunft im April 1968 darum entsprechende Anweisungen, die ein einheitliches kirchliches Vorgehen gegenüber dem Staat gewährleisten sollten. »1. a) Bei Verhandlungen staatlicher Stellen mit katholischen Institutionen (z.B. Pfarreien, Krankenhäusern, Kinderheimen, Exerzitienheimen, Stiftungen etc.), durch die der Status quo der Institutionen berührt wird, muß von Anfang an ein Vertreter des zuständigen Ordinarius hinzugezogen werden. b) Der Ordinarius informiert darüber umgehend das Sekretariat der Berliner Ordinarienkonferenz. 2. Alle Vereinbarungen katholischer Institutionen mit staatlichen Stellen, die den Status quo der Institutionen verändern, bedürfen der Zustimmung der Berliner Ordinarienkonferenz«[299].

Der Tod Zinkes in den Jahren des politischen und innerkirchlichen Umbruchs bedeutete jedoch keinen Bruch. Vielmehr setzte sich in der katholischen Kirche und bei der Caritas in der DDR jetzt jene Entwicklung durch, die sich spätestens seit August 1961 abgezeichnet hatte: Die wichtigen kirchenpolitischen und caritativen Fäden wurden mehr denn je von Ost-Berlin aus gesponnen; die Einheit mit der Kirche in der Bundesrepublik und dem Deutschen Caritasverband wurde gleichwohl aufrechterhalten. Schlüsselfigur und Promo-

---

298 Vgl. dazu B. SCHÄFER, Staat, S. 365-376.

299 Beschluß der BOK auf ihrer Sitzung vom 4.-5. April 1968 über Verhandlungen mit staatlichen Stellen, AKZG NL WA 33 l, p. 430.

tor dieser Entwicklung war Prälat Otto Groß. Er nahm die kirchenpolitisch entscheidenden Gespräche und Kontakte wahr und rief damit beträchtlichen Unmut bei seinem in West-Berlin residierenden Generalvikar Walter Adolph hervor.

Am 9. und 10. Dezember 1968 besuchte Caritaspräsident Stehlin Berlin, um mit Kardinal Bengsch, der Caritasdirektorenkonferenz, Prälat Otto Groß, Caritasdirektor Thiel sowie Generalvikar Adolph über die Auswirkungen dieser Veränderungen zu beraten und entsprechende personelle und strukturelle Maßnahmen für die Caritas in der DDR abzustimmen. »Im Ganzen ist Herrn Kardinal Bengsch die Aufrechterhaltung der Einheit des Deutschen Caritasverbandes in Ost und West ein großes Anliegen, soweit dies überhaupt noch möglich ist. Er sagte aber, daß wir die Bezeichnung Hauptvertretung für unsere Oststelle nicht weiter bestehen lassen können, weil sie sofort die Frage weckt, wer hier vertreten wird. Schon bei dem Vertragsabschluß mit dem FDGB wurde von unserer Seite mit Deutscher Caritasverband Berlin firmiert und dies soll weiterhin so geschehen. Dabei entsteht die Frage, ob es richtig ist, daß wir in der Liste unserer Organvertreter (Zentralvorstand und Zentralrat) auch weiterhin Direktoren aus dem Osten aufführen«[300].

Über das Gespräch mit Otto Groß notierte Stehlin: »Prälat Groß hat schon zu Lebzeiten von Prälat Zinke gute Beziehungen mit dem Staatssicherheitsdienst angeknüpft. Er hat die Erlaubnis, jede Woche einen Tag nach West-Berlin zu kommen, und wird vermutlich einen Dauerpassierschein über das Wirtschaftsministerium erhalten. Grund sind die namens der INTRAG [sic] zu führenden Verhandlungen über den Transfer. Herr Groß ist bereit, unsere Arbeit in jeder Beziehung zu unterstützen und insbesondere auch in der Vermittlung von Informationen in beiden Richtungen tätig zu sein«. Mit den Caritasdirektoren sprach der Präsident über den Ausbau der fachlichen Fortbildung sowie die Profilierung der staatlichen Krankenhäuser, in welche die kirchlichen einbezogen werden sollten. In der West-Berliner Ahornallee ließ er sich durch Thiel in die Einzelheiten des Devisentransfers einführen, bevor er abschließend mit Generalvikar Adolph zusammentraf. »Interessant ist«, so hielt Stehlin fest, »daß zwischen dem Ordinariat Berlin-West und Herrn Kardinal, besonders aber Herrn Domkapitular Groß deutliche Spannun-

300 Stehlin an Hüssler, Schmidle, Spiegelhalter, Klein, Buschmann, 11. Dezember 1968 betr. Streng vertraulicher Bericht über Besuch Stehlin in Berlin am 9. Dezember 1968-10. Dezember 1968, ADCV 121, Fasz. 6.

gen bestehen. Der Generalvikar begegnet auch der weiteren Tätigkeit des Herrn Groß in der genannten Weise mit deutlichem Mißtrauen. Ich habe den Eindruck, daß er bald in den Ruhestand treten wird«[301].

Eine genaue Umschreibung und Festlegung von Zinkes Aufgabenbereichen hatte es nie gegeben[302], ein Umstand, der die Breite seiner Aktivitäten vermutlich erst möglich gemacht hatte. Die Zuständigkeiten für das Commissariat der Fuldaer Bischofskonferenz, die Hauptvertretung Berlin des Deutschen Caritasverbandes und – nebenher – für das Sekretariat der Berliner Ordinarienkonferenz und die mit ihnen in West wie Ost verbundenen Aufgaben, die Zinke stets in Personalunion wahrgenommen hatte, wurden entflochten. Wichtigstes Ergebnis für die Caritas war die Aufwertung der bisherigen Ost-Berliner »Dienststelle« zu einer »Zentralstelle Berlin« des Deutschen Caritasverbandes[303] unter dem Protektorat des Berliner Kardinals Bengsch. Damit wurde die Konsequenz aus den Entwicklungen seit dem Mauerbau gezogen[304]. Entsprechend dem 1966 zunächst in München eingerichteten Sekretariat der Deutschen Bischofskonferenz[305] erhielt auch die Berliner Ordinarienkonferenz nun ein Sekretariat; Sekretär wurde zunächst Pfarrer Johannes Bernard.

Hingegen blieb vorerst ungeregelt, wie im Zuge der Gewichtsverlagerung von West- nach Ost-Berlin die Zukunft des Commissariats aussehen sollte. Aufgaben, die Zinke u. a. in seiner Funktion als

---

301 Vgl. EBD.

302 Vgl. den Treffbericht vom 13. Dezember 1968 mit GI »Horst«. »Der IM ›Horst‹ berichtete zu folgenden Fragen: (...) Sowohl dem Bischof als auch den anderen Ordinariatsangestellten sei klar, dass Zinke ein grosses Loch in die Organisation des Ordinariats gerissen habe. Das wäre vor allem darauf zurückzuführen, dass kein Mensch, auch nicht der Bischof, über den vollen Umfang der Verbindungen und der Tätigkeit des Prälaten Zinke informiert gewesen sei. Der Prälat wäre sehr selbstherrlich gewesen und hätte in sein internes Geschäftsgebahren keinen Einblick gewährt. Vor dem Tode des Prälaten Zinke habe keine Übergabe seiner Dienststelle an den eventuellen Nachfolger stattgefunden. Die inzwischen erfolgte Übergabe habe ergeben, dass man weniger Material vorgefunden habe als man sich erhofft hatte« BStU MfS AIM 6973/72, Bd. II, 1, p. 18.

303 So die offizielle Bezeichnung seit 1969, Vgl. Hubrich an Bengsch vom 20. Juni 1969 ADCV 121/20+125.0, 1969-1973.

304 So Thiel in seiner Beschreibung über die Aufgaben der HV v. 11. Januar 1969, ADCV 121/30+511.211, 1969-1976

305 Vgl. E. GATZ, Deutsche Bischofskonferenz, S. 121.

Geschäftsträger der Bischöfe in der DDR übernommen hatte – Verhandlungen mit Bergbau-Handel und Intrac, Beschaffung für Ordinariate und Caritasverbände, Bearbeitung von Ein- und Ausfuhranträgen, Unterstützung Religiöser Kinderwochen, Auslandsreisen, Formularwesen, Statistik und Verbindung zur Evangelischen Kirche – , hatte die Berliner Ordinarienkonferenz bereits Februar 1969 zwischen der Zentralstelle Berlin des DCV und dem Sekretariat der Berliner Ordinarienkonferenz aufgeteilt[306]. Damit erschien eine Fortexistenz des Commissariats überflüssig.

Die im Ost-Berliner Ordinariat durchaus vorhandene Überlegung, das Commissariat in der West-Berliner Ahornallee aufzulösen, scheiterten allerdings daran, daß von den Caritasgeldern getrennte, eigene Commissariatskonten bestanden, über die die Zuwendungen der westdeutschen Kirche an die katholische Kirche in der DDR transferiert wurden[307]. Für Otto Groß wurde deshalb die Hauptvertretung Berlin des DCV, nicht aber das Generalvikariat in der West-Berliner Wundtstraße das entscheidende westliche Standbein für seine kirchenpolitischen Aktivitäten[308].

Personell wurde Zinkes ›Erbe‹ auf mehrere Schultern verteilt[309]: Heinz Dietrich Thiel, ein Laie, wurde von der Freiburger DCV-Zentrale mit der Leitung der Hauptvertretung in Berlin-West beauf-

---

306 Vgl. die Anlage 2 zum Protokoll Nr. 1/1969, AKZG NL WA 33 l, p. 491.

307 Vgl. H. THIEL, Hauptvertretung. Die Verwaltung der Commissariatskonten umfaßte die kirchlichen Transfergelder zugunsten der Berliner Ordinarienkonferenz, der Fonds und Konten der Zentralen Beschaffungsstelle sowie sämtlicher Jurisdiktionsträger mit Ausnahme Erfurts. Vgl. den Vermerk Thiels vom 25. Januar 1972, ADCV 121/30+511.211, 1969-1976.

308 Eine abschließende Regelung wurde erst 1978 durch die Errichtung des Katholischen Kommissariats Berlin als Nachfolgeorganisation des Commissariats gefunden. Unter der Dienstaufsicht des Vorsitzenden der Berliner Bischofskonferenz als gleichzeitigem Mitglied der Deutschen Bischofskonferenz trat neben die Kontenverwaltung die Aufgabe, »künftig die Verbindungen und Kontakte zwischen der katholischen Kirche in den beiden Teilen Deutschlands, insbesondere zwischen der Deutschen Bischofskonferenz und der Berliner Bischofskonferenz in Zusammenarbeit mit den beiden Sekretariaten beider Konferenzen aufrecht[zu]erhalten und [zu] stärken«. Vgl. die Vereinbarung über das Katholische Kommissariat Berlin vom 23. Oktober 1978, ADCV 121/30+511.211, 1977-1983.

309 Vgl. auch die Übersichten »Caritas und Commissariat der Fuldaer Bischofskonferenz in Berlin« oben S. 57-59.

310 Hubrich erhielt damit den Vorzug vor Caritasdirektor Lewicki. Dieser verblieb zunächst in seiner bisherigen Arbeit und betreute insbesondere die Bil-

tragt und Caritasdirektor Theodor Hubrich, per Briefwahl durch die Caritasdirektoren bestimmt[310], vom Vorsitzenden der BOK, Kardinal Bengsch, für die Dauer von sechs Jahren zum Leiter der Zentralstelle ernannt; Paul Dissemond übernahm 1968 die Aufgaben des Sekretariats der Berliner Ordinarienkonferenz von Johannes Bernard, der eine Dozentur am Philosophisch-Theologischen Studium in Erfurt antrat[311].

Das MfS erfuhr von diesem personellen Revirement durch Otto Groß[312]. Die von Zinke unterhaltenen »Gesprächskontakte« waren nach dessen Tod problemlos auf den als IM »Otto« geführten Chefredakteur der Ost-Berliner Kirchenzeitung und Vertrauten von Kardinal Bengsch übergegangen[313]. Auf der Konferenz der ostdeutschen Ordinarien im Februar 1969 wurde er zusätzlich mit den Verhandlungen beim Ministerium für Außenhandel (Transfer) beauftragt[314]. Da Groß zudem seit dem Tod von Bernhard Drews im September 1967 bereits die Verbindungen zur Dienststelle des Staatssekretärs für Kirchenfragen alleinverantwortlich[315] wahrnahm, lagen bald nach Zinkes Tod sämtliche kirchenpolitisch relevanten Kontakte in einer Hand, und zwar in einer problematischen Vielzahl, wie sie selbst Zinke nicht besessen hatte. Der Prälat im (Ost-)Berliner Ordinariat avancierte zur kirchenpolitischen »Grauen Eminenz« der katholischen Kirche in der DDR.

---

dungsarbeit und das Krankenhauswesen sowie das Bildungsheim in der Pappelallee. Vgl. den vertraulichen Aktenvermerk Stehlins vom 11. Dezember 1968, 121 HV-Berlin, Fasz. 06, 1961-; zum 1. April 1971 wurde Lewicki dann als Pfarrer nach Stralsund berufen. Vgl. SCHEMATISMUS FÜR DAS BISTUM BERLIN 1974, S. 171.

311 Vgl. SCHEMATISMUS FÜR DAS BISTUM BERLIN 1974, S. 189.

312 Vgl. den Treffbericht vom 19. Dezember 1968, BStU MfS AIM 2716/75, Bd. II, 1, p. 10-14.

313 Das MfS hatte Ende November 1967 bereits einen IM-Vorlauf angelegt (Registriernummer XV/2950/67); im Dezember 1968 wurde »Otto« als IMF geführt, 1970 dann eine IM-Akte angelegt, BStU MfS AIM 2716/75, Bd. I/1, p. 3-4, 95. Vermutlich war Groß von Zinke beim MfS eingeführt worden.

314 Vgl. die Anlage 2 zum Protokoll Nr. 1/1969, AKZG NL WA 33 l, p. 491.

315 Schon im Dezember 1962 hatte Groß an einer Besprechung zwischen Drews und Staatssekretär Seigewasser teilgenommen. Vgl. den Bericht über die Besprechung am 27. Dezember 1962, ADCV 121/30+732.42, 1958-1968.

Entwicklung der direkten Gesprächskontakte mit den staatlichen Stellen der DDR bzw. deren Beauftragten (1958-1970)[316]

Jahr	Ministerium für Staatssicherheit	Dienststelle des Staatssekretärs für Kirchenfragen	Ministerium für Außenwirtschaft (Bereich KoKo)	Rechtsanwalt Vogel (Familienzusammenführung)
1958	Zinke	Zinke		
1959 Juni	Zinke	(unterbrochen)		
1960 Juli **Sept.**	Zinke	beauftragte Ordinariatsvertreter Bengsch		
1961 **Sept.**	Zinke	Drews		
1962 **Dez.**	Zinke	Drews /Groß		
1966 **Dez.**	Zinke / (Hubrich?)	Drews / Groß	Zinke / Hubrich	Zinke
1967 **Okt.**	Zinke / Groß	Groß	Zinke / Hubrich / (Groß?)	Zinke / Thiel
1968 **Nov.**	Zinke († Nov.) / Groß	Groß	Zinke († Nov.)/ Hubrich / (Groß?) Groß	Zinke / Thiel Thiel
1969	Groß	Groß	Groß	Thiel
1970 **Feb.** **Okt.**	Groß / Hubrich Kaczmarek	Groß	Groß	Thiel Hubrich / Thiel

Die übrigen, für die Arbeit der Caritas wichtigen Verhandlungen mit den maßgeblichen Fachministerien nahm der neue Leiter der Zentralstelle Berlin, Theodor Hubrich[317], wahr. Die Berliner Ordinari-

[316] Vgl. auch D. GRANDE/B. SCHÄFER, Interne Richtlinien, S. 397-399.

[317] Dem Votum der Caritasdirektoren entsprechend berief die Berliner Ordinarienkonferenz auf ihrer Sitzung am am 2./3. Dezember 1968 Hubrich für die

enkonferenz beauftragte ihn, »zur Erledigung der in Frage kommenden Aufgaben (...) Verhandlungen beim Ministerium für Gesundheitswesen« sowie »Verhandlungen beim Ministerium des Innern« wahrzunehmen, »soweit sie Strafvollzugsanstaltsseelsorge betreffen«[318]. 1970, vermutlich im Frühjahr, wurde Hubrich zusätzlich mit der Aufgabe betraut, die Verhandlungen mit Rechtsanwalt Vogel in Fragen der Familienzusammenführung zu führen[319]. Darauf wird weiter unten zurückzukommen sein[320].

Der strukturelle und personelle Umbruch in den deutsch-deutschen Beziehungen, katholischer Kirche und Caritas traf auf einen inzwischen deutlich ausgeweiteten Überwachungsapparat. Das MfS suchte die Basis von Informanten und Spitzeln zu verbreitern und den Apparat zu professionalisieren[321]. In Umsetzung parteitagspolitischer Vorgaben Ulbrichts vom Aufbau einer »sozialistischen Menschengemeinschaft« richteten sich die Aktivitäten vornehmlich gegen »Provokationen« an der Staatsgrenze, »Menschenhandel«, »Kontaktpolitik« und wachsende »politisch-ideologische Diversion« durch die Feinde des Sozialismus, wie Mielke 1967 auf dem VII. Parteitag der SED kundtat[322]. Die ideologischen Vorgaben fanden im Januar 1968 ihren Niederschlag in einer neuen Richtlinie »1/68« über »Zusammenarbeit mit Gesellschaftlichen Mitarbeitern für Sicherheit und Inoffiziellen Mitarbeitern im Gesamtsystem der Sicherung der Deutschen Demokratischen Republik«; die Kategorien inoffizieller Mitarbeit[323] wurden erweitert und ausdifferenziert. Mielke zog damit die Konsequenzen aus politischen Ereignissen und sicherheitspolizeilichen Erfahrungen seit dem Mauerbau und gab als weitere Marschrichtung einen forcierten Ausbau des MfS-Apparates vor.

In der kirchenpolitischen Abteilung XX/4 des MfS setzte man die Richtlinie sogleich in die Tat um. Mit Hauptmann Wegener kam überdies »Aktionismus und Bewegung in die IM-Registrierungen«[324]. Anders als Zinke wurden Otto Groß, Theodor Hubrich

---

Dauer von sechs Jahren zum Leiter der Zentralstelle. Vgl. das Protokoll der Sitzung vom 2./3. Dezember 1968, AKZG NL WA 33 l, p. 468.

318 Vgl. die Anlage 2 zum Protokoll Nr. 1/1969, AKZG NL WA 33 l, p. 491.

319 Vgl. B. SCHÄFER, Staat, S. 207; U. HAESE, MfS-Kontakte, S. 374.

320 Vgl. unten S. 139-143.

321 Vgl. H. MÜLLER-ENGBERGS, S. 49.

322 Vgl. EBD.

323 Vgl. EBD., S. 50; außerdem D. GRANDE/B. SCHÄFER, Kirche im Visier, S. 37. Vgl. dazu auch die Übersichten im Anhang S. 199-202.

324 B. SCHÄFER, Staat, S. 208.

und später Norbert Kaczmarek, aber auch der erwähnte neue Sekretär der Berliner Ordinarienkonferenz, Dissemond, als Inoffizielle Mitarbeiter geführt, übrigens im Falle der ersten drei Genannten unter Verwendung ihres Vornamens als Decknamen. Auf der Prioritätenliste des MfS rückte die kirchenpolitititische Beeinflussung der Berliner Ordinarienkonferenz ganz nach oben[325]. Mit den Gesprächskontakten verknüpfte man in der Normannenstraße weitreichende Perspektiven: Ein Werbungs- und Qualifizierungsplan attestierte »Otto« im Februar 1969, »bisher eine gute Arbeit« geleistet, aber »seine Möglichkeiten in der Zusammenarbeit noch nicht voll ausgeschöpft« zu haben[326]; und in einem acht Monate später gefertigten Bericht über die Verpflichtungen der Hauptabteilung XX/4 wurde zu den mit der Werbung von IMV »Theodor« verbundenen Erwartungen festgehalten: »Pläne und Absichten der Ordinarienkonferenz in bezug auf diese Organisation [Caritas], Information über Kontakte dieser Organisation nach Westdeutschland und in das sozialistische Ausland, Beeinflussung der Caritas, um bei internationalen Konferenzen das Ansehen der DDR zu stärken«[327].

3.2 Otto Groß und die Errichtung des Bischöflichen Werks »Not in der Welt«

Otto Groß war ein kirchenpolitisch ambitionierter Kleriker von einer »nicht unproblematischen Virtuosität«[328]. Die Vielzahl seiner Gesprächskontakte suchte er zu nutzen, um kirchliche Interessen, aber auch eigene kirchenpolitische Vorstellungen zu realisieren, die wohl nicht immer mit denen seines Bischofs Bengsch und der übrigen ostdeutschen Jurisdiktionsträger in der Ordinarienkonferenz übereinstimmten bzw. abgestimmt waren.

Das machte Groß für das MfS besonders interessant. Es legte nach den ersten Gesprächen schon Ende November 1967 eine IM-Vorlaufakte unter dem Decknamen GI »Otto« an[329] und qualifizierte ihn bereits ein Jahr darauf zum »IMF«, d. h. zum Inoffiziellen Mitarbeiter »der inneren Abwehr mit Feindverbindungen zum Operati-

[325] Vgl. EBD., S. 215. Allgemein C. VOLLNHALS, Kirchenpolitische Abteilung, S. 96.

[326] Vgl. G. BESIER/St. WOLF, S. 280.

[327] EBD., S. 288.

[328] Vgl. B. SCHÄFER, Staat, S. 229.

[329] Vgl. den Beschluß vom 31 [!] November 1967, BSTU MfS AIM 2716/75, Bd. I, p. 3-4.

onsgebiet«. Der zuständige Führungsoffizier, Hauptmann Wegener, hielt bei dieser Gelegenheit fest, daß trotz der verhältnismäßig kurzen Zeit der Zusammenarbeit bereits mehrere wertvolle Informationen hätten erarbeitet werden können[330].

Hier ist nicht der Ort, die kirchenpolitische Gratwanderung des Ost-Berliner Prälaten insgesamt zu beurteilen. Vielmehr sollen caritasrelevante Vorgänge, die Groß beim MfS zur Sprache brachte, näher untersucht werden. Die fragmentarische Überlieferung der IM-Akte lenkt den Blick auf die Errichtung des »Bischöflichen Werks Not in der Welt« und auf das Problem der Familienzusammenführung. Beide Beispiele verdeutlichen, wie ambivalent die »Gesprächskontakte« zur Staatssicherheit sein konnten. Im Falle des »Bischöflichen Werks Not in der Welt«[331] gelang es Groß, das MfS für kirchlich-caritative Zwecke zu instrumentalisieren und eine neue kirchliche Hilfseinrichtung zu schaffen, die dem unmittelbaren Zugriff des Staates entzogen war[332]. Im Falle der humanitären Bemühungen nutzte die »Graue Eminenz« offenbar für kurze Zeit vornehmlich die direkten Kontakte zum MfS anstatt zum Ost-Berliner Anwalt Vogel, um Konfliktfälle zu lösen.

Ausgangs- und Referenzpunkt für die Bemühungen von Groß um ein katholisches Hilfswerk in der DDR bildete die 1958 von den deutschen Bischöfen gegründete Initiative »Misereor«. Die Federführung lag von Beginn an beim Erzbischöflichen Stuhl in Köln[333]. Die Aufforderung des Kölner Kardinals Frings an die Jurisdiktionsträger in der DDR, sich an der Fastenaktion 1966 zu beteiligen[334], stieß bei der Berliner Ordinarienkonferenz »aus politischen Gründen«[335] auf Ablehnung. Kurzzeitige Überlegungen, mit der

---

330 Vgl. die Einschätzung Wegeners vom 10. Dezember 1968, BStU MfS AIM 2716/75, Bd. I, p. 95.

331 Vgl. allgemein dazu die Hinweise bei M. Höllen, Bd. 3.1, S. 114 f.

332 Der Vorgang ist auch angeführt bei B. Schäfer, Staat, S. 229 f., der allerdings das Ergebnis von Groß' Aktivitäten unberücksichtigt läßt.

333 Seinen geschäftsführenden Sitz hat dieses Bischöfliche Hilfswerk gegen Hunger und Krankheit in der Welt in Aachen. Vgl. die Beiträge im Kirchlichen Handbuch von W. Kiefer, S. 429-440 bzw. U. Koch/F. Merz, S. 435-442.

334 Vgl. Teusch an Zinke vom 29. Dezember 1965, betr. Misereor, ADCV 121/30+511.211, 1961-1968.

335 Vgl. das Protokoll der BOK vom 3., 4. Februar 1966, M. Höllen, Bd. 3,1, S. 3. In seinem Schreiben an den Vorsitzenden der Fuldaer Bischofskonferenz, den Münchener Kardinal Julius Döpfner, führte Bengsch aus: »Angesichts des gesteigerten Mißtrauens der hiesigen Behörden gegenüber jedem Zeichen der Zusammengehörigkeit mit westdeutschen Stellen würde der Name ›Misereor‹

evangelischen Kirche über ein gemeinsames Hilfswerk zu verhandeln[336]– ein eigenes Hilfswerk aufzubauen, hielt man angesichts der katholischen Minorität in der DDR für unmöglich – blieben Makulatur; ebenso ein neuerlicher Anlauf des Kölner Generalvikars im November 1966[337]. In der ihm eigenen Art kommentierte Bengsch dessen Versuch in einem Aktenvermerk für seinen Generalvikar Walter Adolph: »Der ewige Traum des Herrn Teusch über weiteren Ruhm von Misereor fällt mir langsam auf die Nerven. Ich habe von Bischof Krummacher die Auskunft, dass angesichts der Wirtschaftslage der DDR die Sammelgelder fast nicht umzusetzen sind. Eine katholische Parallel-Aktion für ›Brot für die Welt‹ hat also kaum Aussichten. Die Idee [Teuschs], dass man in der DDR 1 Million für diese Sammlung aufbringen könnte, ist wohl übertrieben. Vor allem aber habe ich keine Lust, mich unter die politischen Spenden für Nordvietnam einzureihen, was in der gegenwärtigen Lage nahezu unausweichlich wäre, und so die Verärgerung der bundesrepublikanischen Stellen zu riskieren[338]. Ebenso wenig hat es einen Sinn, daß mitteldeutsche Beträge in der Misereor-Abrechnung erscheinen und uns die hiesigen Stellen unnötig verärgern«[339].

Da politisch instrumentalisierbare Spendeninitiativen durch die katholische Kirche in der DDR von seinem Bischof nicht gewollt waren[340], reiste Groß im September 1966 nach Algier zum dortigen

nur Schwierigkeiten bringen. Die Aktion ›Brot für die Welt‹ seitens der Evangelischen Kirche befindet sich in einer Abhängigkeit vom hiesigen Roten Kreuz, die uns nicht tragbar erscheint«. Bengsch an Döpfner vom 16. Februar 1966 u. a. betr. Teilnahme an Misereor und anderen Hilfsaktionen, ADCV 121/30+511.211, 1961-1968.

336 Vgl. das Protokoll der BOK vom 28., 29. März 1966, M. HÖLLEN, Bd. 3,1, S. 13.

337 Vgl. das Schreiben von Teusch an Adolph vom 11. November 1966 und das Antwortschreiben Adolphs vom 6. Dezember 1966, EBD., S. 38 f.

338 Diese Befürchtung Bengschs teilte Walter Adolph dem Kölner Generalvikar in einem Schreiben mit. Adolph an Teusch vom 6. Dezember 1966, EBD., S. 39.

339 Aktenvermerk vom 19. November 1966, AKZG NL WA 32 g, p. 483. M. HÖLLEN, Bd. 3,1, S. 39.

340 Im Sommer 1966 hatte Otto Groß mit Wissen Bengschs allerdings die für die Übermittlung einer Vatikanspende für Nordvietnam erforderlichen diplomatischen Kontakte zur DDR-Regierung (Staatssekretär für Kirchenfragen) und zur diplomatischen Vertretung Nordvietnams in Berlin hergestellt, ein Vorgang, auf den das MfS vergeblich steuernd Einfluß zu nehmen versuchte. Vgl. die interne westdeutsche Information vom 26. Oktober 1966, EBD., S. 38.

Caritasdirektor Isidor Brenckle, einem Elsässer, sowie zum dortigen Kardinal Duval[341]. Der Kardinal von Algier hatte sich während des algerischen Befreiungskrieges (1954-1962) zum unerschrockenen Fürsprecher für die Unterdrückten gemacht und jede Gewaltanwendung, von welcher Seite immer sie kam, verurteilt, und nach der Unabhängigkeit Algeriens immer wieder für eine Mithilfe der im Land verbleibenen Christen am inneren Aufbau des Landes geworben; dadurch genoß er bei den arabischen Machthabern großes Ansehen[342]. Das Ausland hatte er aufgefordert, die Entwicklungsbemühungen seines Landes durch eine wirksame und selbstlose Hilfe, die die Autonomie Algeriens als Entscheidungsinstanz resprektiere, zu unterstützen. Bedenken, daß damit auch ein kirchenfeindlicher Sozialismus unterstützt werden könnte, suchte Duval zu zerstreuen, indem er auf die andere Art des jungen algerischen Sozialismus und den großen Spielraum der katholischen Diasporakirche hinwies[343]. Groß'

Vgl. die MfS-Information vom 14. Juli 1966 betr. Spende der katholischen Kirche für Vietnam in der Akte IM »Otto«, BStU MfS AIM 2716/75, Bd. I/1, p. 56-58. Da Otto Groß es ablehnte, dem Deutschen Roten Kreuz das Geld zur Verfügung zu stellen und auf eine direkte Übergabe des Schecks von 40.000 DM bestand, schlug das MfS vor, »sowohl offiziell durch das Staatssekretariat [!] für Kirchenfragen als auch inoffiziell durch das MfS darauf hinzuwirken, daß die vorgesehene Spende der katholischen Kirche durch einen Bürger der Bundesrepublik an den Botschafter der Demokratischen Republik Vietnam übergeben wird. Dadurch würde dem DDR-Bürger Msgr. Groß lediglich eine Vermittlerrolle zufallen. Für die Übergabe am besten geeignet ist der Leiter der Caritas International in Freiburg/Breisgau, Hüs[s]ler. (...) Bei der Übergabe des Geldes durch einen Geistlichen der DDR könnten der Regierung der DDR Verpflichtungen erwachsen, katholischen Geistlichen die Ausreise in die Demokratische Republik Vietnam zu gestatten«. Zinke hatte zuvor die Modalitäten der Übergabe bei der Direktion des DCV in Freiburg erläutert. Freundliche Mitteilung von Prälat Dr. Georg Hüssler, Freiburg. Über die Einzelheiten der Spende des Hl. Stuhls für Nordvietnam wußte auch der Bundesnachrichtendienst (BND) Bescheid. Adolph leitete entsprechende Berichte und Informationen an Bengsch weiter. M HÖLLEN, Bd. 3,1, S. 38. 1967 folgten humanitäre Hilfen des Deutschen Caritasverbandes für Nordvietnam. Vgl. 75 JAHRE DEUTSCHER CARITASVERBAND 1897-1972, S. 82.

341 Vgl. die MfS-Information vom 17. Juli 1969, BStU MfS AIM 2716/75, Bd. I/1, p. 29. – Der Deutsche Caritasverband besaß bereits gute Beziehungen zur algerischen Caritas. Vgl. EIN LEBEN IM 20. JAHRHUNDERT. GEORG HÜSSLER.

342 Vgl. den Bericht »Die Kirche im unabhängigen Algerien«, in: HERDER-KORRESPONDENZ 17 (1962/63), S. 566-571.

343 Vgl. den Bericht »Kardinal Duval zu den Aufgaben der Kirche in Algerien«, in: HERDER-KORRESPONDENZ, 19 (1964/65), S. 600 f. Die Äußerungen Duvals

Anlaufstation, die Caritas Algérienne, war 1962 gegründet worden[344].

Trotz der günstigen kirchenpolitischen Anknüpfungspunkte war die Mission des Ost-Berliner Prälaten nicht ohne diplomatische Brisanz. Innenpolitisch hatte 1965 ein Militärputsch das Land erschüttert. Vor allem aber erfolgte die Reise im Schatten der sich neuerlich zuspitzenden Nahost-Krise, die nicht ohne Rückwirkungen auf das deutsch-deutsche Verhältnis blieb: Nach der diplomatischen Anerkennung Israels durch die Bundesrepublik 1965 gerieten die deutsch-arabischen Beziehungen in eine schwere Krise[345], Algerien sowie acht weitere arabischen Staaten brachen die diplomatischen Beziehungen ab, und die DDR verurteilte diesen Schritt der Bundesrepublik öffentlich[346]. Zu Algerien unterhielt die DDR seit der Errichtung einer Handelsmission 1963 in Algier vor allem wirtschaftliche Kontakte. Der Militärputsch dort führte nur vorübergehend zu einer Abkühlung des Verhältnisses. Seit 1966 bemühte sich die DDR, ihre Beziehungen zu Algerien durch Kontakte auf wirtschaftlichem, wissenschaftlichem und technischen Gebiet zu verbessern. Die Besuche hochrangiger Regierungs- und ZK-Mitglieder in Algerien während der folgenden Jahre[347] zielten – wie die proararbische Außenpolitik der DDR insgesamt – darauf, das diplomatische Anerkennungsdefizit der DDR zu beseitigen. Neben den verschiedenen ökonomischen Aktivitäten (u.a. Kredite) spielten auch Entwicklungshilfemaßnahmen bestimmter Träger im gesellschaftspolitischen Bereich für die Annäherung eine entscheidende Rolle, als 1969 der diplomatische Annäherungsprozeß in seine entscheidende Phase trat[348].

Nach seiner Rückkehr nach Berlin berichtete Prälat Groß am Rande der Feierlichkeiten zu seinem 50. Geburtstag dem Abtei-

---

dürften überdies im größeren kirchlichen Zusammenhang des Zweiten Vatikanischen Konzils sowie der Enzyklika »Pacem in terris« von Johannes XXIII. aus dem Jahre 1963 stehen.

344 Vgl. 75 JAHRE DEUTSCHER CARITASVERBAND 1897-1972, S. 78.

345 Vgl. K. MANFRAß, S. 339-343.

346 Vgl. ARCHIV DER GEGENWART 35 (1965), Nr. 11865 B.

347 Vgl. die chronologische Übersicht in: Hans-Adolf JACOBSEN u.a. (Hrsg.), S. 775.

348 Zu den Ausführungen im einzelnen vgl. die Studie von R. HIRSCHFELD, bes. S. 117 f., 128-132, 136, 140-142, 158-162, 166-173, 176-178, 182-194, 196 f., 225 f. – Unter den von Hirschfeld angeführten Trägern der materiellen Beziehungen fehlen die Kirchen.

lungsleiter beim Staatssekretär für Kirchenfragen, Horst Hartwig, von seiner Reise. Hartwigs Aktenvermerk vom 20. Februar 1967 gelangte abschriftlich auch in die Hände des MfS: »Msgr. Groß«, so hieß es dort, »berichtete von seiner Reise, die er in seiner Funktion als Vorsitzender der katholischen Caritas in der DDR mit unserer Einwilligung Ende des vergangenen Jahres nach Algier unternommen hatte. Er bezeichnete diese Reise als sehr nützlich und äußerte den Wunsch, daß die katholische Kirche der DDR in Algier einige caritative Objekte aufbauen könne«[349]. In den folgenden Wochen und Monaten suchte Groß u. a. bei der Dienststelle des Staatssekretärs die Bedingungen für direkte kirchliche Hilfeleistungen auszuloten[350]; zugleich wurden während des Sommers 1967 kirchenintern die Vorbereitungen für eine Kollekte getroffen[351]. Die Ordinarienkonferenz beschloß dann Anfang September, im kommenden Jahr eine entsprechende Sammlung durchzuführen[352].

Nachdem im März 1968 erstmalig in der DDR 1,8 Millionen Mark[353] für Katastrophenhilfen gesammelt worden waren, beauftragte die Berliner Ordinarienkonferenz Otto Groß, gemeinsam mit

[349] Vgl. den Aktenvermerk Hartwigs vom 20. Februar 1967. Vgl. BStU MfS AIM 2716/75, Bd. I/1, p. 60. – Danach sollten direkte Hilfeleistungen unter der Bedingung möglich sein, daß die Regierungsvertreter des Empfängerstaates bei der Vertretung der DDR in diesem Land (Botschafter, Handelsmission) um entsprechende Hilfe nachsuchten und die Vertretung diese Bitte weiterleiten würde.

[350] Vgl. die Aktennotiz Groß' vom 23. Juli 1967 über die Besprechung mit dem Stellvertreter des Staatssekretärs, Flint, am 22. Juli 1967: »Grundsätzlich sei es so, dass die Vertreter des betr. Staates, dem Hilfe geleistet werden soll, bei dem politischen Vertreter der DDR, sei es dem Botschafter oder Vertreter der Handelsmission, um die entsprechende Hilfe nachsuchen müssen, und der Vertreter der DDR seinerseits dann diese Bitte weiterleiten muss. Wenn diese Voraussetzungen gegeben seien, dann könne die Kirche auch in dem betr. Land ihre Hilfe leisten.« , BAEF ROO A VIII, 6, Teil 1.

[351] Eine entsprechende »Vorlage zur Ordinarienkonferenz am 31. August/1. September 1967 betr. Kollekte für die »Not in der Welt« wurde von Heinrich Theissing erarbeitet. Für den finanziellen Modus empfahl die Vorlage einen Einkauf der Waren in Westmark über Intrac, um die sehr langen Lieferzeiten zu umgehen, die der Warenerwerb in der DDR selbst erfahrungsgemäß in Anspruch nahm. BAEF ROO A I 16.

[352] Vgl. das Protokoll der BOK vom 31. August/1. September 1967, M. HÖLLEN, Bd. 3,1, S. 71.

[353] Die Höhe des Sammlungsergebnisses dürfte Bengsch überrascht haben, wenn man seiner oben zitierten Aktennotiz für seinen Generalvikar Adolph Glauben schenken darf.

Zinke und den Caritasdirektoren von Magdeburg und Dresden, Solbach und Weisbender, Vorschläge für die Verwendung auszuarbeiten[354]. Gedacht war an Algerien, Nordvietnam oder Indien[355]. Von Beginn an war klar, daß die Gelder nicht staatlichen Solidaritätsfonds[356] oder – wie im Falle des protestantischen Hilfswerks »Brot für die Welt«[357] – dem D[eutschen]R[oten]K[reuz] zufließen sollten; vielmehr galt das Prinzip »von Kirche an Kirche«[358]. Groß nahm daraufhin Gespräche zu Caritas Internationalis[359] auf und trug u. a.

354 Vgl. Protokolle der BOK v. 25., 26. Juni 1968 und 2., 3. Dezember 1968, BAEF ROO A III 30.

355 Diese drei Empfängerländer kamen laut Theissings Vorlage für die Konferenz Ende August 1967 in Frage, wobei Algerien favorisiert wurde, da hier die Vorbereitungen (v. a. Kontaktaufnahme mit der Caritas in Algerien) bereits am weitesten gediehen waren. 1966 hatte sich bereits die Europäische Caritaskonferenz in Kopenhagen mit Hilfen für Vietnam und Indien befaßt Vgl. 75 JAHRE DEUTSCHER CARITASVERBAND 1897-1972, S. 81.

356 Vgl. G. Lange, Katholische Kirche, S. 13.

357 Zur Entstehung von »Brot für die Welt« vgl. U. KAMINSKY, S. 180-193.

358 Vgl. das Schreiben Puschmanns an Bischof Braun vom Mai 1989, betr. Jahresbericht 1988 für das Bischöfliche Werk »Not in der Welt«: »Auch 1988 arbeitete das Bischöfliche Werk ›Not in der Welt‹ nach der bewährten Methode ›von Kirche an Kirche‹, d. h. die Empfänger der Hilfssendungen waren kirchliche Zentralstellen (Bischofskonferenz bzw. Caritas) in den jeweiligen Ländern oder zuverlässige, durch persönliche Kontakte bekannte und bezüglich ihrer Seriosität durch die Auslandsabteilung des DCV/Freiburg empfohlene Partner (z.B. Bischof Herve Itoua/Kongo). Bestätigungen der Hilfssendungen durch die Empfänger liegen mit einigen Ausnahmen vor (...)«, ADCV »Nachlaß Poralla«.

359 Der gebürtige Schlesier Carlo Bayer war zu dieser Zeit Generalsekretär von Caritas Internationalis. In dieser Funktion oblag ihm v. a. auch die Koordination der Hilfe der Caritasverbände bei Katastrophen. 1970 mußte Bayer nach nicht eindeutig geklärten Aktionen der Caritas Internationalis im Sezessionskrieg Nigeria-Biafra und den folgenden diplomatischen Verwirrungen vom Amt zurücktreten. Vgl. M. KOPP, S. 416 f.; D. SCHLENKER, S. 435-446. – Im MfS hielt man in einem auf westlichen Presseberichten fußenden Bericht über »Caritas Internationalis« fest: »Dominierend ist dabei die Zusammenarbeit zwischen ›Caritas Internationalis‹ und dem westdeutschen Caritas-Verband sowie allen westdeutschen katholischen Organisationen, die sich mit den Fragen der sogenannten Entwicklungshilfe befassen. So war z. B. bis Oktober 1970 der westdeutsche Prälat Carlo Bayer Generalsekretär der ›Caritas Internationalis‹. Bayer steht in einem engen Vertrauensverhältnis zu dem ehemaligen westdeutschen Bundespräsidenten Heinrich Lübke, dessen Haus ihm ›zum zweiten Elternhaus geworden‹ ist«. Vgl. den Auskunfsbericht vom 5. Mai 1971, BStU MfS HA XX/4/Dok., Nr. 583, Bd. 1, p. 6.

bei der Dienststelle des Staatssekretärs für Kirchenfragen das Anliegen einer Materialspende in Höhe von 600.000 Mark für die Caritas Algerien vor[360].

Da man dort aber den kirchlichen Antrag dilatorisch behandelte, weil offenbar Unklarheit darüber vorherrschte, ob die DDR willens bzw. in der Lage war, die fraglichen Wirtschaftsgüter für ein kirchliches Entwicklungshilfeprojekt zur Verfügung zu stellen[361], ergriff Groß kurzerhand die Initiative: Im Januar 1969 lud er den Generalsekretär der algerischen Caritas, Abbé Tissot, nach Berlin ein[362]. Dessen Besuch im Mai brachte den Durchbruch. Ohne den Stellvertreter des Staatssekretärs, Flint, oder dessen Mitarbeiter, Hartwig, weiter zu informieren, sprach Groß nun direkt beim MfS und wohl auch bei dem unter der Ägide Schalck-Golodkowskis stehenden Bereich »Kommerzielle Koordinierung« im Ministerium für Außenhandel vor[363],

---

360 Mit dem Staatssekretär für Kirchenfragen verhandelte Groß am 24. Juli 1968 über die weiteren Schritte des Genehmigungsverfahrens. Dem Aktenvermerk Hartwigs zufolge hatte die Handelsmission in Algier bereits Gespräche mit der katholischen Kirche Algeriens geführt. »Der Verhandlungspartner war der Leiter der Algerischen Caritas, der stellvertretende Gesundheitsminister in Algier«. Vgl. den Aktenvermerk vom 25. Juli 1968, BARCH DO 4, Nr.838. Am 20. November 1968 sprach Groß mit dem Stellvetretenden Staatssekretär Flint, der eine schriftliche Fixierung des gesamten Vorhabens einforderte, um noch vor Ende des Jahres mit dem Auswärtigen Amt wegen des Projektes Fühlung aufnehmen zu können. Von dem Gespräch erhielt auch das MfS Kenntnis. Vgl. den Aktenvermerk vom 23. November 1968, BSTU MfS AIM 2716/75, Bd. I/1, p. 67. Groß hielt in seinem Aktenvermerk vom 28. November fest: »Es wurde erklärt, unsere Anliegen seien dem Aussenministerium zugeleitet worden, von wo wir benachrichtigt würden. Es wurde aber gleichzeitig hingewiesen auf die Schwierigkeit, aus der laufenden Planung für 600.000 M Waren abzuzweigen. Es wäre notwendig, mit den Wirtschaftsorganen deswegen in Verbindung zu treten. Auch hier wollte man uns an die entsprechenden Stellen verweisen. Da Herr Hartwig inzwischen bis zum 1. Januar beurlaubt ist, wollte Herr Flint (...) dabei behilflich sein«. Aktenvermerk über Verwendung der Kollekte »Not in der Welt«, BAEF C III e.

361 Vgl. die Zitate in der vorangehenden Fußnote.

362 So Groß in einem Schreiben an das Ordinariat Meißen vom 30. Mai 1969, BAEF ROO A I 16.

363 In der IM-Akte Groß finden sich nur verdichtete Informationen der Hauptabteilung XX/4 über die Besprechungen in Berlin mit dem Generalsekretär der algerischen Caritas, Tissot. Die Berichte dürften auf Gesprächen mit Groß selbst beruhen. Vgl. die Informationen vom 14. und 23. Mai sowie vom 19. Juni 1969, BSTU MfS AIM 2716/75, Bd. II,1, p. 112-115, 117-118, 119-120. Vgl. auch B. SCHÄFER, Staat, S. 229.

informierte über seine Gespräche mit der Caritas Algérienne und stellte eine diplomatische Anerkennung der DDR durch Algerien in Aussicht[364]. In der »heißen Phase« der politischen Annäherung zwischen beiden Staaten witterte des MfS einen Erfolg, den es sich auch an seine Fahnen würde heften können.

In einer streng vertraulichen Notiz unterrichtete Prälat Groß dann Ende Mai 1969 persönlich die Mitglieder der Ordinarienkonferenz über sein Gespräch: Er habe die verschiedensten Versuche unternommen, die Genehmigung für die Ausfuhr der Spende zu bekommen, aber weder die Dienststelle des Staatssekretärs für Kirchenfragen, das Ministerium für Außenwirtschaft, das afro-asiatische Komitee, das Außenministerium noch die nordvietnamesische Botschaft hätten sich für ein derartiges Unternehmen für zuständig erklärt. »Nach dem Besuch von Abbé Tissot aus Algerien, der detaillierte Angaben über Hilfsaktionen, die von uns durchgeführt werden können, mitbrachte, gelang es dem Unterzeichneten, aufs neue Kontakt mit staatlichen Organen, die sich für diese Aufgabe als zuständig erklärten, zu erhalten. Bei diesem Gespräch wurde deutlich, dass eine Realisierung unserer Spenden nur möglich sei, wenn gleichzeitig aussenpolitische Ergebnisse bezw. Erfolge in den Empfängerländern zu erwarten seien. Nach der diplomatischen Anerkennung der DDR durch den Irak sei von den arabischen Ländern Algerien das gegebene Gebiet (...). Abbé Tissot, mit dem dieser Sachverhalt besprochen wurde, sah aus seiner Kenntnis der augenblicklichen Stimmung solche Möglichkeiten. Aufgrund dieser Nachricht wurde dem Unterzeichneten später erklärt, eine Hilfsaktion könne jetzt durchgeführt werden«[365]. Die Waren gelangten mit Genehmigung des sogenannten »Ministeriums für Außenhandel – Bereich Kommerzielle Koordinierung«[366] über

[364] Vgl. die Information vom 23. Mai 1969 über die Verhandlungen des Generalsekretärs des algerischen Caritasverbandes mit Vertretern der Caritas in der DDR, BStU MfS AIM 2716/75, Bd. II,1, p. 117-118. Eines der vier angefertigten Exemplare dieser Information lag wohl bis 1989 im Büro des Leiters der Hauptabteilung XX/4. Vgl. BStU MfS HA XX/4, Nr. 2697, p. 64-65. – Zu prüfen wäre, ob und inwieweit für so ein weitreichendes Angebot durch Prälat Groß die kirchlichen Verbindungen zur algerische Regierung (s.o. Anm. 360) und zu Kardinal Duval ausschlaggebend waren.

[365] Streng vertraulicher Aktenvermerk Groß für BOK-Mitglieder v. 30. Mai 1969, BAEF ROO A I 16.

[366] Undatierter Aktenvermerk Groß' betr. Kollekte »Not in der Welt«. Mit Zustimmung des Ministeriums für Außenhandel könnten, so Groß, Materialien jetzt nach Algerien transportiert werden; gleichzeitig seien 100.000 DM für die Wünsche der Algerischen Caritas innerkirchlich umgetauscht worden. »Letzterer

Caritas Internationalis[367] nach Algerien[368]. Die diplomatische Anerkennung der DDR durch Algerien erfolgte im Mai 1970.

Daß die Verhandlungen erfolgten, ohne daß die Caritasdirektoren, zumal die Beauftragten Solbach und Weisbender, ausreichend informiert wurden[369], sorgte v. a. in Dresden für beträchtlichen Unmut[370]. Die Initiative von Groß erlaubte es allerdings wider Erwarten[371], 1969 erneut eine Kollekte für die Not in der Welt abzuhalten. In diesem Zusammenhang forcierte Groß seine Idee, ein kircheneigenes Hilfswerk aus der Sammlungsinitiative zu errichten[372]. Auf

---

Weg ist im Gespräch mit Funktionären zugestanden worden (ist aber nicht zu publizieren).« Die Materialien seien für Alphabetisierungs- und Erziehungsaufgaben bestimmt. Nach Bestätigung des Empfangs sei eine Veröffentlichung im »Tag des Herrn« und im »Hedwigsblatt« möglich. Der Versand erfolge in Containern, die in Berlin von der ›Deutrans‹ (Frachtgesellschaft) zur Verfügung gestellt würden. BAEF ROO A I 16.

367 Schon in seinem Vermerk vom 28. November 1968 hatte Groß hierzu festgehalten: »Die Realisierung der Hilfe in Verbindung mit der Caritas Internationalis ist wichtig, da staatlicherseits immer wieder der Versuch gemacht wird, uns mit dem (roten) Roten Kreuz in Verbindung zu bringen und über dessen Kanäle die Spenden ›an den Mann‹ zu bringen. Da die Caritas Internationalis eine anerkannte Organisation der Unesco ist, konnte der Versuch, uns zur Zusammenarbeit mit dem Roten Kreuz zu bewegen, zurückgewiesen werden«. BAEF ROO C III e.

368 Von Ende September bis Mitte Oktober 1969 verwüsteten schwere Regenfälle weite Teile Algeriens und Tunesiens. Der Deutsche Caritasverband beteiligte sich daraufhin an der Hilfe für die Opfer der Überschwemmungskatastrophe. Vgl. 75 JAHRE DEUTSCHER CARITASVERBAND 1897-1972, S. 84. ARCHIV DER GEGENWART 39 (1969), Nr. 15102 A.

369 Vgl. den undatierten Aktenvermerk Groß': »Die Konsultation mit den von der Berliner Ordinarienkonferenz vorgeschlagenen Herren Prälaten Solbach und Weisbender war nicht notwendig, da die Wünsche der Algerier klar zum Ausdruck gebracht wurden und die staatlichen Behörden den Wünschen zugestimmt haben«. BAEF ROO A I 16.

370 Hüssler an Thiel vom 12. Februar 1970 und Thiel an Hüssler vom 16. Februar 1970, ADCV 121+085; vgl. außerdem Aktenvermerk Hötzels v. 18. Januar 1969 und die Antwort Groß' vom 4. Juni [!] 1969, BAEF ROO X, 7.

371 Auf der BOK-Sitzung vom 1.-3. Juni 1969 hatte Bengsch noch Rückstellung einer weiteren Kollekte »Not für die Welt« empfohlen, da es noch nicht möglich sei, die Spenden bestimmungsgemäß zu verwenden. BAEF ROO A III 29.

372 Vgl. den Aktenvermerk Groß' für die Berliner Ordinarienkonferenz vom 29. Mai 1970, betr. die Aktion »Not in der Welt«. Darin hieß es: »Die Behörden sind im Augenblick sehr grosszügig in der Durchführung der Ausfuhrformalitäten und es wurde mir versichert, dass die Entwicklungshilfeaktion der katholischen Kirche im staatlichen Bereich der DDR sehr hoch bewertet wird,

ihrer Sitzung im Juni 1970 faßte die Berliner Ordinarienkonferenz einen entsprechenden Beschluß und ernannte Groß zum Geschäftsführer[373]. Anfang Dezember schließlich legte dieser dem Staatssekretär für Kirchenfragen einen Briefbogen mit entsprechendem Kopf des »Bischöflichen Werks ›Not in der Welt‹« mit Bitte um Genehmigung vor. In einem Aktenvermerk notierte der Leiter der Arbeitsgruppe »Katholische Kirche« überrascht: »Die Frage ist, ob eine derart neue Organisation ohne staatliche Genehmigung legalisiert werden darf, indem Druckgenehmigungen für obige Bezeichnung erteilt werden«[374]. Es sollte sich aber die normative Kraft des Faktischen auswirken und das »Bischöfliche Werk »Not in der Welt« als eigenständiges Hilfswerk der katholischen Kirche in der DDR[375] bis zu seiner Vereinigung mit »Misereor« im Jahre 1991 fortbestehen.

3.3 Otto Groß, Theodor Hubrich und Norbert Kaczmarek: Humanitäre Bemühungen, Familienzusammenführung und Grundstücksgeschäfte

Die für die Arbeit der Caritas wichtigen Gesprächskontakte zur Dienststelle des Staatssekretärs für Kirchenfragen, zum Ministerium für Außenwirtschaft und zum MfS waren nach Zinkes Tod bruchlos auf Otto Groß übergegangen. Hingegen entstanden bei den Gesprächen in Fragen der humanitären Familienzusammenführung Übergangsprobleme. Diese bestanden auch fort, nachdem der die

zumal die Volksrepublik Algerien die diplomatischen Beziehungen zur DDR aufgenommen hat. Es ist daher sicher, dass unsere Hilfsaktion keinerlei Einschränkungen unterliegen wird, eher ist das Gegenteil zu erwarten. Um unserer Aktivität grössere Bedeutung zu verleihen, bitte ich sehr darum, dem Wunsch zu entsprechen und die Aktion ›Not in der Welt‹ zum Bischöflichen Werk zu erheben«. BAEF ROO A I, 16. Bereits am 16. Februar 1970 hatte der Leiter der Hauptvertretung Berlin, Thiel, dem Generalsekretär des DCV, Hüssler, mitgeteilt, Groß wolle wohl aus der Aktion »Not in der Welt« ein eigenes Bischöfliches Werk gemacht sehen. ADCV 121+085.

373 Dissemond an Groß v. 26. Juni 1970, BAEF ROO X,7.

374 Aktenvermerk Hartwigs vom 1. Dezember 1970, BArch DO 4, Nr. 839.

375 Für den alltäglichen Betrieb in der zwangsbewirtschafteten DDR waren gute Beziehungen zu den Liefer-, Verpackungs- und Versandfirmen unerläßlich. Bis 1989 lag die Organisation und Durchführung v. a. von Transporten des Bischöflichen Werks »Not in der Welt« in der Hand von Kurt Poralla. Vgl. das Schreiben von Puschmann an Bischof Braun vom Mai 1989, ADCV »Nachlaß Poralla«.

Kirchengeschäfte blockierende internationale Spionagefall »Felfe«[376] im Februar 1969 gelöst worden war.

Der neue Leiter der Hauptvertretung Berlin des Deutschen Caritasverbandes, Heinz Dietrich Thiel, hatte Zinke seit seinem hauptberuflichen Eintritt in den Dienst der Caritas 1967 darin unterstützt[377], die Kontakte zu den Advokaten Stange und Vogel sowie zum Bundesministerium für gesamtdeutsche Fragen (Rehlinger) wahrzunehmen; er führte sie auch nach Zinkes Tod weiter[378]. Offenbar aber entwickelte sich das Verhältnis zwischen Rechtsanwalt Vogel und Prälat Groß nicht in zufriedenstellender Weise. Der Bengsch-Vertraute suchte deshalb in der Frage der F[amilien]- und H[äftlings]-Aktionen im direkten Kontakt mit dem MfS Lösungen zu erzielen.

Die Schwierigkeiten kulminierten Anfang 1970: Nachdem vier Priesterstudenten aus dem Erzbistum München und Freising, die an einem Seminar der Katholischen Deutschen Studenten Einigung (KDSE) teilgenommen hatten, in der DDR »wegen illegaler Tätigkeit« verhaftet worden waren, wandte sich Otto Groß direkt an das MfS und bat »um weitere Verhaltenslinien«[379], derweil das Ordinariat in West-Berlin über Rechtsanwalt Stange dessen Kollegen Vogel informierte[380]. Groß gelang es, die Theologen wieder freizubekommen, die Abwicklung des Falles übernahmen Stange, Vogel und Thiel[381].

---

376 Zum Fall Felfe vgl. J. SCHMIDTHAMMER, S. 122-126; N. PÖTZL, S. 166-210; L. REHLINGER, S. 78 f.

377 Vgl. H. D. THIEL, Zinke, S. 195.

378 Freundliche Mitteilung von Heinz D. Thiel, Berlin. Thiel führte vor allem Gespräche mit dem West-Berliner Anwalt Stange, gelegentlich im Beisein von Vogel; nur in wenigen Fällen traf er auch mit Vogel im Ost-Berliner St. Hedwig-Krankenhaus zusammen.

379 Treffbericht IMF »Otto« vom 5. Januar 1970, BSTU MfS AIM 2716/75, Bd. II,2, p. 4.

380 Vgl. Treffbericht IMF »Otto« vom 7. Januar 1970, BSTU MfS AIM 2716/75, Bd. II,2, p. 9.

381 Freundliche Mitteilung von Heinz D. Thiel, Berlin. Vgl. den Aktenvermerk Ludwigs vom 11. Februar 1970, wo es über Thiel heißt: »Thiele [sic] arbeitet in Westberlin eng zusammen und in besonderen Situationen im Auftrag des in Westberlin amtierenden Vertreters des westdeutschen Ministeriums für innerdeutsche Beziehungen. Thiele hat in dieser Eigenschaft die Überführung der in der DDR (...) wegen Menschenhandels inhaftierten Münchener katholischen Theologiestudenten nach München durchgeführt. Dabei erklärte er einer inoffiziellen Quelle, daß er nach einem ersten oberflächlichen Gespräch mit den aus der DDR haftentlassenen 4 Theologiestudenten zu der Überzeugung gekommen ist, daß diese bei den DDR-Behörden nicht die volle Wahrheit gesagt hätten«. BSTU MfS AIM 2716/75, Bd. II,1, p. 294.

Der Verlauf des Falls führte den Beteiligten vor Augen, daß es 15 Monate nach Zinkes Tod nunmehr einer klaren Regelung der Gesprächskontakte bedurfte, zumal Vogel seit dem 1. August 1969 offiziell von der DDR-Regierung bevollmächtigt war, in diesen humanitären Angelegenheiten mit dem Westen zu verhandeln[382]. Am 6. Februar 1970 trafen Kardinal Bengsch und Rechtsanwalt Vogel zu einem Gespräch zusammen. Oberstleutnant Ludwig, Stellvertretender Leiter der Hauptabteilung XX und seit 1969 Amtsnachfolger Volperts, hielt über die Ergebnisse der Zusammenkunft fest: »Kardinal Bengsch erklärte folgendes: – Seit dem Ableben von Prälat Zinke gibt es keine geregelte Zusammenarbeit zwischen dem katholischen Ordinariat in der Hauptstadt der DDR und Vogel mehr. Vom Kardinal wird für zukünftige Verhandlungen zwischen der katholischen Kirche der DDR und Vogel Prälat Hubrich, Leiter des Caritas-Verbandes in der DDR, beauftragt. Das hängt einmal mit der innerkirchlichen Stellung und Funktion des Prälaten Hubrich zusammen und zum anderen müsse Prälat Groß entlastet werden[383]. (...) – Dem Kardinal liege an einer Arbeitsteilung zwischen den Verhandlungsbefugnissen der Prälaten Groß und Hubrich. Prälat Groß sei verantwortlich für die Verhandlungen mit dem Staatssekretariat [sic!] für Kirchenfragen, den Außenhandelsorganen der DDR und ... [der Staatssicherheit], während Prälat Hubrich nur die Verhandlungen mit Vogel zu führen hat. – Der Kardinal wünscht nicht, daß von Vogel Verhandlungen mit dem Caritas-Direktor Westberlins, Thiele [sic!] geführt werden. Thiele ist nur zuständig für Westberlin und nicht für Fragen der katholischen Kirche der DDR. Thiele hat keine Verhandlungsbefugnisse des Kardinals mit Regierungs- oder anderen Stellen in der Hauptstadt der DDR oder in der DDR. Der Kardinal hat Thiele jegliche Verhandlungen untersagt. (Vogel hat bisher keine direkten Verhandlungen mit Thiele geführt.)« [384].

Vermutlich war es Prälat Groß, der seine Gesprächspartner bei der Hauptabteilung XX/4 über die Ergebnisse des Gespräches zwi-

[382] Vgl. N. PÖTZL, S. 216 f.; den Text der von Generalstaatsanwalt Streit ausgestellten Vollmacht vom 1. August 1969, den Vogel bei der Bundesregierung vorlegte, bei J. SCHMIDTHAMMER, S. 133.

[383] Prälat Groß bedurfte allerdings kaum der Entlastung durch Caritasdirektor Hubrich. Wichtiger ist der Hinweis auf dessen innerkirchliche Stellung, wie die folgenden Ausführungen zum zukünftigen Wirkungskreis von Caritasdirektor Thiel deutlich machen. Überdies galt es – wie erwähnt – die bestehenden persönlichen Animositäten zwischen Groß und Vogel zu umgehen.

[384] Aktenvermerk Ludwigs vom 11. Februar 1970, BStU MfS AIM 2716/75, Bd. II/1, p. 293 f.

schen Kardinal Bengsch und Rechtsanwalt Vogel berichtete, offenbar nicht ohne auf seine persönlichen Animositäten gegenüber Vogel hinzuweisen[385].

Bengsch und Groß erreichten auf diese Weise dreierlei: 1. Verantwortlich für die Kontakte zu Vogel war Zinkes Nachfolger in der Ost-Berliner Zentralstelle und nicht der Repräsentant des Deutschen Caritasverbandes in West-Berlin. In diesem Rahmen konnte auch Thiel weiterhin Kontakte zu Vogel und in West-Berlin zu Rechtsanwalt Stange und dem Ministerium in Bonn wahrnehmen[386]. 2. Der bischöfliche Gesprächsauftrag an Hubrich blieb ausschließlich auf die Fragen »Familienzusammenführung« beschränkt[387]; Kontakte zum MfS waren mit diesem Verhandlungsauftrag nicht verbunden[388]. Ähnlich wie vor ihm Zinke und dann Groß

---

385 Der Aktenvermerk des zuständigen Hauptmann Wegeners hielt unter dem Vorzeichen »angeblich« fest, Vogel habe bei Bengsch vorgesprochen, weil er in Bonn erfahren habe, daß »die katholische Kirche in Fragen der Familienzusammenführung so gut wie nicht mehr im Geschäft sei«. Er habe den Eindruck, daß Zinkes Nachfolger [gemeint ist Groß] an dieser Sache kein Interesse habe und ihn persönlich meide. Es sei ein Fakt, »daß dieser Nachfolger, selbst wenn er Interesse an der Familienzusammenführung hätte, keine Möglichkeiten besitzt, um auf diesem Gebiet etwas zu unternehmen. Es würden ihm einfach die entsprechenden Verbindungen fehlen. Sollte er aber die übrigen Verbindungen des Prälaten Zinke übernommen haben, dann wäre er an Personen geraten, die ein Interesse daran hätten, die Familienzusammenführung zu blockieren. Von dieser Seite her sei deshalb keine Unterstützung zu erwarten«. Aktenvermerk Wegeners vom 12. Februar 1970, BStU MfS AIM 2716/75, Bd. II/1, p. 297. – Auf Befragen bestätigte Professor Vogel, daß am 6. Februar 1970 ein Gespräch mit Kardinal Bengsch stattgefunden habe, bestritt aber, sich beim Berliner Kardinal über eine Unterbrechung der Verhandlungen über die Familienzusammenführung beklagt zu haben. Eine solche Unterbrechung der Kontakte zur katholischen Kirche habe er nicht wahrgenommen und bei dem Zusammentreffen mit Bengsch sei v. a. über Fragen der Kinderrückführung gesprochen worden. Freundliche Mitteilung von Prof. Wolfgang Vogel, Schliersee.

386 Freundliche Mitteilung von Heinz Dietrich Thiel, Berlin.

387 Das blieb dann auch unter Hubrichs Amtsnachfolgern Steinke und Puschmann so. Ute Haeses Frage, weshalb nicht auch Steinke und Puschmann wie Hubrich Kontakte zum MfS in dieser Frage unterhalten haben, beantwortet sich daher von selbst. Vgl. Ute HAESE, MfS-Kontakte, S. 378.

388 B. SCHÄFER verbindet demgegenüber die MfS-Kontakte Hubrichs mit seinem Gesprächsauftrag zu Verhandlungen mit Vogel. Vgl. B. SCHÄFER, Staat, S. 207; vgl. auch D. GRANDE/B. SCHÄFER, Kirche im Visier, S. 44 f.; Indiz dafür ist die zeitliche Nähe, in der Hubrichs Registrierung durch das MfS und die Unter-

konnte Hubrich aber mit bischöflichem Einverständnis seine seinerzeit von Zinke eingefädelten Gesprächskontakte zum MfS nutzen, um in Konfliktfällen eine Lösung zu erreichen. Die Registrierung als IM erfolgte 1970[389]. 3. Diese offizielle »Verhandlungslinie Hubrich – Vogel« schloß nicht aus, daß Groß auch weiterhin seine direkten Verbindungen zum MfS nutzte, zumal wenn es um politische Häftlinge ging; der Erfolg hing allerdings jeweils vom Wohlwollen der Staatssicherheit ab[390]. Alles in allem beschritt man auf diese Weise wieder den üblichen Verhandlungsweg aus der Zeit Zinkes, wiewohl der Verhandlungsschwerpunkt auf die Ost-Berliner Seite verlagert worden war. Sollten im MfS für die kurze Zeit zwischen Februar 1969 und Februar 1970 Pläne bestanden haben, die Advokatenebene zu umgehen, so waren sie gescheitert.

Als verlängerter Arm von Bengsch und Groß agierte in dessen Sinne neben Hubrich der im April 1970 ernannte Ost-Berliner Caritasdirektor Norbert Kaczmarek[391]. Bereits im Februar 1962 hatte Kaczmarek erstmals Berührung mit der kirchenpolitischen Abteilung der Staatssicherheit gehabt, nachdem er sich direkt bei Ministerpräsident Otto Grotewohl über das staatspolizeiliche Vorgehen gegen seine Schwester und seine Mutter beschwert hatte[392]. Die Aussprache beim MfS am 15. Februar[393] blieb ohne Folgen, wohl weil

redung Bengsch-Vogel über die Familienzusammenführung miteinander stehen. U. HAESE hat zu Recht auf den Widerspruch hingewiesen, der in diesem Fall entstehen muß zwischen den MfS-Kontakten Hubrichs und den Nicht-Kontakten seiner Nachfolger Steinke und Puschmann. Vgl. U. HAESE, MfS-Kontakte, S. 377-379.

389 Die vernichtete Akte trug die Registriernummer XV 600/70. Vgl. B. SCHÄFER, Staat, S. 207. Über die Gespräche, die Hubrich in diesem Kontext mit dem Staatssicherheitsdienst führte, sind bisher keine MfS-Akten aufgetaucht. Daß er seine Kontakte aber als Weihbischof und Generalvikar in Magdeburg und später als Bischof in Schwerin zunächst mit Wissen seines Magdeburger Bischofs und dann konspirativ weitergeführt hat, läßt sich durch inzwischen rekonstruierte Aktenfragmente belegen. Vgl. BSTU MfS AIM 25433/91.

390 Ähnlich auch die kryptisch formulierten Hinweise bei Ute Haese, die sich auf mündliche Mitteilungen der Prälaten Lange und Dissemond stützen. Vgl. Ute HAESE, MfS-Kontakte, S. 377.

391 Vgl. BSTU MfS AIM 25230/91. Die noch bis vor kurzem als »vernichtet« geltende Personenakte ist inzwischen in Teilen rekonstruiert.

392 Vgl. das Schreiben vom 10. Dezember 1961, ADCV 121/30+732.46.

393 Vgl. BSTU MfS HA II/Abt. 9-VSH, Norbert Kaczmarek; BSTU MfS AP 8490/76. – Die Vorgänge wurden 1976 archiviert.

Kaczmarek sich zuvor bei Zinke über die richtige Verhaltensweise erkundigt hatte[394].

Folgt man dem Bericht des in der MfS-Zentrale für die katholische Kirche zuständigen Offiziers Baethge vom Dezember 1978, so wurde der Kontakt durch eine »op.[erative] Kombination mit Unterstützung des IM ›Otto‹ (...) hergestellt«[395]. Am 2. Oktober 1970 sprach Kaczmarek erstmals im Auftrag seines Bischofs in der Normannenstraße wegen zweier ausländischer Staatsbürger vor; während seines letzten Aufenthaltes im Vatikan sei Bengsch darüber unterrichtet worden, daß seit Juli 1970 ein englischer und ein amerikanischer Student wegen des Verbreitens faschistischer Literatur in der DDR inhaftiert sein sollten; der Papst sei um Unterstützung bei der Suche nach den beiden gebeten worden. »Kaczmarek«, hieß es weiter in der zusammenfassenden Information, »verwies in diesem Zusammenhang auf den inzwischen verstorbenen Prälaten Zinke, der auch des öfteren derartige Unterredungen mit Mitarbeitern des MfS geführt hatte«[396]. Am 28. Oktober 1970 bestätigte Oberleutnant Baethge Kaczmarek Tatsache und Grund der Verhaftung. Vermutlich bei dieser Gelegenheit präsentierte Baethge auch die Ergebnisse, die die Überprüfung von vier weiteren, 1970 zu mehrjährigen Haftstrafen bzw. zu lebenslanger Haft Verurteilten ergeben hatte[397]. Für die beiden inhaftierten Studenten wies der Oberleutnant den Ausweg: »In diesem Gespräch wurde K. zu verstehen gegeben, daß der Prälat Zinke bei seinen Unterredungen stets mit konkreten Vorstellungen an das MfS herantrat. Er möchte sich deshalb zunächst konkrete Vorstellungen erarbeiten und dann erneut beim MfS vorsprechen«. Beim nächsten Gespräch am 23. November einigte man sich, beide Häftlinge gegen eine Ordnungsstrafe von 20.000 DM West/Person in die Freiheit zu entlassen. Ausdrücklich vermerkt der Bericht: »K. brachte in diesem Zusammenhang weiter zum Ausdruck, daß der Kardinal den Wunsch hat, niemanden, auch nicht die

394 Kaczmarek an Zinke vom 7. Februar 1962, ADCV 121/30+732.46, 1952 ff. Kaczmarek hatte bei Zinke in einer handschriftlichen Notiz angefragt: »1. Soll ich hingehen? Ich würde es tun. 2. Wie soll ich mich verhalten? Es hängt ja wohl vor allem davon ab, wie ich dort behandelt werde«.

395 BStU MfS AIM 25230/91, Bd. I, p. 56.

396 Information vom 23. November 1970, BStU MfS AIM 25230/91, Bd. I, p. 23.

397 Vgl. die undatierte Häftlingsliste, BStU MfS AIM 25230/91, Bd. I, p. 16. Auf die Liste wird allerdings in keinem der bisher aufgetauchten Berichte und Informationen der Akte eingegangen.

inhaftierten Personen, über den Verfahrensweg der Freilassung zu informieren«[398].

In welcher Weise und wie lange dieser Verfahrensweg von Bengsch und Groß genutzt wurde, bleibt unklar. Problematisch waren wie ehedem solche Fälle, bei denen Geistliche involviert waren. Beim MfS weckten tatsächliche oder vermeintliche Delikte, die den Vorwurf der »staatsfeindlichen Hetze« (§ 106 StGB) oder des Vergehens gegen die staatliche Ordnung (v. a. Beihilfe zum ungesetzlichen Grenzübertritt, § 213 StGB) untermauern konnten, stets besondere Aufmerksamkeit; neben der Verfolgung des Delikts selbst bot sich die Gelegenheit, zersetzend auf die katholische Kirche und ihren Klerus einzuwirken. Im März 1971 wurde Bengsch vom Staatssekretär für Kirchenfragen, Seigewasser, mit dem Vorwurf konfrontiert, gegen den Vorsitzenden der Magdeburger Caritas, Heinrich Solbach, drohe die Einleitung eines Ermittlungsverfahrens wegen Beihilfe zur Republikflucht. Der Fall, samt der Zahlung eines von Heinz Volpert vorgeschlagenen kirchlichen »Gegengeldes« für Solbach als »finanzielle Wiedergutmachung«[399], wurde auf der Advokatenebene abgewickelt[400]. Andererseits teilte der zunächst unter dem Decknamen »Direktor«, seit 1972 dann als IMV »Norbert« geführte Kaczmarek auch nach dem plötzlichen Tod von Groß 1974 dem MfS noch den Fall eines inhaftierten katholischen Studenten mit, für den sich der Korfuer Erzbischof bei Bengsch verwandt hatte[401]. Und im September 1977 besprach »Norbert« mit Baethge den Fall eines Kaplans, der über die bundesdeutsche Botschaft in Prag versucht hatte, die DDR illegal zu verlassen[402].

Der direkte Gesprächskontakt zum MfS erwies sich auch in anderer Hinsicht als gangbar: Kaczmarek führte 1970/71 direkte Verhandlungen über einen Grundstückstausch in Berlin zwischen Caritas und Staatssicherheit sowie damit verbundene weitere Bau-

398 Information vom 23. November 1970, BStU MfS AIM 25230/91, Bd. I, p. 22-24.

399 So der Auskunftsbericht der Hauptabteilung XX/4 am 9. März 1971, BStU MfS AP 21088/92, p. 37.

400 Vogel und Stange waren mit der Angelegenheit an den Leiter der Hauptvertretung Berlin des DCV, Heinz D. Thiel, herangetreten. Freundliche Mitteilung von Heinz Dietrich Thiel, Berlin.

401 Vgl. den Treffbericht vom 5. September 1974, BStU MfS AIM 25230/91, Bd. II, p. 62.

402 Vgl. den Treffbericht vom 13. September 1977, BStU MfS AIM 25230/91, Bd. III, p. 57-59.

maßnahmen durch Betriebe des MfS[403]. In Baethges Augen waren diese »Gespräche offizieller Klärung« allerdings nur der Vorlauf, »um dann die Gespräche auf beiderseitig interessierende Fragen überzuleiten«[404]. 1972 bestimmten noch Informationen über die Caritas die Treffberichte mit: gleichermaßen interne wie unzureichende, weil unpräzise Informationen über die Führungskrise von Caritas Internationalis seit Rücktritt von Generalsekretär Bayer 1970[405], die Berufung des Zentralstellen-Leiters Hubrich und seines Stellvertreters Dr. Stolte zu Vertretern des Caritasverbandes bei der Pastoralsynode[406] und der Wechsel Hubrichs von Berlin nach Magdeburg[407]. Dann trat das Thema »Caritas« in den Hintergrund und das Interesse des MfS richtete sich darauf, IMV »Norbert« im Rahmen des gegen Kardinal Bengsch gerichteten »Sondervorgangs ›Kopf‹«[408] einzusetzen[409]. In diesem Sinne führte Baethge alias »Hans Ebert« am 6. und 20. Dezember 1973 zwei Werbungsgespräche mit Kaczmarek und konstatierte abschließend »ein gutes Verhältnis« zwischen beiden Gesprächsbeteiligten[410].

Ebenso wie bei Hubrich bestand auch bei Kaczmarek der Kontakt zum MfS über seine hauptamtliche Tätigkeit für die Caritas in der DDR hinaus weiter fort. Nach seiner Versetzung 1977 in das bischöfliche Seelsorgeamt fanden Zusammentreffen bis mindestens 1985[411] statt. Am 29. Oktober 1977 schlug der Leiter der Hauptabteilung XX/4, Sgraja, vor, IMV »Norbert« anläßlich des 28. Jahrestages der Gründung der DDR mit einem Sachgeschenk im Wert von

---

403 Vgl. die Information vom 17. Dezember 1970 über die Vorsprache Kaczmareks sowie den Vermerk betr. Altersheimausbau Hohenschönhausen, Manetstraße 83, EBD., p. 25, 34-45.

404 Einschätzung IMV »Norbert« vom 1. Dezember 1978, BStU MfS AIM 25230/91, Bd. I, p. 56.

405 Vgl. die Treffberichte vom 28. Januar 1972 und 3. Mai 1972, BStU MfS AIM 25230/91, Bd. II, p. 13-14, 23-25.

406 Vgl. den Treffbericht vom 11. Juli 1972, BStU MfS AIM 25230/91, Bd. II, p. 33-34.

407 Vgl. den Treffbericht vom 8. Dezember 1972, BStU MfS AIM 25230/91, Bd. II, p. 38-39.

408 Vgl. dazu D. GRANDE/B. SCHÄFER, Kirche im Visier, S. 57.

409 Vgl. die Auftragskonzeption für den IM-Vorlauf »Norbert« während der Aktion »Banner«, 4. Juli 1973, BStU MfS AIM 25230/91, Bd. II, p. 47.

410 Vgl. den handschriftlichen Bericht vom 6. Januar 1974, BStU MfS AIM 25230/91, Bd. I, p. 46 f.

411 Vgl. den Quittungsbeleg über einen Bildband »Altberliner Kirchen« vom 13. Dezember 1985, BStU MfS AIM 25230/91, Bd. III, p. 106.

200 Mark auszuzeichnen. »In den zurückliegenden Jahren«, so die Begründung, »konnten auf der Grundlage eines guten Vertrauensverhältnisses wertvolle Informationen mit Hilfe des IMV erarbeitet werden. Außerdem war es mit seiner Unterstützung möglich, auf ein Verhältnis zwischen der katholischen Kirche und der DDR im Sinne unserer Zielsetzungen Einfluß zu nehmen«[412]. Überhaupt führte man in der Hauptabteilung XX/4 sorgfältig Buch über die Ausgaben, die bei den Treffen der MfS-Offiziere mit den IM »Otto«, »Theodor« und »Norbert« entstanden: Die Quittungsbelege hielten stets die Höhe des Betrages und gelegentlich auch den Verwendungszweck – v. a. Spirituosen und Buchgeschenke oder nur »Zuwendungen« – fest[413].

3.4 Neuordnung der zentralen Gesprächskontakte

Binnen 22 Monaten kam in dieses Gefüge der institutionalisierten Gesprächskontakte gleich zweimal erhebliche Bewegung. Zunächst wurde im Oktober 1972 Theodor Hubrich vom neuen Magdeburger Bischof Johannes Braun zum Generalvikar des Bischöflichen Amtes Magdeburg berufen[414]. Dann starb am 15. August 1974 überraschend im Alter von nur 57 Jahren Prälat Otto Groß. Natürlich war man bei der Staatssicherheit an dem sich nun drehenden kirchlichen Personalkarussell interessiert. Hatte Otto Groß das MfS über wichtige Personalveränderungen informiert[415], so übernahm offenbar diese Aufgabe Norbert Kaczmarek.

---

412 BSTU MfS AIM 25230/91, Bd. III, p. 60. Am 15. Dezember 1983 hielt Oberstleutnant Wiegand, der Leiter der Hauptabteilung XX/4, auf Anfrage der Abt. XI/2 (zuständig für die operative Abwehrarbeit unter Kadern des Chiffrierwesens der DDR) über Kaczmarek fest: »In den zurückliegenden Jahren hat sich K. stets loyal gegenüber der DDR verhalten. (...) Gespräche mit staatlichen Behörden führte er korrekt und sachlich, und er war bestrebt, das Verhältnis der katholischen Kirche zu den staatlichen Behörden nicht zu belasten«. BSTU MfS AIM 25230/91, Bd. III, p. 87.

413 Vgl. die Quittungsbelege in der Akte BSTU MfS HA XX/4, Nr. 3149, passim.

414 Vgl. Bischof Theodor Hubrich schreibt seinen Lebenslauf, in: J. BRAUN, Kirche gestern und heute, S. 76.

415 Vgl. BSTU MfS AIM 2716/75, Bd. II, 2, p. 22 f. (Treffbericht vom 24. März 1970), p. 76-80 (Treffbericht vom 2. Juli 1970), Bd. II, 1, p. 6-9 (Treffbericht vom 24. Oktober 1968), 10-14 (Treffbericht vom 19. Dezember 1968), 205-209 (Treffbericht vom 9. September 1969), 253-257 (Treffbericht vom 12. Dezember 1969), 290-292 (Treffbericht vom 12. Februar 1970).

Nach zwei Treffen mit IMV-V[orlauf] »Norbert« Anfang und Mitte November 1972 war man in der Normannenstraße über das Revirement beim Caritasverband und die Kandidatenliste möglicher Nachfolger informiert: Bengsch habe den Caritasdirektoren als Hubrichs potentielle Nachfolger die Caritasdirektoren Weisbender (Dresden), Hostombe (Hildburghausen) und Rothkegel (Berlin) zur Wahl vorgeschlagen. Alles deute darauf hin, daß Weisbender von den drei genannten Kandidaten den Vorzug erhalte. »Weisbender verfügt über langjährige Erfahrungen in der caritativen Arbeit und kann seine Tätigkeit in Dresden auf Grund persönlicher Differenzen mit Bischof Schaffran nicht länger durchführen«[416].

Die Vermutungen, die Baethge aus seinen Gesprächen mit Kaczmarek zusammenfaßte, waren zum Zeitpunkt der Niederschrift am 8. Dezember allerdings von der Wirklichkeit überholt. Bengsch hatte sich in diesen Tagen bereits für den schon einmal Mitte Oktober vorgeschlagenen Ordinariatsrat Roland Steinke entschieden[417]. Ende Dezember bedankte sich Hubrich in einem persönlichen Schreiben an Rechtsanwalt Vogel für alle Mühewaltung und teilte ihm mit, sein Nachfolger, Direktor Steinke, werde mit ihm Kontakt aufnehmen[418]. Steinkes Amtsantritt mit Wirkung vom 1. Januar 1973 wurde schließlich am 1. Februar im Bischöflichen Amtsblatt veröffentlicht[419].

Nicht einmal eine Woche nach der Beerdigung von Otto Groß auf dem St. Hedwigs-Friedhof in Berlin-Hohenschönhausen[420] traf sich Baethge mit Kaczmarek, um u. a. über »Fragen im Zusammenhang mit dem Tode von Prälat Otto Groß« zu sprechen. Der plötzliche Tod von Prälat Groß, schrieb der MfS-Offizier nach einem Treffen mit IMV »Norbert« in seinem Bericht, habe ins Führungs-

---

416 Vgl. den Treffbericht vom 8. Dezember 1972, BStU MfS AIM 25320/91, Bd. II, p. 39.

417 Vgl. Hubrich an Bengsch vom 24. November 1972, ADCV 121/20+125.0, 1969-1973. – Ob es sich um gezielte Falschinformationen Kaczmareks handelte, der neben Joachim Meisner und Roland Steinke übrigens selbst vorübergehend zu den Kandidaten für eine Nachfolge Hubrichs gehörte, läßt sich quellenkritisch nicht mehr entscheiden.

418 Hubrich an Rechtsanwalt Vogel vom 29. Dezember 1972, ADCV 121/7+376.2, Fasz. 03.

419 Vgl. Amtsblatt des bischöflichen Ordinariats Berlin 45 (1973), Nr. 2, S. 7.

420 Vgl. den Artikel »Apostolischer Protonotar Prälat Otto Groß +«, in: St. Hedwigsblatt 21 (1974) Nr. 34 vom 25. August 1974, S. 1, 7.

gremium der katholischen Kirche eine große Lücke gerissen. Daß dies auch für die Kontakte zum MfS galt, machte der unverkennbar persönliche Unterton nachfolgender Ausführungen deutlich: »Ein Nachfolger des Prälaten Groß, der in der gleichen Weise ihm [Bengsch] ergeben ist und in den gleichen Funktionen wirkt, ist kaum zu finden. Groß ist in die von ihm ausgeübten Funktionen mit Hilfe und Unterstützung des vor Jahren verstorbenen Prälaten Zinke hineingewachsen. Der plötzliche Tod von Prälat Otto Groß verhinderte eine ähnliche Entwicklung und läßt offensichtlich eine Beibehaltung der von Prälat Groß ausgeübten Funktionen in einer Hand nicht zu. Im engeren Kreis um Kardinal Bengsch ist davon die Rede, daß die von Prälat Groß hauptsächlich ausgeübten 3 Funktionen auch 3 verschiedenen Personen übertragen werden sollten«[421].

In seiner Besprechung mit Kaczmarek suchte Baethge Näheres zu erfahren. Im Gespräch sei, daß Caritasdirektor Steinke die wirtschaftlichen Fragen (einschließlich der finanziellen mit der BRD) übernehmen könne; als Lizenzträger für das Ost-Berliner »Hedwigsblatt« könne vielleicht Generalvikar Schmitz in Frage kommen; die kirchlichen Interessen beim Staatssekretär für Kirchenfragen solle entweder der Sekretär der Berliner Ordinarienkonferenz, Prälat Dissemond, wahrnehmen, oder – wie IMV »Norbert« »äußerst vertraulich« mitteilte – der Diözesanjugendseelsorger und Vertraute des Kardinals, Gerhard Lange[422].

In der Tat wurden die drei Funktionen, die Groß wahrgenommen hatte, entsprechend auf die genannten Personen verteilt. Paul Dissemond allerdings wurde von Kardinal Bengsch mit den Gesprächskontakten zum MfS beauftragt; diese Aufgabe nahm der Sekretär der Berliner Ordinarienkonferenz spätestens seit Anfang 1975 wahr, als auch seine Registrierung als IM »Peter« durch das MfS erfolgte[423].

---

421 Treffbericht vom 5. September 1974, BStU MfS AIM 25230/91, Bd. II, p. 60.

422 Vgl. EBD., p. 59-61. Dem Staatssekretär für Kirchenfragen, Seigewasser, teilte Bengsch die Beauftragung Langes erst am 10. Oktober 1974 mit. Vgl. M. HÖLLEN, Bd. 3,1, S. 343. Zur Einschätzung Langes durch die Dienststelle des Staatssekretärs für Kirchenfragen im Jahre 1980 vgl. M. HÖLLEN, Bd. 3,2, S. 55.

423 Zur Einschätzung Dissemonds durch die Dienststelle des Staatssekretärs für Kirchenfragen im Jahre 1980 vgl. M. HÖLLEN, Bd. 3,2, S. 55.

Entwicklung der direkten Gesprächskontakte mit den staatlichen Stellen der DDR bzw. deren Beauftragten (1970-1989)[424]

Jahr	Ministerium für Staatssicherheit	Dienststelle des Staatssekretärs für Kirchenfragen	Ministerium für Außenwirtschaft (Bereich KoKo)	Rechtsanwalt Vogel (Familienzusammenführung)
1970	Groß /	Groß	Groß	
Feb.	Hubrich			Hubrich / Thiel
Okt.	Kaczmarek			
1972	Groß / Kaczmarek / Hubrich			
Okt.	Groß / Kaczmarek	Groß	Groß	Hubrich / Thiel
1973	Groß / Kaczmarek	Groß	Groß	Steinke / Thiel
1974	Groß († Aug.) / Kaczmarek	Groß († Aug.)	Groß († Aug.)	Steinke / Thiel
Sept.			Steinke / Thiel	
1975	Dissemond	Lange	Steinke / Thiel	Steinke / Thiel
1982	Dissemond	Lange	Puschmann / Thiel	Puschmann / Thiel
1987	Michelfeit	Lange	Puschmann / Thiel	Puschmann / Thiel

Für den Deutschen Caritasverband und seine Zentralstelle in Berlin hatte die Neuordnung der Gesprächskontakte zwei Konsequenzen: Zum einen führte der Sekretär der Berliner Ordinarienkonferenz, also jene Person, die von Amts wegen den Bischöfen sowie dem Konferenzvorsitzenden am nächsten stand, die direkten Gespräche mit der Staatssicherheit. Kontakte zum MfS, wie sie Hubrich als Leiter der Zentralstelle im Rahmen seiner Aufgaben gelegentlich wahrgenommen hatte, waren nunmehr durch die eindeutige Zuordnung der Aufgaben bereits im Vorfeld verhindert. Die Zentralstellen-Leiter Steinke und Puschmann verwiesen dementsprechend im Konfliktfall auf den Bischöflichen Gesprächsbeauftragten Dissemond.

Zum anderen nahm Roland Steinke zusätzlich zu den Gesprächen über die Familienzusammenführung auch die Verhandlungen über

424 Vgl. auch D. GRANDE/B. SCHÄFER, Interne Richtlinien, S. 397-399.

Devisentransfers wahr[425], da diese – wie Baethge in seinem Bericht festhielt – in früheren Jahren von Zinke in der caritativen Arbeit ebenfalls bewältigt worden seien[426]. Bei diesen hinsichtlich der beteiligten Stellen caritasübergreifenden Aufgaben stimmten sich Steinke und sein Nachfolger, Hellmut Puschmann, sowohl mit Prälat Gerhard Lange als auch mit Caritasdirektor Heinz Dietrich Thiel ab[427]. Man trug damit – gleichsam spiegelbildlich – den machtpolitischen Verhältnissen Rechnung[428].

Den von Otto Groß eingeschlagenen Weg, die kirchlichen Gesprächskanäle zu den staatlichen Stellen zentral im (Ost-)Berliner Ordinariat bei seinem Bischof Bengsch zusammenzufassen, setzte man damit nur partiell fort. Baethge hatte richtig erkannt, daß diese Neuordnung durch klare Aufteilung auf mehrere Personen einen Einschnitt für die Kirche und die Caritas, aber auch für die Einflußmöglichkeiten des MfS mit sich brachte.

Über Groß' Nachfolger versuchte man sich in der Normannenstraße rasch ein Bild zu verschaffen. Am 5. September 1974 forderte Oberst Heinz Volpert beim Leiter der Hauptabteilung XX, Paul Kienberg, Informationen über Steinke an. Dieser sei, hieß es in einem tags darauf gefertigten Auskunftsbericht der kirchenpolitischen

425 Am 6. September 1974 erteilte Bengsch Steinke den »Verhandlungsauftrag für alle Fragen, die mit Transfer, Intrac und Limex zusammenhängen« und ersuchte ihn, »die notwendigen Verbindungen zur Durchführung des Ihnen erteilten Auftrages herzustellen«. BAEF ROO XII, 1 a.

426 Treffbericht vom 5. September 1974, BStU MfS AIM 25230/91, Bd. II, p. 60.

427 Vgl. H. Puschmann, Arbeit der Zentralstelle. – Zu den Gesprächen mit dem Ministerium für Außenhandel war Thiel als Vertreter der westdeutschen katholischen Kirche auf Bitten Manfred Seidels hinzugezogen worden. Mündliche Mitteilung von Heinz Dietrich Thiel, Berlin. Auf ihrer Zusammenkunft am 9./10. Januar 1969 hatte die Caritasdirektorenkonferenz beschlossen, die BOK zu bitten, »daß bei den Verhandlungen beim Min. f. Außenwirtschaft, H. Seidel, neben Herrn Prälat Groß auch ein Vertreter der Zentralstelle des DCV Berlin als Verhandlungspartner teilnimmt.« ADCV 121/20+125.0, 1969-1973.

428 Wenn es um die Durchsetzung bestimmter Grundfragen bzw. um die Billigung bestimmter Anträge ging, waren sowohl das Ministerium für Außenhandel als auch die Dienststelle des Staatssekretärs für Kirchenfragen zuständig. Beide staatlichen Stellen handelten weisungsgebunden im Auftrag der Arbeitsgruppe Kirchenfragen beim ZK der SED. Vgl. das Protokoll über die Besprechungen mit dem Staatssekretär für Kirchenfragen, Ministerium für Außenwirtschaft und der Arbeitsgruppe Kirchenfragen beim ZK der SED am 6. Januar, 10. Januar und 16. Januar 1974, BAEF ROO XII 1 a.

Abteilung des MfS, dem Kardinal hörig und bestrebt, dessen Linie konsequent durchzusetzen. Steinke gehöre außerdem zu einer Gruppe von vier Abiturienten, »die auf Grund ihrer Bildung und Erziehung im Westberliner Canesius [sic]-Kolleg bereits im Priesterseminar Erfurt eine gewisse Sonderstellung einnahmen«. Aus dieser Gruppe seien neben Steinke auch der Berliner Weihbischof Kleineidam und der Leiter des Jugendseelsorgeamtes Berlin, Gerhard Lange, hervorgegangen[429].

Diese Neuordnung der Gesprächskontakte erlaubte es auch, das 1972 aus Mangel an Devisen durch die SED-Regierung initiierte, valutafinanzierte Sonderbauprogramm effizienter auszunutzen[430]. Im Januar 1974 fanden dazu »Grundsatzgespräche« mit sämtlichen beteiligten staatlichen Stellen statt – der Dienststelle des Staatssekretärs für Kirchenfragen, dem Ministerium für Außenwirtschaft und der Arbeitsgruppe Kirchenfragen beim ZK der SED[431].

Juristischer Bevollmächtigter für das Sonderbauprogramm der katholischen Kirche war der Ost-Berliner Rechtsanwalt und Notar Manfred Wünsche. Er gehörte zum Kreis jener Advokaten, die der Bereich Kommerzielle Koordinierung mit besonderen Aufträgen versah. Zu solchen Aufgaben zählten auch die Zusammenarbeit mit der katholischen Kirche bzw. der Caritas, die Abwicklung von Erbschaftsangelegenheiten und Grundstücksgeschäften sowie die Durchführung spezieller internationaler Devisentransaktionen[432].

Wünsches Kontakte zur katholischen Kirche und zur Caritas waren durch Otto Groß zustande gekommen, der Wünsches Frau seit Jahren aus seiner Pfarrei kannte. Nachweislich seit 1973 war Wün-

[429] Vgl. den Auskunftsbericht der Hauptabteilung XX/4 vom 6. September 1974. Der Bericht stützte sich auf einen Treffbericht, den man in der kirchenpolitischen Abteilung des MfS bereits am 18. April 1974 nach einem Treffen mit IMV »Birke«, einem ehemaligen katholischen Priester aus Görlitz und Sekretär von Bischof Schaffran, angefertigt hatte BSTU MfS AP 12246/92, p. 1-4, 8. Vgl. B. SCHÄFER, Staat, S. 353 f. Lange hatte allerdings seine schulische Ausbildung nicht auf dem Canisius-Kolleg erfahren, sondern auf dem Steglitzer Gymnasium in West-Berlin.

[430] Vgl. dazu auch die Ausführungen EBD., S. 325-329.

[431] Vgl. die ungezeichnete, undatierte und abschriftliche Zusammenfassung über die Besprechungen mit dem Staatssekretär für Kirchenfragen, Ministerium für Außenwirtschaft und der Arbeitsgruppe Kirchenfragen beim ZK der SED am 6. Januar, 10. Januar und 16. Januar 1974, BAEF ROO XII 1 a. Das Dokument trägt auf der ersten Seite den Stempel des Sekretariats der Berliner Ordinarienkonferenz.

[432] Vgl. DER BEREICH KOMMERZIELLE KOORDINIERUNG, S.130.

sche damit betraut[433], Mandate für die katholische Kirche wahrzunehmen, die kirchliche Bauvorhaben im Rahmen des Sonderbauprogramms betrafen[434]. Außerdem war er beauftragt, mit Hilfe seines direkten Zugangs in das Ministerium für Außenhandel Einfuhrgenehmigungen zu erwirken, die auf dem normalen Weg über die Zentralstelle Berlin nicht beschafft werden konnten. Diese Sondereinfuhrgenehmigungen betrafen Bücher, Lebensmittel, Habitstoffe für Ordensfrauen u. ä. Gleichzeitig wickelte er die Barzahlung des vom Ministerium erhobenen pauschalen Einfuhrzolls ab[435]. In allen Aufgaben stimmte sich Wünsche mit dem Leiter der Hauptvertretung des DCV in West-Berlin, Heinz Dietrich Thiel, und dem kirchlichen Beauftragten für die Verhandlungen mit dem Ministerium für Außenwirtschaft, Prälat Otto Groß, ab. Verbindliche Absprachen existierten allerdings nicht.

Erst als im Herbst 1974 der Leiter der Zentralstelle Berlin, Roland Steinke, mit den Transfer- und Devisen-Verhandlungen beauftragt wurde, erfolgte eine eindeutige Zuordnung[436] und eine feste Ho-

---

433 Vgl. die Hinweise in der MfS-Akte von Otto Groß, BStU MfS AIM 2716/75, Bd. I, p. 100 f. Der Vermerk der HVA/AG beim 1. Stellvertreter vom 4. April 1973 vermerkt auch die Beauftragung von zwei Nachlaßregulierungen zugunsten der Katholischen Propstei Leipzig durch Prälat Groß.

434 Zum umstrittenen Engagement Wünsches zur Beschaffung von westdeutschen Devisenguthaben, bei denen Erbschaften, die in der Bundesrepublik lagen, durch testamentarische Verfügung an DDR-Bürger gelangten, vgl. DER BEREICH KOMMERZIELLE KOORDINIERUNG, S. 220 f. Der Untersuchungsausschuß des 12. Deutschen Bundestages »Der Bereich Kommerzielle Koordinierung« führt allerdings ein Beispiel an, wonach Wünsche der in der Bundesrepublik eingesetzten Nachlaßverwalterin für ihre »Spenden« das Konto des Katholischen Kommissariats angegeben hatte. Als seine West-Berliner Korrespondenzadresse hatte er – wie in einem weiteren Fall – die Anschrift des Deutschen Caritasverbandes angegeben. Vgl. EBD., S. 519 f. Laut Heinz Dietrich Thiel ist die in diesem Zusammenhang erwähnte Überweisung von 500.000 DM nicht erfolgt. Auch kamen die dort eingehenden Gelder weder der katholischen Kirche noch der Caritas zugute.

435 Nach Wünsches eigenen Angaben transportierte er dazu mindestens zweimal im Jahr Bargeldbeträge, nie unter 150.000 DM, von West-Berlin in die DDR und übergab das Geld entweder Manfred Seidel oder der Sekretärin von Alexander Schalck-Golodkowski. Vgl. EBD., S. 304.

436 Vgl. den Vermerk vom 17. September 1974 über die Besprechung der Baureferenten der Jurisdiktionsbezirke am 16. September 1974 in Berlin. Demnach teilte Steinke mit, daß er von der BOK beauftragt sei, in Nachfolge für Prälat Groß für das Sonderbauprogramm der katholischen Kirche Sorge zu tragen; verantwortlicher Mitarbeiter im DCV für alle mit diesem Bereich zusammen-

norarvereinbarung[437]. »Nach Maßgabe kirchlich grundsätzlicher Entscheidungen« war Wünsche bevollmächtigt, »mit Limex, dem Staatssekretariat [!] für Kirchenfragen sowie mit staatlichen Stellen auf Bezirks-, Kreis- und Ortsebene Verhandlungen zur Vorbereitung von Vertragsabschlüssen sowie über deren Realisierung zu führen«[438]. Grundsatzentscheidungen, Vertragsabschlüsse sowie das Eingehen finanzieller Verbindlichkeiten behielt sich der Leiter der Zentralstelle des DCV also selbst vor.

Von Wünsches Kontakten zur Arbeitsgruppe Kirchenfragen im ZK der SED wußten in der katholischer Kirche und bei der Caritas jene, die mit ihm zu tun hatten. Die zwiespältige Rolle des Ost-Berliner Rechtsanwalts resultierte daraus, daß er zugleich als sogenannter »Vertrauensanwalt«[439] für das MfS tätig war und von Manfred Seidel, dem Stellvertreter Schalck-Golodkowskis und MfS-Offizier im besonderen Einsatz, direkt angeleitet wurde. Überdies war er für die Arbeitsgruppe »S[icherheit]« der Hauptverwaltung »Aufklärung«[440] des MfS erfaßt[441]. Nach seinem ersten Besuch in der Wohnung von Groß im März 1973 berichtete Wünsche dem MfS nicht nur über die erteilten Mandate, sondern auch über die Wohnungseinrichtung[442].

---

hängenden Fragen sei Dr. Stolte. »Herr Rechtsanwalt Wünsche ist weiter beauftragt, in Angelegenheit des Sonderbauprogramms Verhandlungen mit staatlichen Stellen zu führen.«, BAEF ROO XII, 2.

437 Vgl. den Vermerk Steinkes für Dissemond vom 4. November 1974 über ein Gespräch mit Wünsche am 22. Oktober 1974, BAEF ROO XII, 2.

438 Steinke an Wünsche und Prälat Dissemond z. K. vom 17. Mai 1976, betr. die Bevollmächtigung Sonderbauprogramm der katholischen Kirche, BAEF ROO XII, 1 a. Limex war ein staatlicher Außenhandelsbetrieb, der auch für Bauten innerhalb der DDR, die mit Westgeld bezahlt wurden, zuständig war.

439 »Die Anwälte wurden hauptsächlich im Zusammenhang mit Aktivitäten der H[aupt]A[bteilung] I des Bereichs Kommerzielle Koodinierung, die enge Verbindung zum MfS hatte, eingesetzt. Es handelte sich dabei z. B. um Grundstücksgeschäfte, sog. Kirchengeschäfte, Erbschaftsfälle, Aktivitäten der sog. HVA-Firmen und Geschäfte der Kunst und Antiquitäten GmbH. Die Rechtsanwälte erhielten ihre Einzelaufträge entweder von dem Leiter der HA I und O[ffizier] i[m] b[esonderen] E[insatz], Manfred Seidel, oder von seinem Stellvertreter und OibE Dr. Klaus-Dieter Neubert«. DER BEREICH KOMMERZIELLE KOORDINIERUNG, S. 130.

440 Die AG »S« der Hauptverwaltung »Aufklärung« war für die Erstellung von Sicherheitsanalysen zuständig. Vgl. DIE ORGANISATIONSSTRUKTUR DES MINISTERIUMS FÜR STAATSSICHERHEIT 1989, S. 190. Vgl. auch H. KNABE, S. 254-263.

441 Vgl. B. SCHÄFER, Staat, S. 325 f.

442 Vgl. BSTU MfS AIM 2716/75, Bd. I, p. 100 f. Vgl. auch B. SCHÄFER, Staat, S. 325.

In welchem Umfang Wünsche das MfS über den sensiblen Bereich des West-Ost-Transfers – insgesamt transferierte die katholische Kirche im Rahmen des Valutamark- und des Sonderbauprogramms zwischen 1966 und 1989 ca. 630 Millionen DM[443] an den Bereich Kommerzielle Koordinierung – bzw. über seine sonstigen kirchlichen Mandate informierte, läßt sich nicht sagen; relevantes Aktenmaterial ist bisher noch nicht aufgefunden. Nicht auszuschließen ist, daß Wünsches Telefon durch die Abt. 26 des MfS abgehört wurde[444].

Der Devisentransfer vermochte stets nur einen Teil des finanziellen Bedarfs zu decken, dessen die vom SED-Staat benachteiligte und weitgehend auf sich selbst gestellte Caritas bedurfte, um ihren wachsenden Aufgaben nachkommen zu können. So sah der Haushaltsplan der Dresdener Diözesancaritas 1984 Einnahmen in Höhe von 5,8 Millionen Mark vor, von denen durch Zuwendungen des Bischofs, der Zentralstelle Berlin und des Bonifatiuswerks 2 Millionen und durch Spendensammlungen ca. 1,3 Millionen Mark gesichert waren. Die Haushaltslücke von 2,5 Millionen Mark mußte durch Devisentausch geschlossen werden. »Dies waren unter Strafe stehende Geldgeschäfte. Oft waren es Ausreiseantragsteller, die versuchten, zu einem möglichst günstigen Kurs ihr Ostgeld in Westgeld zu tauschen. Aber angelockt durch Intershops und GENEX-Waren, hatten auch andere Bedarf an Westgeld. Es war immer eine gefährliche Gratwanderung einzuschätzen, ob man der Person wirklich glauben und vertrauen konnte, oder ob man in eine Falle geriet, einem geschickten Spitzel aufsaß«[445]. Im Falle von Übersiedlern in den Westen bestand der Vorteil des sogenannten »Rubelns« darin, daß in keiner Richtung Bargeld über die Grenze bewegt werden mußte; das private Geldvermögen wurde einer kirchlichen Stelle in der DDR vermacht und der Gegenwert in DM durch eine kirchliche Stelle in der Bundesrepublik ausgezahlt. Der in diesen Fällen vereinbarte Umtauschkurs von 2:1 bis 4:1 entsprach dem tatsächlichen Wert der DDR-Mark und lag noch deutlich über dem inoffiziell gehandelten Kurs[446].

Abseits des geregelten Transfers und der damit verbundenen Gewinne für den Bereich Kommerzielle Koordinierung suchte auch die

---

443 DER BEREICH KOMMERZIELLE KOORDINIERUNG, S. 304. Vgl. auch die Hinweise bei A. VOLZE, Kirchliche Transferleistungen, S. 62.

444 Vgl. die Übersicht über die Aufstellung von Fernsprech-Nebenstellenanlagen der Firma Siemens, BStU MfS Abt. 26, Nr. 218, p. 13-14.

445 Dieter GRANDE, Caritasalltag, S. 185.

446 Zum »Schwarztausch« vgl. auch die Hinweise bei H. PUSCHMANN, Brückenfunktion, S. 136 u. B. SCHÄFER, Staat, S. 225 Anm. 243.

kirchenpolitische Abteilung XX/4 des MfS nach günstigen Gelegenheiten, um die Caritas ob des illegalen Devisentauschs zu belangen und zu erpressen. Im August 1982 konfrontierte der Abteilungsleiter Oberst Wiegand Kardinal Meisner mit den Ermittlungsergebnissen über eine langjährige Schwarztauschaktion, an der Caritasdirektor Steinke beteiligt war. Anstelle eines angedrohten Strafverfahrens gegen den Leiter der Zentralstelle zahlte die katholische Kirche 250.000 Mark in bar und »zur Wiedergutmachung«, wie Wiegand in seinem Bericht festhielt. Das Geld übergab dem MfS-Oberst der kirchenpolitische Beauftragte der Berliner Bischofskonferenz, Prälat Lange[447]. Ob man bei der Bezirksverwaltung Dresden eine vergleichbare Aktion beabsichtigte, muß offen bleiben. Jedenfalls hatte man die in der Caritaszentrale agierende IMB »Erika« im März 1989 aufgefordert, über die Devisenübergabe in Berlin zu berichten[448]. Über den Ausgang des mit einem Ausrufungszeichen am Rand versehenen Auftrags geht aus der IM-Akte nichts Weiteres hervor.

3.5 »Differenzierungs«-Versuche in der Region in den siebziger und achtziger Jahren

Im März 1978 faßten die Caritasdirektoren in der DDR einen Beschluß über die »Gespräche und Verhandlungen mit nichtkirchlichen Stellen in Angelegenheiten der kirchlich-caritativen Einrichtungen«. Sie legten diese Richtlinien der Berliner Bischofskonferenz vor, die ihnen auf ihrer Konferenz im Juni 1978 zustimmte[449]. Eine Zusammenarbeit mit politischen Parteien und Organisationen kam infolgedessen auch für die Caritas generell nicht in Frage. Für Gespräche mit staatlichen Stellen auf Orts-, Kreis- und Bezirksebene galt, daß in Abstimmung mit der Zentralstelle in Berlin bzw. dem Ortsordinarius Sachfragen regionalen und lokalen Zuschnitts erörtert werden konnten, politische Fragen hingegen ausdrücklich nicht. »Gespräche und Verhandlungen mit zentralen staatlichen Stellen sind von den beauftragten zentralen kirchlichen Stellen in Abstim-

[447] Vgl. zusammenfassend B. SCHÄFER, Staat, S. 324.

[448] Vgl den Treffbericht vom 29. März 1989, BSTU Ddn AIM 6351/90, Bd. II/XI.2, p. 127.

[449] Vgl. M. HÖLLEN, Bd, 3,2, S. 5 Anm. 13. Diesen Richtlinien lagen allgemeine, in der Sache aber ähnliche Bestimmungen zugrunde, die die Bischöfe bereits ein Jahr zuvor an den Klerus gerichtet hatten. Vgl. das Rundschreiben des Bischofs von Berlin vom 1. Juni 1977 an alle Geistlichen im Ostteil des Bistums Berlin. G. LANGE/U. PRUẞ/F. SCHRADER/S. SEIFERT, S. 293 f.

mung mit den Rechtsträgern der kirchlich-caritativen Einrichtungen zu führen. (...) Zu Gesprächen und Verhandlungen mit nichtkirchlichen Stellen in politischen Fragen sind die Vertreter des kirchlich-caritativen Bereichs nicht befugt. Werden dennoch politische Themen angesprochen, so werden diese ohne Stellungnahme zur Kenntnis genommen. (...) Vereinbarungen mit staatlichen Stellen, die den Status der kirchlich-caritativen Einrichtungen verändern, bedürfen der Zustimmung des Ortsordinarius bzw. des Vorsitzenden der Berliner Bischofskonferenz[450]«.

Bei der Dresdener Diözesancaritas war es dementsprechend gängige Praxis, daß Caritasdirektor Puschmann in caritativen Anliegen bei allen im Bistum gelegenen Bezirken (Dresden, Leipzig, Karl-Marx-Stadt) selbst verhandelte; sofern es um weitergehende kirchenpolitische Gespräche ging, wurde er stets von dem im jeweiligen Bezirk zuständigen bischöflichen Gesprächsbeauftragten begleitet. Analog verhielt es sich, wenn wegen Grundsatzfragen oder wichtiger Bauvorhaben auf Kreisebene Gespräche erforderlich wurden, wobei dort auch mit den Abteilungsleitern für Inneres oder den Vorsitzenden des Kreises verhandelt wurde. In Schwerin, Erfurt, Magdeburg, Görlitz und Bautzen/Dresden verhandelten überdies die kirchlichen Jurisdiktionsträger bzw. die von ihnen Beauftragten in regionalen Kirchenfragen mit den zuständigen Bezirksorganen. Im Bischöflichen Amt Magdeburg bzw. im Bistum Dresden-Meißen beauftragten die Bischöfe zudem einzelne Geistliche, Gesprächskontakte zur jeweiligen Bezirksverwaltung der Staatssicherheit wahrzunehmen[451]. Diese Kontakte waren für das MfS allerdings nur bedingt nutzbar, da in allen Fällen eine mehr oder minder große Zahl von Amtsträgern von diesen Kontakten grundsätzlich wußte[452].

Abweichend von den innerkirchlichen Bestimmungen kam es in den achtziger Jahren zu direkten regionalen Gesprächen zwischen der katholischen Kirche und der SED[453]. Zwischen 1985 und 1987 führte im Bistum Dresden-Meißen dessen Generalvikar Weisbender gemeinsam mit seinem Bischof Schaffran direkte Gespräche mit der SED-Bezirksleitung unter Hans Modrow, ohne daß sich aus diesen in ihrer Art einmaligen Direktkontakten mit der Partei »ein inhaltlich

[450] Anlage zum Protokoll der Berliner Bischofskonferenz vom 5./6. Juni 1978, BAEF ROO A VIII, 6, Teil 2.

[451] Vgl. B. SCHÄFER, Staat, S. 336-343, 349 f., U. HAESE, MfS-Kontakte, S. 379-385.

[452] Vgl. B. SCHÄFER, Staat, S. 350.

[453] Vgl. dazu U. HAESE, SED-Kontakte, S. 510-531.

bestimmbarer eigener kirchenpolitischer Kurs«[454] entwickelte. Und im Eichsfeld kam es 1986 nach über vierzig Jahren wieder zu einem Gespräch zwischen katholischer Kirche und SED. Schon um den Belangen der Kirche Rechnung zu tragen, nahm hier der 1. Sekretär der SED-Kreisleitung Heiligenstadt an den Besprechungen teil, die der Bischöfliche Kommissarius des Eichsfeldes, Propst Kockelmann, mit dem Rat des Kreises führte. Der Erfurter Bischof Wanke drängte allerdings auf Klarheit. Die Kreisdirektion Heiligenstadt des MfS vermerkte Anfang 1988 über ein Gespräch von Propst Kockelmann beim Rat des Kreises: »Er [IMB »Raphael«] informierte dazu über den Standpunkt des Bischofs und sagte: der Bischof sieht es nicht gern, daß nun die Partei (gemeint ist damit der Erste Sekretär der SED-KL Heiligenstadt) bei solchen Gesprächen zugegen ist.« Partner der Kirche sei das Staatsorgan, nicht das Parteiorgan[455].

1985 wurden die allgemeinen Anweisungen[456] und Ermahnungen an die Caritasmitarbeiter erneut eingeschärft. Der Erfurter Generalvikar Sterzinsky teilte den leitenden Mitarbeitern der Diözesancaritas die »Verlautbarung der Berliner Bischofskonferenz über die Beziehung kirchlich-caritativer Einrichtungen zu staatlichen Organen sowie zu politischen und gesellschaftlichen Organisationen« mit. Die Bischofskonferenz verbinde sie »mit der eindringlichen Bitte, sie genau zu lesen und in der Praxis sorgfältig zu beachten. Alle Erfahrungen der vergangenen Jahre zeigen, daß sich nur eine einheitliche Handhabung im ganzen Gebiet der DDR bewährt, auch wenn hier und da abweichende Praktiken sich für den einzelnen als vorteilhaft erwiesen haben. Was dem einen Räume eröffnet, kann sie dem anderen versperren«[457].

---

454 B. SCHÄFER, Staat, S. 413; vgl. auch D. GRANDE/B. SCHÄFER, Kirche im Visier, S. 25.

455 Treffbericht vom 24. Februar 1988, BSTU Eft IX 131/86, Bd. II,1, p. 35. – Ob man in Berlin von den Gesprächskontakten zur SED in Heiligenstadt wußte, scheint fragwürdig. Als beispielsweise Gerald Götting, CDU-Vorsitzender und seit 1980 Stellv. Präsident der Volkskammer im Sommer 1988 das Raphaelsheim in Heiligenstadt besuchen wollte, antwortete Kardinal Meisner auf eine entsprechende Anfrage aus Erfurt, Götting könne »nur als Regierungsvertreter empfangen werden«. Vgl. den Vermerk Sterzinskys vom 5. Juli 1988 und die handschriftliche Antwort Meisners vom 6. Juli 1988, BAEF Handakten Generalvikar Sterzinsky, Staat-Kirche, Verschiedenes 1981-1988.

456 Der Erlaß wurde am 6. März 1985 noch einmal ausdrücklich erneuert. Vgl. G. LANGE/U. PRUß/F. SCHRADER/S. SEIFERT, S. 318-320.

457 Vgl. das Schreiben Sterzinskys vom 19. August 1985, BAEF C I a 7. – Das MfS übrigens erhielt durch den protestantischen Oberkirchenrat Martin Ziegler

Die »Erfahrungen«, die aus Sterzinskys besorgtem Schreiben sprachen, hatten einen konkreten Hintergrund: Die Neuordnung der zentralen kirchlichen Gesprächskontakte in Berlin gewährleistete keineswegs, daß sich die staatlichen Stellen und das MfS darauf beschränkten, im Gegenteil. In den siebziger und achtziger Jahren forcierten diese ihre gemeinsamen »differenzierungs«politischen Anstrengungen, insbesondere auf regionaler Ebene.

Daß auch die Führungsspitze der Caritas von solchen regionalen »Differenzierungs«bemühungen betroffen war, hatte in den sechziger Jahren bereits der »Fall Rothkegel« gezeigt[458]. Anfang der siebziger Jahre versuchte man, politische Verbindungen zum Vorsitzenden der Magdeburger Caritas, Heinrich Solbach, zu knüpfen. Dazu trug das MfS weiterhin belastendes Material zusammen, auch nachdem im März 1971 der Konflikt um seine Beihilfe zur Republikflucht erledigt war[459]. In der Hauptabteilung XX/4 wußte man schon seit Beginn der siebziger Jahre von den persönlichen Spannungen zwischem dem neuen Magdeburger Bischof Johannes Braun[460] und Solbach sowie von dessen privater Vorliebe für christliche Kunst[461]. Wenige Monate später, im Dezember 1971, konfrontierte man den Vorsitzenden der Magdeburger Diözesancaritas im Anschluß an eine Beichte mit zwei Koffern, die Bilder aus französischem Privatbesitz enthielten. Solbach bat daraufhin seinen Rechtsanwalt, sämtliche Bilder den rechtmäßigen Besitzern zurückzugeben[462]. Der Versuch, Ka-

von der bischöflichen Anweisung Kenntnis; der als IM »Hirte« geführte Leiter des Sekretariats des Bundes der Evangelischen Kirchen in der DDR hatte am 2. Juli 1985 den Text weitergegeben. Vgl. BStU MfS HA XX/4, Nr. 1843, p. 55. Zur Person Zieglers vgl. G. Besier/St. Wolf, S. 958.

458 Vgl. dazu oben S. 41-44, 115-118.

459 Vgl. dazu die Ausführungen oben S. 145 sowie unten S. 174.

460 Vgl. die Information vom 16. April 1970 über die Bischofsweihe Brauns. »In der vergangenen Woche haben, wie inoffiziell bekannt wurde, die Prälaten Solbach und Fritz bei Weihbischof Rintelen ihren Rücktritt eingereicht. Beide sind der Meinung, daß es ihnen unter den gegebenen Umständen nicht möglich ist, mit dem neuen Weihbischof Braun zusammenzuarbeiten«, BStU MfS AP 22103/92, p.52. Vgl. auch die Einschätzung Brauns durch das MfS vom 16. April 1971, die exemplarisch auf die Geistlichen Räte Solbach und Schäfer als jene Geistlichen verweist, die »in Opposition zu Braun stehen«, BStU MfS AP 22103/92, p. 95. Nach H. J. Brandt, S. 139, wurde Solbach erst 1973 durch Braun entpflichtet.

461 Vgl. Schreiben von Rechtsanwalt N.N. an das Ministerium für Kultur v. 24. Januar 1972, BStU MfS AP 21088/92, p. 5.

462 Vgl. ebd.

pital aus einem weiteren möglichen Fehlverhalten Solbachs zu schlagen, war damit ins Leere gegangen.

In Solbachs Akte finden sich überdies Hinweise über den Fortgang der Geschichte. Die 28 Bilder und Zeichungen wurden demnach mit dem Einverständnis des damaligen Ministers für Kultur, Klaus Gysi, im Mai 1972[463] »vorerst in staatliche Verwahrung« der Staatlichen Museen Berlin übernommen[464]. Zeitnah zu diesem Vorgang erging am 18. Januar 1973 eine Anordnung von DDR-Regierungschef Willi Stoph, aus den Beständen des Staatlichen Museumsfonds Kunstgegenstände im Wert von 55 Mio. Valutamark auszusondern, um sie auf dem internationalen Kunstmarkt anzubieten – eine Aufgabe, der sich die im gleichen Jahr gegründete Kunst- und Antiquitäten-GmbH des Koko widmete[465]. Trotz Widerstandes der Museen wurden daraufhin Kunstgegenstände von geringerer Bedeutung exportiert[465]. Ob die Kunstwerke, die zunächst Solbach in zwei Koffern übergeben worden waren, unter Umständen mit dieser Aktion in Verbindung stehen, muß offenbleiben. In einem kryptischen Schreiben wandte sich Solbachs Anwalt am 20. Dezember 1973 an seinen Berliner Anwaltskollegen Edgar Irmscher, der – in Diensten der Hauptverwaltung Aufklärung stehend – für bestimmte Aufgaben gelegentlich vom Koko eingeschaltet wurde. In dem Brief hieß es: »Nach Deinem gestrigen Telefongespräch mit N.N. übersende ich dir in der Anlage wunschgemäß zu treuen Händen noch einmal die Expertise und die Fotos über die fraglichen Bilder. Du kannst die Unterlagen für die beabsichtigten Schritte verwenden, ich muß sie aber für meinen Auftraggeber wieder zurückbekommen. Deinen weiteren Nachrichten zwecks Abholung der Bilder bei den Staatlichen Museen zu Berlin sehe ich entgegen. Wenn dies wie angekündigt im Januar 1974 erfolgen soll, gib mir bitte rechtzeitig Bescheid, damit ich einen freien Tag dazu einplanen kann. Ich halte die Daumen, daß unsere Vorstellungen in Ordnung gehen«[466]. Sofern es sich nicht um eine Legende handelte, ist denkbar, daß die Aktion der Vermarktung von Kunstwerken diente.

Im Juli 1973 versuchte dann Staatssekretär Seigewasser den soeben durch Bischof Braun von seinen Aufgaben entbundenen Vor-

---

463 BStU MfS AP 21088/92, p. 8.

464 Vgl. Schreiben Gysi an Rechtsanwalt N.N. vom 21. April 1972, BStU MfS AP 21088/92, p. 7.

465 A. HERBST/W. RANKE/J. WINKLER, Bd. 1, S. 526. Vgl. DER BEREICH KOMMERZIELLE KOORDINIERUNG, S. 155 f., 171-174.

466 Schreiben des Schönbecker Rechtsanwalts N.N. an Rechtsanwalt Edgar Irmscher in Berlin vom 20. Dezember 1973, BStU MfS AP 21088/92, p. 3.

sitzenden der Magdeburger Diözesancaritas »für eine zentrale Gesprächspartnerschaft« zu gewinnen. Allerdings riet der Magdeburger Staatsapparat mit dem Hinweis ab, daß Solbach dafür ungeeignet sei[467].

Was bei Solbach nicht glückte, gelang beim Magdeburger Generalvikar und Weihbischof (seit 1976) Theodor Hubrich. Als dieser 1972 von seiner Tätigkeit als Leiter der Zentralstelle in Berlin nach Magdeburg wechselte, um dort die Aufgabe des Generalvikars zu übernehmen, beauftragte ihn sein Bischof, Johannes Braun, auch die Kontakte zur Staatssicherheit wahrzunehmen[468]. Dies tat Hubrich zunächst offenkundig in einer Weise, die auch die MfS-Zentrale in Berlin wenig zufriedenstellte. Major Baethge jedenfalls hielt am 2. Juli 1980 rückblickend fest: »In der weiteren Zeit zeigte er nur wenig Initiative zur Klärung vereinbarter Fragen und ging kaum über allgemeine Informationen hinaus. Das änderte sich auch nicht in einem konkreten Fall, wo er beschuldigt wurde, von einer Schleuserorganisation ca. 250.000,- Mark erhalten zu haben. Er trug wenig zur Wahrheitsfindung bei und versuchte, das mit humanitären Anliegen der Kirche abzutun. An einer Konspirierung der Zusammenkünfte mit dem MfS zeigte sich der IM interessiert«[469]. Der Hinweis Baeth-

467 Vgl. Vermerk der MfS-Bezirksverwaltung Magdeburg über einen Anruf Seigewassers vom 26. Juli 1973, BSTU Mgb AP 988/81, p. 42. Vgl. auch B. SCHÄFER, Staat, S. 338.

468 Vgl. auch den von der Bezirksverwaltung XX/4 in Magdeburg gefertigten Aktenvermerk über das Gespräch zwischen Hubrich und dem Sektorenleiter für Kirchenfragen beim Rat des Bezirks Magdeburg, Bellstedt, vom 25. Januar 1980, BSTU MfS AP 22019/92, p. 6: »Hubrich ging von sich aus auf die Person des in der BRD verbliebenen Pfarrers N.N. ein und schilderte die Meinung des B[ischöflichen] A[mtes] M[agdeburg] hierzu. Er legte in diesem Zusammenhang die positive Einschätzung seiner Bemühungen zu den Sicherheitsorganen in Magdeburg und über deren Handeln in diesem Prozeß dar. Er ist auch bereit, bei andersweitigen [sic] Vorkommnissen Gespräche bzw. Kontakte mit den Sicherheitsorganen durchzuführen«.
Hubrich jedenfalls scheint Bischof Braun in der Regel über seine Gespräche informiert zu haben. Vgl. den Treffbericht vom 13. Dezember 1982, BSTU MfS AIM 25433/91, p. 11. Im April 1983 hielt man bei der Magdeburger Bezirksverwaltung nach einer Besprechung zwischen Hubrich und einem Magdeburger MfS-Offizier über einen illegalen Ausreisefall »ein weiteres Gespräch [seinerseits] mit Bischof Braun zu diesem Sachverhalt (...) nicht für erforderlich, da der Bischof Braun darüber informiert ist und die Handlungsweise des N.N. ablehnt«. Treffbericht vom 15. April 1983, BSTU MfS AIM 25433/91, p. 13.

469 Vgl. den Bericht Baethges vom 2. Juli 1980 zur Neueinstufung Hubrichs zum IMB »Theodor«, BSTU MfS AIM 25433/91, p. 3 f.

ges auf ein Interesse Hubrichs an konspirativen Kontakten erschien in diesem Kontext eher als ein berichtstypischer Topos, um die Neueinstufung zum IMB gemäß der Richtlinie 1/79 zu rechtfertigen.

Im Dezember 1985 teilte Hubrich der Magdeburger Bezirksverwaltung mit, daß Manfred Kania an seiner Statt zum neuen Generalvikar berufen worden sei und stellte dadurch gleichsam den Kontakt zwischen der Staatssicherheit und seinem Amtsnachfolger her[470]. Der ob seiner Entpflichtung möglicherweise auch persönlich enttäuschte Hubrich[471] selbst erklärte sich auf Bitten von Major Predel bei dieser Gelegenheit bereit, daß sich dieser »zu speziellen Problemen gern weiterhin einen Rat (...) einholen« könne[472], was den Stellvertretenden Abteilungsleiter, Major Groch, zu der lobenden Randbemerkung veranlaßte: »Weiter so in leiser Qualität«[473].

Die Magdeburger Bezirksverwaltung hielt den Kontakt zu IM »Theodor« aufrecht. Hubrich hatte zwar mitgeteilt, er werde sich jetzt vorrangig um caritative Baumaßnahmen im Bischöflichen Amt Magdeburg kümmern[474], doch die »speziellen Probleme«, die in den – bisher vier dokumentierbaren – Zusammentreffen der folgenden beiden Jahre besprochen wurden, betrafen hauptsächlich Konflikte in Ausreisefragen. Dies dürfte Hubrich nicht nur aufgrund seines neuen Tätigkeitsfeldes als Bischofsvikar für den Bereich der Caritas im Bischöflichen Amt Magdeburg[475], sondern auch persönlich entsprochen haben, war er doch in seinen Berliner Jahren mit Fragen der Familienzusammenführung betraut gewesen. Bei der Staatssicherheit feierte man dies als Erfolg der eigenen, gezielt vorgehenden Strategie: »Das Gespräch mit Bischof Hubrich diente der weiteren Festigung des Kontaktes und dem Ausbau vertrauensvoller Beziehungen. Aus diesem Grunde wurde bewußt der Sachverhalt E[rsu-

---

470 Vgl. die Verfügung Bischof Brauns vom 19. November 1985, M. HÖLLEN, Bd. 3,2, S. 148.

471 Über die Ursache seiner Entpflichtung als Generalvikar hatte Hubrich Major Predel nicht im Unklaren gelassen: »Er [Hubrich] deutete an, daß es in der letzten Zeit zu Teilproblemen zwischen ihm und Bischof Braun unterschiedliche Auffassungen gab, ohne darauf näher einzugehen«. Treffbericht vom 6. Dezember 1985, BStU MfS AIM 25433/91, p. 36.

472 EBD.

473 EBD., p. 32.

474 Vgl. den Treffbericht vom 29. Januar 1986, BStU MfS AIM 25433/91, p. 37.

475 Das MfS führt fälschlich die Amtsbezeichnung »Leiter der Hauptabteilung Caritas im Bischöflichen Amt Magdeburg« an. Vgl. den Treffbericht vom 14. Dezember 1987, BStU MfS AIM 25433/91, p. 57. Die Leitung war aber zu dieser Zeit vakant.

chen auf] Ü[bersiedlung] N.N. angesprochen, da der O[perative] M[itarbeiter] in dem zurückliegenden Gespräch[476] mit H. nach seiner Abberufung als Generalvikar gegenüber H. die Bitte äußerte, sich bei Wunsch nach einem vertrauensvollen Gespräch und des Einholens von Ratschlägen weiter an ihn wenden zu dürfen. Die Bereitschaft von Weihbischof H. lag dazu vor«[477].

In der Sache bedeutete die Absprache Hubrichs mit dem MfS nichts anderes, als daß die zu seinen Zeiten als Zentralstellen-Leiter in Berlin üblichen Verhandlungsstränge[478] auf die Magdeburger Situation übertragen[479] wurden. Allerdings bewegte sich eine solche Regionalisierung der Gesprächskontakte jenseits dessen, was die Bischöfe 1978 mit ihren Bestimmungen über Sachfragen mit regionalen staatlichen Stellen gemeint und intendiert hatten. Da die Kontakte außerdem mit der Berliner Hauptabteilung XX/4 und vor allem wohl ohne Wissen Bischof Brauns erfolgten[480], wird man in diesem Gesprächs»kanal« den Übergang vom funktionsgebundenen und beauftragten zum persönlichen und konspirativen Kontakt sehen müssen, wie ihn Hubrich dann als Bischof von Schwerin 1988 bis 1989[481] wahrnahm[482].

---

476 Gemeint ist der Referatsleiter der Magdeburger Abteilung XX/4, Major Predel, der am 6. Dezember 1985 mit Hubrich gesprochen hatte. Vgl. Treffbericht vom 6. Dezember 1985, BStU MfS AIM 25433/91, p. 36.

477 Vgl. den Bericht Major Dobberphuls vom 24. Februar 1987 über die Aussprache mit Weihbischof Hubrich, BStU MfS AIM 25433/91, p. 43.

478 Vgl. dazu die Ausführungen oben S. 141 f.

479 Ob die Gespräche, die Hubrich in Berlin mit der Hauptabteilung XX/4 geführt hatte, sogar bruchlos fortgeführt wurden, läßt sich anhand der bisher aufgefundenen Quellenfragmente nicht entscheiden. Die 1980 in Berlin vorgenommene Neueinstufung Hubrichs als IMB, in der die bisherige Kooperation rückblickend allgemein gewürdigt wird, ist dafür noch kein zwingender Beleg. Vgl. den Bericht Baethges vom 2. Juli 1980 zur Neueinstufung Hubrichs, BStU MfS AIM 25433/91, p. 3 f.

480 Vgl. die von Major Baethge verfaßte Treffkonzeption vom 14. Mai 1987. Darin heißt es u. a.: »Nach erfolgreicher Zusammenarbeit im Zusammenhang mit einem Ermittlungsverfahren und der Gewährleistung der Geheimhaltung dieses Zusammenwirkens auch nach einem weiteren Treff, an dem Gen. Oberst Wiegand mit teilnahm, ist vorgesehen, den für den 12. Juni 1987, 12.00 Uhr, vereinbarten Treff in einem Objekt durchzuführen. BStU MfS AIM 25433/91, p. 58.

481 Vgl. dazu die jetzt rekonstruierten Aktenfragmente BStU MfS AIM 25433/91, p. 59-84.

482 Vgl. dazu v.a. das Zusammentreffen Hubrichs mit Baethge und Wiegand am 19. Juli 1988 im Berliner Gästehaus des Ministerrates, BStU MfS AIM 25433/91,

Die direkten und konspirativen regionalen Gespräche, die zwischen Weihbischof Hubrich und der Staatssicherheit über »spezielle Fragen« v. a. der Ausreise geführt wurden, unterliefen die für diese caritativen Anliegen üblichen zentralen Verhandlungswege in Berlin. In der Konzeption des MfS waren sie allerdings nur ein Markstein auf dem Weg zu kirchenpolitischen Grundsatzgesprächen mit einem Mitglied der Berliner Bischofskonferenz. 1988 hatte sich der »Weg leiser Qualität« als »erfolgreich« erwiesen[483].

Ein »Erfolg« wie in Magdeburg blieb der Staatssicherheit in anderen Bezirken versagt. Schwierig wurde es für Caritas und Kirche allerdings auch, wenn die als legitim, weil als Vertreter des Staates angesehenen, kirchenpolitischen Gesprächspartner bei den Räten der Bezirke als Inoffizielle Mitarbeiter im Rahmen des sogenannten »Politisch-Operativen-Zusammenwirkens« mit der jeweiligen Bezirksverwaltung des MfS kooperierten. Besonders ausgeprägt war dies im Bezirk Dresden der Fall, wo die für Kirchenfragen zuständigen Referatsleiter Dr. Dohle und Gerhard Lewerenz sowie deren Mitarbeiter Harald Johne zugleich als IME »Horst« und »Lutz Walter« bzw. GMS »Johannes« für die Staatssicherheit arbeiteten[484]. Vor allem Dohle gelang es, gegenüber seinen Gesprächspartnern aus Kirche und Caritas eine sachliche und vertrauensvolle Gesprächsatmosphäre zu schaffen[485]; über diesen Umweg eröffnete sich damit aus Sicht des MfS die Möglichkeit, kirchenpolitische Entscheidungspro-

p. 70 f. Ziel des Treffs sei es gewesen, notierte Baethge anschließend, festzustellen, ob der IM nach der Übernahme einer hohen kirchlichen Funktion »auch weiterhin bereit ist, die konspirative Zusammenarbeit mit dem MfS aufrechtzuerhalten«. Es könne nach dem Zusammentreffen eingeschätzt werden, daß dieses Ziel »voll erreicht« worden sei. Hubrich habe in dem Gespräch, das »in einer sehr aufgeschlossenen Atmosphäre« stattgefunden habe, zugesagt, das MfS auch in Grundsatzfragen zu unterstützen, um das Staat-Kirche-Verhältnis zu fördern.

483 Entsprechend hielt Baethge in seinem Bericht über die Bedeutung des Zusammentreffens mit Hubrich am 19. Juli 1988 fest: »Von außerordentlicher Bedeutung ist, daß der IM auch in seiner neuen kirchenpolitischen Stellung Möglichkeiten sieht, das MfS zu unterstützen und in der bisherigen konspirativen Form zusammenzutreffen. Damit ist erstmalig die Möglichkeit vorhanden, über die inoffizielle Position des IM auf Grundsatzfragen der ›Berliner Bischofskonferenz‹ (BBK) direkten Einfluß zu nehmen«. Bericht Baethges über das Zusammentreffen mit Hubrich am 19. Juli 1988 im Berliner Gästehaus des Ministerrates, BStU MfS AIM 25433/91, p. 71.

484 Vgl. B. Schäfer, Staat, S. 331.

485 Vgl. ebd., S. 341.

zesse je nach Lage der Dinge beobachtend, kontrollierend, disziplinierend oder aktiv zersetzend zu beeinflussen.

In diesem Sinne suchte die Dresdener Staatssicherheit den Kontakt zum 1967 geworbenen und registrierten IM »Konrad«[486], der als Referent in der Diözesanzentrale der Dresdener Caritas auch mit Baufragen befaßt war. Bereits im September 1969[487] berichtete der für »Konrad« zuständige Führungsoffizier Olbrich, es sei vereinbart, »daß die den [sic] Caritas interessierenden Fragen zwischen dem Referatsleiter für Kirchenfragen beim Rat des Dresdener Bezirks, Dr. Dohle[488], und Caritasdirektor Weisbender bzw. dem Kandidaten [»Konrad«] verhandelt werden«[489]. In der Tat meldete sich Weisbender im November 1969 bei Dohle, nachdem das MfS seinen [Weisbenders] Kraftfahrer durch Erpressung für eine konspirative Zusammenarbeit hatte gewinnen wollen[490]; der Vorgang wurde daraufhin eingestellt. Die Verbindung »Konrads« zu Dohle bestand offenbar auch in den folgenden Jahren weiter[491]. 1974 institutionalisierte Dohle diesen Kontakt insofern, als »Konrad« seitdem die Druckgenehmigungsanträge der Caritas beim Rat des Bezirks abgab[492].

Für die Dresdener Staatssicherheit wurde diese Verbindung interessant, weil »Konrad« bei dieser wie auch bei späteren Gelegenheiten wiederholt auf Spannungen zwischen seinem Vorgesetzten Puschmann und Bischof Schaffran aufmerksam machte[493]; in zerset-

486 Zu »Konrad« vgl. oben S. 36 f.

487 Gespräche hatte es bereits 1968 anläßlich der Vorbereitung der 1.000-Jahr-Feierlichkeiten des Bistums Meißen gegeben. Vgl. B. SCHÄFER, Staat, S. 196.

488 Horst Dohle war nach vierjähriger Tätigkeit als Wissenschaftlicher Mitarbeiter beim Staatssekretär für Kirchenfragen in Berlin 1969 zum Leiter des Referates Kirchenfragen beim RdB Dresden aufgestiegen; dort entwickelte er sich bis zu seiner Rückkehr nach Berlin im Jahre 1975 (Persönlicher Referent des Staatssekretärs für Kirchenfragen, 1979 Abteilungs- und Büroleiter) zum »effektivsten Referatsleiter [für] Kirchenfragen in der ganzen DDR«. EBD., S. 197; zum Biogramm vgl. G. BESIER/St. WOLF, S. 888 f.

489 Vgl. den Treffbericht vom 8. September 1969, BStU Ddn AIM 3509/87, Bd. II,1, p. 12-13.

490 Vgl. BStU Ddn Vorl. AIM 720/70, Bd. I, I, p. 25-28.

491 1971 sprach der IM sowohl bei Dohle als auch dann beim MfS in Studienplatzangelegenheiten für seinen Sohn vor. Vgl. den Bericht vom 23. Februar 1971, BStU Ddn AIM 3509/87, Bd. I, p. 47 f.

492 Dohle alias IME »Horst« teilte diese Vereinbarung umgehend der Bezirksverwaltung des MfS mit, die sie der »Konrad«-Akte beiheftete. Vgl. den Tonbandbericht vom IME »Horst« vom 1. August 1974, BStU Ddn AIM 3509/87, Bd. I, p. 45.

zender Absicht vermochte man diese Informationen aber letztlich nicht nutzen. Stattdessen versuchte man, »Konrad« direkt wie auch über den staatlichen Kirchenreferenten Dohle anzuleiten, Puschmann und den Bischöflichen Gesprächsbeauftragten Hanisch zu intensiveren politischen Gesprächen mit den staatlichen Stellen zu drängen; soweit es die Caritas betraf, sollten illegale Ausreiseversuche als Hebel dienen. »Ich schlage vor«, hieß es im Dezember 1975 in einem als Tonbandbericht des IMS »Konrad« protokollierten Treffen mit seinem Führungsoffizier, daß der Referent für Kirchenfragen beim Rat des B[ezirks] die Herren Hanisch und Puschmann zu einem Gespräch bittet und ihnen unterbreitet, daß sie alles tun sollen, damit aus dem kirchlichen Raum kein ill[egales] Verlassen der DDR eintritt«[494]. Und im April 1978 übermittelte der kirchenpolitische Mitarbeiter beim Rat des Bezirks, Johne, der Staatssicherheit abschriftlich das Protokoll seines Gespräches mit »Konrad«: Dieser werde ganz im Sinne der Unterredung zwischen dem Staatsratsvorsitzenden und dem Vorstand der Evangelischen Kirchenleitungen im März 1978 wirken, »wie er auch in der Vergangenheit seine Amtskollegen zu Gesprächen mit dem Staat ermuntert habe. (›Wenn die was brauchen, dann wissen selbst die schwärzesten Brüder, wohin sie sich wenden müssen!‹)«[495]. Der Versuch Johnes, bei dieser Gelegenheit mit »Konrad« einen direkten kirchenpolitischen Gesprächskontakt zu eröffnen, scheiterte allerdings; der fälschlich als »persön-

[493] Die Auseinandersetzungen drehten sich um die Frage, ob die Dresdener Diözesancaritas dem bischöflichen Willen gemäß ihren Sitz in das neu errichtete Ordinariatsgebäude verlegen müsse oder nicht, wie Puschmann meinte. Vgl. den Tonbandbericht vom IME »Horst« vom 1. August 1974, BStU Ddn AIM 3509/87, Bd. I, p. 45; außerdem die Treffberichte vom 9. Oktober 1974, 17. November 1977, 14. Dezember 1978 und 18. März 1980, BStU Ddn AIM 3509/87, Bd. II, 1, p.100, 144, 174. – 1980 erfolgte der Umzug der Diözesancaritas in das neue Ordinariatsgebäude; in der alten Zentrale an der Tiergartenstraße verblieb noch das Materiallager.

[494] BStU Ddn AIM 3509/87, Bd. II, 1, p. 119; ähnlich auch die Empfehlungen in den Berichten vom 28. Januar und 8. November 1976. Vgl. Ebd., p. 121 u. 130. Die in der ersten Person formulierten Treffberichte sind in zwei Fällen ausdrücklich mit »Tonbandbericht« überschrieben, so daß angenommen werden kann, daß es sich um einen Vorschlag des IM handelte; gleichwohl darf mit guten Gründen vermutet werden, daß dies den Absichten seines MfS-Führungsoffiziers, Hauptmann Hommel, entsprach, der den Treffbericht niederschrieb.

[495] Vgl. das Gesprächsprotokoll Johnes vom 10. April 1978, BStU Ddn AIM 3509/87, Bd. I, p. 68 f.

licher Referent des Diözesancaritasdirektors« eingestufte Mitarbeiter in der Dresdener Diözesancaritaszentrale wies auf den »Döpfner-Erlaß«[496] als Maßgabe hin[497].

Die Hoffnung der Dresdener Staatssicherheit, über »Konrad« und seine Verbindungen zu staatlichen Stellen beim Rat des Bezirks auf interne Entscheidungen der Dresdener Diözesancaritas steuernd einwirken zu können, trog. Sie maß dem IM eine Bedeutung als caritativem Entscheidungsträger bei, die er tatsächlich nicht besaß. Darüber konnte auch nicht hinwegtäuschen, daß »Konrad« seit der zweiten Hälfte der siebziger Jahre als »Stellvertreter des Diözesancaritasdirektors« bezeichnet wurde[498]. Zu solchen Fehleinschätzungen trug dieser nicht wenig bei, indem er seinem Führungsoffizier den entsprechenden Eindruck vermittelte. Als 1981 Bischof Schaffran seinen langjährigen Verhandlungsbeauftragten Hanisch zusätzlich beauftragte, die Gespräche zur Staatssicherheit wahrzunehmen[499], glaubte man, mit »Konrad« bereits einen bedeutsamen konspirativen Kontakt zur Caritas zu besitzen. Die von »Konrad« auf einem Zusammentreffen im Mai 1981 geäußerte und protokollierte Selbsteinschätzung hatte deshalb auch selbstvergewissernde Bedeutung. »Caritasdirektor Puschmann«, wird der IMB zitiert, »tritt nach aussen

---

[496] Zum »Döpfner-Erlaß« vgl. oben S. 81.

[497] »Herr N.N., der seit Jahren die Anträge auf Sammlungsgenehmigung beim Rat des Bezirks einreicht und andere Sachfragen mit staatlichen Stellen regelt, wurde bei einer solchen Gelegenheit zu einem Gespräch gebeten, in dem verschiedene Fragen, die das Verhältnis Staat-katholische Kirche betreffen, erörtert wurden. Er war sehr aufgeschlossen und verwies auf frühere fruchtbare Gespräche mit Gen. Dr. Dohle u. a. Mitarbeitern, die er gern fortzusetzen bereit ist. Er könne jedoch nicht gegen den sogenannten ›Döpfner-Erlaß‹ verstoßen, weil dadurch das gute Verhältnis seiner Dienststelle sowohl zum Bischof als auch zum Staat empfindlich gestört würde. (...) N.N. bestätigte die Einschätzung, daß das Verhältnis von Dompfarrer Hanisch zum Rat des Bezirks recht gut sei, was diesen auch persönlich sehr erfreue (Hanisch hatte ursprünglich Bedenken, diese Aufgabe des Verbindungsmannes zu übernehmen)«. Vgl. den Bericht Johnes vom 10. April 1978, BStU Ddn AIM 3509/87, Bd. I, p. 68.

[498] Vgl. den Vorschlag zur Umregistrierung zum IMV vom 20. April 1978, bzw. zur Umgruppierung zum IMB vom 15. Mai 1980, BStU Ddn AIM 3509/87, Bd. I, p. 65, 80.

[499] Vgl. das Schreiben vom 20. Januar 1981, BStU Ddn AIM 210/91, Bd. I, p. 34. Hanisch war von Beamten der Dresdener Staatssicherheit angesprochen worden und hatte pflichtgemäß seinem Bischof darüber berichtet. Ab 1984 wurde zusätzlich Prälat Othmar Faber mit ebensolchen Gesprächen beauftragt. Vgl. B. SCHÄFER, Staat, S. 343.

wenig in Erscheinung. Die gesamten Verhandlungen mit dem Rat des Bezirkes und anderen staatlichen Stellen führe ich. Er läßt mir in dieser Hinsicht vollkommen freie Hand«[500].

Soweit Belange der Caritas betroffen waren, blieben die Versuche des MfS, in den siebziger und achtziger Jahren über regionale Gesprächskontakte auf die caritative Führungselite einzuwirken, insgesamt ohne den gewünschten Erfolg. Allerdings stellte die Verbindung zum Magdeburger Weihbischof Hubrich eine auch im Wortsinn »außer-ordentlich« bemerkenswerte Ausnahme dar. Bedeutsam ist diese Ausnahme insbesondere auch deshalb, weil sie den Übergang bildete zu Hubrichs persönlichen Gesprächskontakten als Bischof von Schwerin und damit zu den für die Geschichte der katholischen Kirche in der DDR einzigartigen, konspirativen Zusammenkünften eines Bischofs mit dem Ministerium für Staatssicherheit.

3.6 Caritative Unterstützung von Ausreiseanliegen in den siebziger und achtziger Jahren

Solange das SED-Regime bestand, war es mit dem Exodus seiner Bürger in den Westen, hauptsächlich in die Bundesrepublik und nach West-Berlin konfrontiert. »Diese ›Abstimmung mit den Füßen‹ war ein Barometer sowohl der inneren Verfassung der DDR als auch der Anziehungskraft Westdeutschlands«[501]. Die Ausdünnung der DDR erfolgte auf zwei Wegen: durch illegale Flucht oder durch eine legale dauerhafte Ausreise. Seit dem Mauerbau war zwar die Zahl der »Republikflüchtigen« deutlich zurückgegangen; demgegenüber wuchs in den siebziger und achtziger Jahren die Zahl derjenigen, die im Zuge des KSZE-Prozesses[502] und der Ausdehnung des Ost-West-Reiseverkehrs einen Antrag auf legale Ausreise stellten[503]. Am 15. Oktober 1983 trat in der DDR eine Verordnung in Kraft, die der

500 Mündlicher Bericht von IMB »Konrad« vom 5. Mai 1981, BStU Ddn AIM 3509/87, Bd. II, 1, p. 227.

501 B. EISENFELD, Art. »Fluchtbewegung«, S. 200. Vgl. außerdem DERS., Art. »Ausreise«, S. 73-76 sowie DERS., Die Ausreisebewegung, S. 192-223. Vgl. auch H. KNABE, S. 273-283.

502 Die DDR hatte 1975 die Schlußakte von Helsinki unterzeichnet und im sogenannten »Korb 3« ihre Absicht bekundet, Familienzusammenführungen und »Reisen aus persönlichen und beruflichen Gründen« zuzulassen; dies wurde jedoch höchst restriktiv gehandhabt. Vgl. J. RITTER/P. J. LAPP, S. 45.

503 Vgl. B. EISENFELD, Ausreisebewegung., S. 193. Zur Statistik der Antragsteller vgl. EBD. S. 202 f.; vgl. auch die differenzierte Statistik bei J. RITTER/P. J. LAPP, S. 167.

bis dahin praktizierten Familienzusammenführung erstmals eine Rechtsgrundlage verschaffte. Diese Verordnung enthielt ein Antragsrecht und eine Bearbeitungspflicht beim Vorliegen »humanitärer Gründe«. Als antragsberechtigt galt aber nur ein kleiner Personenkreis (Rentner, Invalide, Eheschließende). Personen, die diesem Kreis nicht zugehörten und dennoch einen Antrag auf Ausreise stellten, galten als rechtswidrige Antragsteller bzw. – seit 1983 – als Übersiedler. Erst am 1. Januar 1989 wurde ein generelles Antragsrecht eingeführt. Dessen ungeachtet standen die Anträge auf dauerhafte Ausreise unter dem Generalvorbehalt, daß keine Rechte der Bürger und andere gesellschaftliche Interessen der DDR beeinträchtigt würden.

Das SED-Regime suchte die anschwellende Ausreisebewegung bereits im Keim zu ersticken. Innenministerium und MfS schufen Koordinierungsgruppen, die ein abgestimmtes Vorgehen gegen die Antragsteller berieten, das von sozialen Verlockungen bis zu Berufsverboten reichte[504]. Allerdings gerieten die Machthaber dabei in eine unausweichliche Zwickmühle: Die gewaltsame Unterdrückung der individuellen Freiheit vermehrte die inneren Spannungen und brachte die DDR in außenpolitischen Mißkredit; umgekehrt drohte eine freizügigere Ausreisepraxis den Exodus und damit den inneren Erosionsprozeß zu beschleunigen[505].

Die zahlreichen Ausreisen wirkten auch auf den Diasporakatholizismus zurück. Sie verschärften das traditionelle Problem[506] der kleinen, stets durch Abwanderung bedrohten Gemeinden. Bei der Caritas stand man erneut vor einem Dilemma: Die Flucht zahlreicher caritativer Führungskräfte, zumal der Ärzte, in den Wochen und Monaten vor dem Mauerbau stand allen Beteiligten noch lebhaft vor Augen, ebenso die Folgen, die dies seinerzeit für die Arbeit der mühsam aufgebauten und unterhaltenen Krankenhäuser und Heime hatte. Andererseits war in Kirchenkreisen und darüber hinaus bekannt, daß die Caritas Ausreisewilligen vorübergehend Unterschlupf gewährte und die sogenannten Übersiedlungsersuchen aktiv unterstützte. »Dies sei der leichteste und schnellste Weg nach Westdeutschland«, hatte IM »Thaddäus« bereits 1958 dem MfS berich-

---

504 Vgl. J. RITTER/P. J. LAPP, S. 45. Zu den umfangreichen Anweisungen des Innenministeriums und des MfS an die nachgeordneten Behörden vgl. H. H. LOCHEN/C. MEYER-SEITZ (Hrsg.), Die geheimen Anweisungen.

505 Vgl. B. EISENFELD, Art. »Ausreise«, S. 75. Ebenso die zusammenfassende Übersicht bei K. SCHROEDER, S. 276-278.

506 Vgl. J. PILVOUSEK, Innenansichten, S. 1140-1145.

tet[507]. In den siebziger und achtziger Jahren wurden die Caritasdirektoren in der DDR daher vermehrt Ansprechpartner in Ausreiseanliegen von Caritasmitarbeitern oder Bekannten aus deren Umfeld.

Für die katholische Kirche kam eine Unterstützung illegaler Flucht- und Ausreiseversuche[508] in der Regel[509] nicht in Frage. Allein in der Zusammenarbeit mit den Rechtsanwälten Vogel bzw. Stange sowie der von der Bundesregierung durchgeführten sogenannten »Familienzusammenführung« sah man Wege, dringende Ausreiseanliegen zu unterstützen. Nach der Ratifizierung des Grundlagenvertrages 1973 bestand bei den Berliner Stellen des DCV die begründete Hoffnung, daß die Familienzusammenführung in begrenztem Rahmen und damit vergleichsweise reibungslos durchgeführt werden könne[510]. Störende Einflüsse auf diese verborgen und diskret verhandelten Vorgänge wurden von vorneherein ausgeschaltet[511], um nicht das Ganze zu gefährden.

Die Bedingungen diktierte der SED-Staat. »Ich habe keine Vollmacht zur Vermittlung«, hieß es im Juli 1976 in einem Schreiben Vogels, »1. wenn es sich um keine Familienzusammenführung handelt; 2. wenn die Bezugsperson in der BRD die DDR erst nach dem gesetzlichen Stichtag (31.12.1971) ungenehmigt verlassen hat; 3. wenn

507 Vgl. den handschriftlichen Bericht von IM »Thaddäus« vom 20. August 1958. Darin berichtet er über ein Gespräch, das er am Rande des Berliner Katholikentages mit Emil Dovifat geführt habe. Dieser habe ihm vorgeschlagen, sich mit der Bitte an den Meißener Domkapitular Palm zu wenden, ob ihn dieser nicht bei der Caritas unterbringen könne. BStU Ddn AIM 103/64, Bd. II,4, p. 169.

508 Vgl. dazu den Beitrag von K. W. FRICKE, Fluchthilfe, S. 3-10.

509 Inwiefern die angeführten Beispiele Solbachs (oben S. 145, 174) und Hubrichs (oben S. 161) tatsächlich eine Unterstützung illegaler Ausreiseversuche darstellen, muß offenbleiben.

510 Vgl. Aktenvermerk Steinkes für Zange vom 11. Juli 1973, ADCV 121/7+376.2, Fasz. 03.

511 Vgl. Thiel an Bocklet vom 1. Februar 1978 betr. die von Richard Löwenthal vom ZDF-Magazin angeregte Gründung eines Vereins »Hilferufe von drüben«. Der Verein wolle regelmäßig und in größerem Umfang über das Schicksal Verfolgter und Unterdrückter DDR-Bürger berichten. ADCV 121/30+511.211, 1977-1983. – Offenbar konnte jedoch die Errichtung des Vereins nicht vermieden werden. 1989 gab es in der für Ausreiseangelegenheiten eigens eingerichteten »Zentralen Koordinierungsgruppe« beim MfS ein eigenes Referat, das mit der politisch-operativen Bearbeitung der Feindorganisation »Hilferuf von drüben« befaßt war. Vgl. DIE ORGANISATIONSSTRUKTUR DES MFS, S. 141.

die Bezugsperson in der BRD im Wege der Familienzusammenführung ausgereist ist und dadurch die Trennung herbeigeführt hat; 4. wenn ganze Familien ausreisen wollen; 5. wenn berufliche Qualifikationen oder Staatsgründe entgegenstehen«[512]. Die Bereitschaft Vogels, in einzelnen Fällen ausnahmsweise zu vermitteln, bleibe allerdings bestehen. Die staatliche Einschränkung auf tatsächliche Familienzusammenführungen traf zusammen mit einem kirchlichen Selbstverständnis, das von »politischer Abstinenz« und den ohnehin bescheidenen Möglichkeiten einer Diasporakirche gekennzeichnet war. Es konnte und sollte auch wohl nicht Aufgabe der katholischen Kirche sein, alles zu unternehmen, um Gläubigen die Ausreise zu ermöglichen; man mußte sich darauf beschränken, soziale Härtefälle zu unterstützen[513].

Die sich oft über Jahre hinziehenden Ausreisebegehren und -verfahren gingen oftmals mit einer sozialen Desintegration der Betroffenen einher. Die Übernahme einzelner Ausreisewilliger in kirchliche Arbeits- und Dienstverhältnisse vermochte dieses Defizit zwar zu lindern; sie barg aber wegen der zwangsläufig eintretenden starken Fluktuation im kirchlich-caritativen Dienst wie auch der hohen psychischen Belastung, die die neuen ausreisewilligen »Mitarbeiter« mitbrachten, beträchtliche Probleme. Zu den ohnehin eingeschränkten Vermittlungsmöglichkeiten kamen also organisationsinterne Erschwernisse. Grundsätzlich sei es günstiger, wenn Ärzte, die einen Antrag auf Ausreise gestellt hätten, aus dem staatlichen Gesundheitsdienst ausschieden, teilte Vogel auf eine entsprechende kirchliche Anfrage mit, aber die Vorbehalte kirchlicher Einrichtungen gegenüber der Anstellung von Ausreisekandidaten seien auch zu verstehen[514]. Daß sich auch die Staatssicherheit diese Verhältnisse in ihrem Sinne zunutze machen konnte, bedeutete ein zusätzliches Risiko. Erpreßbare Ausreisekandidaten wie selbstloses oder unbedachtes Verhalten von Geistlichen hatten es dem MfS in den zurückliegenden Jahren immer wieder ermöglicht, staatspolizeilich einzugreifen. Der Klerus wurde deshalb dringend davor gewarnt, sich zu Äußerungen hinreißen zu lassen, die als Begünstigung der Republikflucht hätten interpretiert werden können[515].

---

512 Vogel vom 23. Juli 1976, ADCV 121/7+376.2, Fasz. 03.

513 Vgl. Steinke an Sterzinsky vom 8. Juli 1982, ADCV 121/7+367.2, Fasz. 04.

514 Vgl. den Vermerk Puschmanns vom 19. Juli 1985 über eine Besprechung mit Rechtsanwalt Vogel, ADCV 121/7+376.2, Fasz. 04.

515 Vgl. die Mitteilung Sterzinskys an Priester bei Konferenzen in Erfurt und Heiligenstadt vom 14.(?) Oktober 1981. BAEF Handakten Sterzinsky, Staat-Kirche.

Im Februar 1983 erschütterte die »Franke-Hirt-Affäre« das sensible Gefüge des Häftlingsfreikaufs, der Familienzusammenführung bzw. der Unterstützung von Ausreiseanliegen[516]: Der vom Bundesminister für innerdeutsche Beziehungen, Egon Franke, mit dem Häftlingsfreikauf betraute Ministerialrat Edgar Hirt hatte veranlaßt, daß für Freikaufaktionen bewilligte Haushaltsmittel über den Deutschen Caritasverband in Berlin und Rechtsanwalt Jürgen Stange als Barbeträge an ihn zurückflossen, angeblich, um Hilfe in besonderen humanitären Anliegen leisten zu können. Ludwig Rehlinger, der nach der Ablösung der sozial-liberalen Koalition als beamteter Staatssekretär im Innerdeutschen Ministerium an seine frühere Wirkungsstätte zurückkehrte, deckte einen Betrag von insgesamt nahezu 6 Millionen DM in der Ministeriumskasse auf, für den jegliche Verwendungsnachweise fehlten. Da selbst die eingeleiteten staatsanwaltlichen Ermittlungen keine endgültige Klärung dieser entscheidenden Frage erbrachten, blieb der Eindruck, daß hier öffentliche Gelder zweckentfremdet und möglicherweise zur persönlichen Bereicherung verwendet worden waren. Das Bonner Landgericht verurteilte Hirt schließlich zu einer dreieinhalbjährigen Haftstrafe wegen Untreue in Tateinheit mit Betrug[517]. Und die Bundesregierung entzog Jürgen Stange das Verhandlungsmandat[518].

Dieser Fall hatte allerdings nicht nur persönliche Konsequenzen. Der übliche diskrete Verhandlungsweg auf der Advokatenebene hatte Schaden genommen. Die von der Bundesregierung in der Nachfolge Stanges beauftragten Berliner Rechtsanwälte Wolf-Eckhard Jäger und Barbara von der Schulenburg besaßen nicht mehr den bedeutenden Einfluß ihres Vorgängers; das Bundesministerium hatte die Verhandlungen an sich gezogen[519]. Damit aber reduzierten sich auch die Möglichkeiten kirchlich-caritativer Einflußnahme. Seit Ende 1987 zeichnete sich deutlich ab, daß – ganz im Sinne demonstrativer Eigenständigkeit des DDR-Staates – die Ausreiseanliegen über Staatsorgane direkt mit der Bundesregierung abgewickelt werden sollten.

516 Vgl. dazu L. REHLINGER, S. 91-102; ausführlich W. BRINKSCHULTE/H. J. GERLACH/T. HEISE, S. 205-231; zusammenfassend J. SCHMIDTHAMMER, S. 99.

517 Vgl. L. REHLINGER, S. 102.

518 Vgl. W. BRINKSCHULTE/H. J. GERLACH/T. HEISE, S. 36. Zur Rolle Stanges, der zwischen 1980 und 1982 rapide anwachsende Erstattungen für ihm entstandende besondere Aufwendungen im Zusammenhang mit seinem Mandat für die Bundesregierung geltend gemacht hatte, vgl. L. REHLINGER, S. 91 f.; W. BRINKSCHULTE/H. J. GERLACH/T. HEISE, S. 220 f.

519 Vgl. W. BRINKSCHULTE/H. J. GERLACH/T. HEISE, S. 38 f.

Im Januar 1989 ermöglichte eine neue Reiseverordnung ein generelles Antragsrecht auf Ausreise[520]. Somit waren auch die Vermittlungsmöglichkeiten der Caritas auf ein Minimum geschrumpft[521]. »Es muß klar werden, daß die Kirche praktisch keine Hilfsmöglichkeiten hat, seit die Problematik gesetzlich geregelt ist und auch die Bundesregierung sich immer stärker in dieser Frage zurückhält«, notierte Caritasdirektor Puschmann im April 1989[522]. In einer zunehmend unübersichtlich werdenden Situation agierte man vorsichtiger. Die Zentralstelle riet deshalb im Frühjahr 1989 den Caritasdirektoren, im Falle von erbetenen kirchlichen Gutachten zu Ausreiseanträgen keine persönlichen Stellungnahmen abzugeben, sondern auf ein bischöflich approbiertes Formular zurückzugreifen[523].

Der stärker werdenden Ausreisebewegung durch repressive wie »differenzierende« Maßnahmen entgegenzuwirken, wurde in den siebziger und v.a. achtziger Jahren mehr denn je zur Aufgabe des MfS[524]. Die Steuerung »des Vorgehens des MfS zur Vorbeugung, Aufklärung und Verhinderung des ›ungesetzlichen Verlassens der DDR‹ (§ 213 StGB der DDR) und zur Bekämpfung des ›staatsfeindlichen Menschenhandels‹ (§ 105 StGB)«[525] oblag seit 1975 einer eigens zu diesem Zweck gegründeten »Zentralen Koordinierungs-

520 B. EISENFELD, Die Ausreisebewegung, S. 194.

521 Einzelne Konfliktfälle verhandelte Dissemonds Amtsnachfolger und bischöflicher Beauftragter für Gespräche mit dem MfS, Josef Michelfeit. Vgl. die rekonstruierten Aktenfragmente von »Antons« IM-Akte. BSTU MfS AIM 25227/91 Beifügung »Anton«, Teil 2, p. 33, 46, 57, 62, 64, 85 f., 93, 96 f., 111, 120.

522 Vermerk Puschmanns vom 1. April 1989, ADCV 121/7+376.2, Fasz. 04. Puschmann entwarf mit Datum vom 20. April 1989 auch eine Vorlage für Antwortschreiben auf Anfragen Ausreisewilliger. Darin hieß es u. a.: »Die Entwicklung der Ausreiseproblematik hat in den letzten Jahren die Frage nach einer gesetzlichen Regelung immer stärker werden lassen. Am 30.11.1988 wurde die Verordnung über Reisen von Bürgern der DDR nach dem Ausland erlassen. Parallel zu dieser Entwicklung sind andere Möglichkeiten, so auch die unsere, nicht mehr gegeben.« ADCV 121/7+376.2, Fasz. 04.

523 Rundschreiben Dr. Stoltes vom 7. März 1989 betr. Anträge auf Ausreise und ihre Bearbeitung, ADCV 121/20+125.0, 1986-1989. In Abstimmung mit dem Sekretariat der Berliner Bischofskonferenz wurde empfohlen, dem Rat des Bezirks gegebenenfalls folgendes Formular zukommen zu lassen: »Zu Ihrem Schreiben teilen wir Ihnen mit, daß wir bereit sind, mit dem Mitarbeiter einen Aufhebungsvertrag abzuschließen, insofern dies im Zusammenhang mit dem Genehmigungsverfahren angezeigt ist«.

524 Vgl. B. EISENFELD, Ausreisebewegung, S. 196 f., 215-222.

525 ORGANISATIONSSTRUKTUR DES MFS, S. 141.

gruppe« (ZKG) mit zuletzt 190 Mitarbeitern[526]. Allzu forsches Vorgehen einzelner regionaler Stellen gegen die Caritas war deshalb in der Berliner Zentrale nicht gern gesehen. So beschied Oberst Ludwig, der Stellvertretende Leiter der Hauptabteilung XX, ein Auskunftsersuchen der Bezirkskoordinierungsgruppe des MfS in Schwerin zum »Deutschen Caritasverband« eindeutig: »Über den ›Deutschen Caritasverband‹ werden Vorhaben auf ›Familienzusammenführung‹, d. h. zum Beispiel legale [!] Übersiedlungen in die BRD, in Zusammenarbeit mit den jeweiligen staatlichen Stellen der BRD und der DDR unterstützt. (...) Hinweise auf Unterstützung bzw. Hilfeleistungen für die Ausschleusung von Personen aus der DDR liegen der HA XX/4 bisher nicht vor. In dieser Beziehung gibt es auch keine Information zum Caritasdirektor Steinke. (...) Sollten die seitens der HA XX/4 eingeleiteten inoffiziellen Überprüfungen zum Sachverhalt weitere Hinweise ergeben, werden Sie hiervon informiert«[527].

Beim MfS glaubte man die Kirchen auf seiner Seite, »wenn die ›moralisch-ethische Keule‹ gegen die Antragsteller geschwungen wurde«[528]. Das Engagement der Caritas wurde umso argwöhnischer beobachtet und »differenzierend« ausgenutzt, wann immer es möglich war. Dabei hatte man in Berlin keine Skrupel, Zwangslagen der katholischen Kirche gelegentlich auch finanziell zum eigenen Vorteil auszunutzen. So konfrontierte beispielsweise Staatssekretär Seigewasser 1971 in einem Gespräch Kardinal Bengsch mit der Tatsache, daß sich der Vorsitzende der Magdeburger Diözesancaritas der Beihilfe zur Republikflucht schuldig gemacht habe. »Kardinal Bengsch«, so der Auskunftsbericht der Hauptabteilung XX/4, »distanzierte sich von diesem kriminellen Delikt des Solbach und bat darum, Milde walten zu lassen. Bengsch erklärte weiter, daß die Kirche bereit sei, eine finanzielle Wiedergutmachung in Erwägung zu ziehen«[529].

Im Bistum Dresden-Meißen bildeten die Informationen durch IMS »Konrad« und später durch HIM »Erika«[530] eine Voraussetzung, um

---

[526] Vgl. H. KNABE, S. 273-283. Zum Vergleich: Die »Kirchenabteilung« des MfS hatte 1989 44 Mitarbeiter. ORGANISATIONSSTRUKTUR DES MFS, S. 110.

[527] Oberst Ludwig an Bezirksverwaltung für Staatssicherheit Schwerin vom 6. November 1979, BSTU MfS HA XX/4, Nr. 2697, p. 1.

[528] B. EISENFELD, Ausreisebewegung, S. 220.

[529] BStU MfS AP 21088/92, p. 36-37.

[530] Vgl. OV »Kanzler«, BSTU Ddn AOP 3119/85, p. 103-105, HIM »Erika«, BSTU Ddn AIM 6351/90, Bd. II,10, p. 73-75, 192, 218, 403, Bd. II, 11, p. 65, 83,

zersetzend eingreifen zu können. Die Kenntnis der einzelnen Übersiedlungsersuchen aus dem Umfeld der Caritas nutzte die Dresdener Bezirksverwaltung 1976, um auf dem Weg der regionalen »Staat-Kirche-Gespräche« Druck auf die Dresdener Bistumsführung und den in diesen Fragen zuständigen Caritasdirektor Puschmann auszuüben. Die Ausreisewilligen sollten nicht mehr in den kirchlichen Dienst eingestellt werden. Für kurze Zeit[531] scheint die Einflußnahme des MfS erfolgreich verlaufen zu sein: »Wie mir durch ihre [sic] Dienststelle bekannt ist«, hieß es in einem Bericht »Konrads« vom 13. Oktober 1976, »wurde Bischof Schaffran vom Staatsapparat aufgefordert, keine Personen in den Kirchendienst einzustellen, von denen bekannt ist, daß sie nach der BRD übersiedeln wollen. Ich hatte bereits zu Personen Hinweise gegeben, daß sie ihre Tätigkeit bei der kath. Kirche dazu nutzen, leichter zur Genehmigung der Übersiedlung zu kommen. (...) Bei einer der letzten Dienstbesprechungen des Caritasverbandes teilte Direktor Puschmann mit, daß sich ein Arzt um Einstellung beworben habe, aber auf Grund seiner Absicht[,] in die BRD zu übersiedeln[,] keine Einstellung erfolgt. Erfreulicherweise hat also das Gespräch Bischof – Staatsapparat Früchte getragen«[532].

Da seit 1981 mit Wissen von Bischof Schaffran ein direkter Gesprächskontakt des Dresdener Domkapitulars Hanisch zur Bezirksverwaltung des MfS bestand, wurden auf dieser Ebene wiederholt Einzelfälle von Übersiedlungsersuchen besprochen[533]; inwieweit dies mit Kenntnis der zentralen bischöflichen Gesprächs- und Verhandlungsbeauftragten in Berlin – Dissemond bzw. Steinke und seines Nachfolgers Puschmann – geschah, bleibt offen[534]. Die grundsätzli-

---

Bd. II, 11,2, p. 113. Durch »Erika« gelangte das MfS auch in den Besitz von kirchlichen Verhaltensregeln für Übersiedler nach der erfolgten Ausreise aus der DDR. Diese Verhaltensregeln, so Oberst Tzscheutschler von der Dresdener Bezirksverwaltung des MfS in seinem Bericht vom 2. August 1988, würden auch im Ordinariat unter den Antragsstellern vertrieben. Vgl. BSTU Ddn AIM 6351/90, Bd. II, 11, p. 83.

531 Im Bericht vom 8. November 1976 wird nochmals ein Gespräch zwischen Caritasdirektor und Staatsapparat empfohlen, »um zumindest Puschmann zur Aufsichtspflicht zu bringen und um weitere Einstellungen von Übersiedlungskandidaten weiter einzuschränken«. BSTU Ddn AIM 3509/87, Bd. II, 1, p. 130.

532 BSTU Ddn AIM 3509/87, Bd. II, 1, p. 128.

533 Vgl. BSTU Ddn AIM 210/91, Bd. II,1, p. 23-30, 90 f., 120-122, 130-133, 148-151, 158 f., 169 f.

534 Für eine Antwort bedürfte es einer eingehenderen Untersuchung der kirchlichen Aktenüberlieferungen, was im Rahmen dieses Projektes nicht geleistet werden konnte.

che Einstellung Schaffrans in Ausreisefragen teilte Hanisch seinem Gegenüber bereits im November 1981 mit. Sie unterschied sich nicht von derjenigen seiner Amtsbrüder. Der Bischof, so der Treffbericht von Oberleutnant Schanze, sei der Auffassung, daß jeder Christ dort seine Stelle einzunehmen habe, wo er lebe, wohne und arbeite. Mit den Antragstellern werde ein Gespräch mit dem Inhalt geführt, sich im Sinne der Kirche ruhig zu verhalten und für die Dauer der kirchlichen Anstellung keine Konflikte mit staatlichen Organen herbeizuführen. Überdies bestehe die Meinung, keine Antragsteller einzustellen, die bereits als solche bekannt seien. »Dies ist bereits praktisch gedacht. Denn Antragsteller arbeiten ja nur vorübergehend bis zur Übersiedlung und somit ist ein stetiges Kommen und Gehen, welches der Kirchenleitung auch nicht genehm ist«[535]. Auch die Dresdener Bistumsleitung suchte also dem Eindruck entgegenzutreten, als sei die katholische Kirche imstande, generell Übersiedlungsanliegen aktiv zu unterstützen.

Verfolgte man bei der Dresdener Bezirksverwaltung die Strategie, durch persönliche Einflußnahme auf die Gesprächspartner das eigene Ziel zu erreichen[536], so lagen im Eichsfeld die Verhältnisse anders: Die Geschlossenheit des katholischen Milieus zwang das MfS widerwillig in eine Kooperation mit der Kirche. Die illegale Republikflucht seines Neffen und die Übersiedlung von dessen Ehefrau klärte der Direktor des Raphaelsheims nach Rücksprache mit seinem Bischof mit dem zuständigen Kirchenreferenten des MfS bei der Kreisdirektion Heiligenstadt. Für Hauptmann Stolze bot dies die Möglichkeit, einen neuen Gesprächskontakt zur katholischen Kirche zu knüpfen. Dieser diente dem als IMB »Raphael« geführten Direktor u. a. dazu, caritative Hilfsmaßnahmen aus dem benachbarten Bistum Fulda zu realisieren[537].

Seit Mitte der achtziger Jahre verfolgte das MfS vorrangig das Ziel, »Übersiedlungsabsichten möglichst sanft, das heißt ohne Druckmit-

---

535 Vgl. den Treffbericht vom 13. November 1981, BStU Ddn AIM 210/91, Bd. II, 1, p. 26.

536 Im September 1986 beispielsweise kam es zu einem Gespräch zwischen dem Dresdener Generalvikar Weisbender und dem beim Rat des Bezirks für Kirchenfragen zuständigen Sektorenleiter Gerhard Lewerenz. Dieser berichtete als IM »Lutz Walter« dem MfS davon, daß Schaffran Weisbender veranlaßt habe, ein Arztehepaar, das einen Antrag auf Ausreise gestellt hatte, in caritativen Einrichtungen anzustellen, damit es in der DDR bleibe. BStU Ddn AIM 2769/90, Bd. II,4, p. 309.

537 Vgl. oben S. 37-39 und die Ausführungen über den für das MfS tätigen IMS »Alois Saul« oben S. 38, 41.

tel zu behandeln«[538]. Es galt, die Absicht zur Übersiedlung in allen Lebensbereichen moralisch zu diskreditieren. Die in der Bevölkerung vorhandene Grundstimmung den Ausreisewilligen gegenüber sollte also verstärkt werden. IMB »Alois Saul«, als Verwaltungsleiter im Heiligenstädter Krankenhaus tätig, berichtete entsprechend zum Problem der Übersiedlung im April 1984 seinem MfS-Führungsoffizier von der Kreisdirektion Heiligenstadt: »Auf den Nenner gebracht herrscht faßt [sic] einstimmig die Meinung, die rüber wollen, soll man auch rüber lassen. 70% von denjenigen, die rüber wollen, haben ohnehin keine vernünftige Arbeit gemacht, suchen drüben das große Glück und denken, es kommen die gebratenen Tauben geflogen, die werden sich noch umgucken. Vielleicht 30% sind (...) echte Fälle, die vielleicht zu Verwandten oder Familienzusammenführung wollen, und vor allem die Jugendlichen, die noch keine hochqualifizierten Arbeiter sind, daß die es besonders schwer haben (...) Man sagt auch, wenn die Antragsteller rüber sind, ist mehr Platz da, mehr Wohnungen und Arbeitskräfte brauchen wir auch nicht mehr (...) wir rationalisieren ja und drüben gibt es mehr Arbeitslose und die werden eines Tages auch noch *verhaßt sein wie die Türken*, wenn sie die Arbeitsstellen wegnehmen (...)«[539].

Daß sich die Entwicklung in den ausgehenden achtziger Jahren gefährlich zuzuspitzen begann, war an den 1988 wieder sprunghaft steigenden Zahlen von Übersiedlern[540] und Antragstellern[541] abzulesen. Die wachsende Nervosität in der für Ausreisefälle zuständigen Zentralen Koordinierungsgruppe (ZKG) beim MfS schlug sich u. a. in einem Rundschreiben des Leiters Niebling an sämtliche Dienststellenleiter nieder[542]. Der Brief enthielt Informationsmaterial

538 B. EISENFELD, Die Ausreisebewegung, S. 215.

539 Mündlicher Bericht des IMB »Alois Saul«, Tonbandabschrift durch Hauptmann Stolze vom 14. April 1989, BStU Eft IX 334/77, Bd. II, 2, p. 92. Unterstreichung im Original.

540 1988 waren es ca. 29.000, eine Zahl, die an die Jahre 1963 und 1964 heranreichte und nur noch von den ca. 35.000 Übersiedlungen im Jahr 1984 übertroffen wurde, als die Machthaber in spektakulärer Weise binnen drei Monaten 21.000 Antragstellern die Ausreise in den Westen genehmigten, um des innen- und außenpolitischen Drucks Herr zu werden. Vgl. die Statistik bei J. RITTER/P. J. RAPP, S. 167. Zur Ausreisewelle 1984 vgl. B. EISENFELD, Ausreisebewegung, S. 214.

541 Seit 1984 lag die Zahl der Erst-Antragsteller jährlich bei deutlich über 40.000, in der ersten Jahreshälfte 1989 bei 23.000. Vgl. B. EISENFELD, Ausreisebewegung, S. 202.

542 Vgl. das Rundschreiben Nieblings vom 17. Oktober 1988, G. BESIER/St. WOLF, Nr. 113, S. 574-576.

»über die Haltungen und Reaktionen kirchenleitender Kräfte in der DDR gegenüber Versuchen des Mißbrauchs kirchlicher Veranstaltungen und Räumlichkeiten durch Übersiedlungsersuchende« und forderte die Adressaten auf, das Material vor allem zur Verunsicherung und Zersetzung entsprechender Gruppierungen durch Inoffizielle Mitarbeiter zu nutzen. Angesprochen wurden auch die sich mehrenden »erpresserischen Versuche, durch die ›Besetzung‹ von Kirchen die sofortige Ausreise nach der BRD zu erzwingen«[543]. Die Kirchen seien allerdings nicht bereit, solchen Mißbrauch zuzulassen[544].

Anfang Juni 1988 war es in Erfurt zu einem solchen Zwischenfall gekommen: Eine Gruppe von 21 evangelischen Erwachsenen und Kindern hatte am Sonntag den katholischen Dom betreten und erklärt, ihn erst wieder verlassen zu wollen, wenn sie in die Bundesrepublik ausreisen könnten. Der Erfurter Generalvikar Sterzinsky trug zwar den Interessen der staatlichen Vertreter Rechnung, die wegen des Evangelischen Kirchentages in der Stadt präsenten Medien und westdeutschen Besucher[545] vom Geschehen fernzuhalten; gleichzeitig veranlaßte er die notwendige Versorgung der »Besetzer« und widerstand den massiven Drohungen der staatlichen Vertreter vom Rat des Bezirks Erfurt, den Dom mit Gewalt räumen zu lassen. In Abstimmung mit dem umgehend informierten und dann in Berlin mit der Dienststelle des Staatssekretärs für Kirchenfragen verhandelnden Prälaten Gerhard Lange sowie mit Unterstützung des bekannten evangelischen Propstes von Erfurt, Heino Falcke, wurde am 7. Juni die staatliche Zusicherung zur Ausreise erreicht. Eine Woche später notierte Sterzinsky: »Inzwischen sind fünf Familien in der Bundesrepublik angekommen. Generalvikar Lang aus Fulda hat dies bestätigt. Auf die Ausreise wartet zur Stunde noch ein älteres Ehepaar aus Erfurt«[546].

Über den Zwischenfall in Erfurt – wie auch über eine ähnliche Aktion im Herbst 1988 in der Hedwigskathedrale in Berlin[547] – wur-

---

543 EBD., S. 576.

544 Zur Haltung der Kirchen vgl. auch den Beitrag »Zum Verhältnis von Kirche und Staat« im ARCHIV DER GEGENWART 58 (1988), Nr. 32773 A.

545 Unter den 10.000 Teilnehmern des Kirchentages in Erfurt waren auch Egon Bahr und Erhard Eppler. Vgl. F. HARTWEG, S. 651.

546 Vgl. den Aktenbericht »Vorkommnisse im Dom vom 5. bis 7. Juni 1988«, BAEF Handakten Generalvikar Sterzinsky, Staat-Kirche, Gespräche und Verhandlungen, 1981-1988.

547 Vgl. den Bericht der Bezirksverwaltung Potsdam zur Werbung eines IMS vom 28. November 1988, BSTU Pdm XX, Nr. 373, Bd. I, p. 122-131. Dort heißt es

de weder öffentlich noch innerkirchlich etwas bekannt; allenfalls in eingeweihten Kleruskreisen wurde darüber vertraulich gesprochen. Der Potsdamer Bezirksverwaltung dienten die Ereignisse zusammen mit Informationen über Übersiedlungsersuchen im katholischen St.-Josefs-Krankenhaus dazu, einen Gesprächskontakt zu einem katholischen Geistlichen zu knüpfen; eine direkte Verpflichtung fand wie üblich nicht statt. Mit der Werbung sollten im Sinne von Mielkes Dienstanweisung 2/85[548] vor allem der »Mißbrauch kirchlicher Einrichtungen und Gruppen zur politischen Untergrundtätigkeit« verhindert[549] und Übersiedlungsersuchen im Potsdamer katholischen Krankenhaus zurückgedrängt werden[550]. Nachdem zuständige Stellen, vermutlich vom Rat des Bezirks Potsdam, dem Pfarrer vorgeworfen hatten, das Josefs-Krankenhaus sei ein Sammelpunkt für Ausreisewillige[551], konfrontierte ihn Hauptmann Schindler von der Abteilung XX Anfang Juni erneut mit diesem Problem[552]. Als sich der Geistliche – zwar unter Berufung auf ein Rundschreiben Kardi-

---

(p. 130): »Sowohl die Demonstration vor der Hedwigskathedrale als auch ihre Besetzung durch Ü[ber]S[iedlungs]E[rsuchende] wurde den Pfarrern nicht bekannt gegeben, man spricht aber darüber im kleinen Kreis«. – Vom 1. bis zum 6. November feierte die Berliner Kathedralgemeinde mit einer Festwoche die 25. Wiederkehr der Wiedereinweihung der St. Hedwigs-Kirche. Vgl. ST. HEDWIGSBLATT, Nr. 46 vom 13. November 1988, S. 361, 364-365. Da Prälat Michelfeit nicht erreichbar war, führte Prälat Lange die Gespräche mit dem MfS über eine stille Beendigung der Kirchenbesetzung. Vgl. KNA ID Nr. 22 vom 27. Mai 1992, S. 3.

548 Vgl. dazu G. BESIER /St. WOLF, Nr. 87, S. 437-440.

549 In den Kellerräumen des zur Pfarrei des Geistlichen gehörigen katholischen Kindergartens versammelte sich die ökumenische Basisgruppe »Arche«. Vgl. B. SCHÄFER, Staat, S. 361. Zur Basisgruppe »Arche« vgl. auch R. ROCZEN/H. KLIX, S. 123-128.

550 Vgl. den Vorschlag zur Werbung eines IMS vom 3. November 1988, BSTU Pdm XX, Nr. 373, Bd. I, p. 112-113.

551 Vgl. den Bericht der Abt. XX vom 6. Juni 1988, BSTU Pdm XX, Nr. 373, Bd. I, p. 37.

552 Unmittelbarer Anlaß für die direkte Kontaktaufnahme durch die Abteilung XX war die Aktion »Sicherheit«. Dabei ging es um die »Abschirmung« einer Tagung des Instituts für Ost-West-Sicherheit in Potsdam, an der u. a. auch der bundesdeutsche Außenminister Genscher teilnahm. Vgl. den Vorschlag zur Werbung eines IMS vom 3. November 1988, BSTU Pdm XX, Nr. 373, Bd. I, p. 114-115. – Hauptmann Schindler hatte sich in diesem Zusammenhang mit Klarnamen bei dem Pfarrer vorgestellt und die öffentliche Telefonnummer des MfS übergeben. Vgl. den Bericht vom 6. Juni 1988, BSTU Pdm XX, Nr. 373, Bd. I, p. 37.

nal Meisners[553], aber entgegen allen innerkirchlichen Weisungen – von den Ausreiseanliegen und den Vorgängen in Erfurt klar distanzierte, sah man bei der Potsdamer Bezirksverwaltung »eine Reihe op.[erativ] int.[eressanter] Aussagen, die Ansatzpunkte für die Fortführung eines *vertraulichen* Kontaktes bieten«[554].

Durch die jetzt angefragte kirchenpolitische Abteilung des MfS in Berlin erfuhr Schindler von der Praxis, »daß die Namen von ÜSE katholischen Einrichtungen übermittelt werden, da sie oft keine Kenntnis von den Anträgen ihrer Mitarbeiter haben«[555]. Eine vom Rat des Bezirkes Potsdam angelegte Übersicht über die im St. Josefs-Krankenhaus beschäftigten Ausreisewilligen[556] diente deshalb Schindler vermutlich als Grundlage für ein weiteres Kontaktgespräch mit dem nunmehr als IM-Vorlauf »Vogel« registrierten katholischen Geistlichen[557]. Bei dem eigentlichen Werbungsgespräch am 26. November teilte dieser dann bereits einzelne Ergebnisse seiner »Recherchen« mit. Ob dieser Kontakt und die daraus abgeschöpften Informationen der Potsdamer Staatssicherheit zur wirksamen Zurückdrängung der Übersiedlungsersuchen im St. Josefs-Krankenhaus dienten, läßt sich nicht feststellen.

Erfolgreicher war hingegen die Staatssicherheit in Halle. Ihr gelang es, eine anläßlich des Evangelischen Kirchentages im Juni 1988[558] geplante Kirchenbesetzung im Vorfeld zu verhindern. Die

[553] Vgl. den Bericht über das 2. Kontaktgespräch vom 8. Juni 1988, BStU Pdm XX, Nr. 373, Bd. I, p. 41. – In seinem Schreiben an die Priester und Diakone im Ostteil des Bistums Berlin vom 1. Februar 1988 hatte Meisner u. a. geschrieben: »Es macht uns besorgt, wenn Menschen ihre Heimat verlassen wollen, weil sie meinen, hier nicht mehr leben zu können; es macht uns besorgt, wenn Menschen ihrer Heimat verwiesen werden sollen, weil man sie hier nicht mehr haben möchte«. G. Lange/U. Pruß/F. Schrader/S. Seifert, S. 341.

[554] Vgl. den handschriftlichen Vermerk auf dem Bericht über das 2. Kontaktgespräch vom 8. Juni 1988, BStU Pdm XX, Nr. 373, Bd. I, p. 40.

[555] Aktenvermerk über die Absprache mit der HA XX/4 (Sprotte) am 15. Juni 1988, BStU Pdm XX, Nr. 373, Bd. I, p. 7. In diesem Falle sei es »durchaus möglich, dem Verwaltungsleiter des St. Josefs-Krankenhauses die Namen der dort tätigen ÜSE zu übergeben«.

[556] Vgl. die Durchschrift einer von der Abteilung »Innere Angelegenheiten« angelegten Übersicht vom 4. Juli 1988, BStU Pdm XX, Nr. 373, Bd. I, p. 86.

[557] Ob diese Besprechung tatsächlich stattgefunden hat, geht aus der Akte nicht hervor. Erhalten ist lediglich eine Gesprächskonzeption vom 6. Juli 1988, BStU Pdm XX, Nr. 373, Bd. I, p. 62-63.

[558] Der Evangelische Kirchentag fand vom 23. bis 26. Juni 1988 in Halle statt. Vgl. F. Hartweg, Bd. 2,2, S. 651.

entscheidenden Hinweise kamen von einem katholischen Arzt, der bereits während seiner Studentenzeit und der sich anschließenden Beschäftigung im St. Elisabeth-Krankenhaus in Halle Informationen aus seinem Studien- und beruflichen Tätigkeitsumfeld weitergegeben hatte[559]. 1987 hatte die Bezirksverwaltung bereits den Vorgang zu dem als IMS »Thomas Meinhardt« geführten Mediziner archiviert, nachdem dieser einen Ausreiseantrag gestellt und trotz Einflußnahme des MfS nicht zurückgenommen hatte[560]. Der Kontakt blieb allerdings im Rahmen einer »Schein-Trefftätigkeit« bestehen.

Diese persönliche Zwangslage des jungen Arztes ausnutzend, erhielt die Staatssicherheit von Übersiedlungsersuchen in den christlichen Kirchen Kenntnis. »Die Bedeutsamkeit der erarbeiteten inoffiziellen Informationen spiegelte sich darin wider, daß der Informationsgehalt Grundlage für die Einleitung vorbeugender politisch-operativer Maßnahmen zur Verhinderung öffentlichkeitswirksamer Demonstrativhandlungen von Ü[bersiedlungs]E[ersuchen] war«[561]. Aber nicht nur die Kirchenbesetzung in Halle konnte verhindert werden[562]. »Durch die Informationen des IM war es möglich, u. a. den Versuch eines illegalen Verlassens der DDR, durch einen Mitarbeiter der Zollorgane der DDR, umfassend aufzuklären. Die im O[perativen]V[organg] ›N.N.‹ bearbeitete Person konnte erfolgreich im E[rmittlungs]V[erfahren] mit Haft ermittelt werden«[563]. Nach dieser Gegenmaßnahme registrierte das MfS »Thomas Meinhardt« erneut, qualifizierte ihn nunmehr sogar als IMB und

---

559 Vgl. BStU Hle AIM 248/89, Bd. II, 2.

560 Vgl. den Vorschlag zur Umregistrierung des IMS vom 16. August 1988, BStU Hle AIM 248/89, Bd. I, p. 280-288.

561 Ebd., p. 281.

562 Ein am 20. Juni 1988 von Major Schulze verfaßter »Vorschlag für Maßnahmen zur vorbeugenden Verhinderung einer Kirchenbesetzung durch ÜE« sah u. a. folgendes vor: IM »Thomas Meinhardt« sollte im Rahmen eines seelsorgerischen Gespräches mit dem ihm aus seiner Zeit am Elisabeth-Krankenhaus bekannten Hallenser Propst Gospos die geplante Kirchenbesetzung mitteilen; anschließend sollte der vom Magdeburger Bischof mit den Gesprächskontakten zum MfS beauftragte und von der Staatssicherheit als IMS »Gustav« geführte Gospos in einem Treff »durch Auswertung der Vorkommnisse in Erfurt zur Informationsübermittlung [über die Kirchenbesetzung] sowie [zur] Abstimmung der erforderlichen Maßnahmen« veranlaßt werden. Vgl. den Vorschlag für Maßnahmen zur vorbeugenden Verhinderung einer Kirchenbesetzung durch ÜE vom 20. Juni 1988, BStU Hle AIM 248/89, Bd. II, 1, p. 30.

563 Auskunftsbericht zum IMB »Thomas Meinhardt« vom 5. Dezember 1988, BStU Hle AIM 248/89, Bd. I, p. 286.

zahlte ein »Operativgeld«[564]. Vorübergehend überlegte man sogar, »die perspektivischen Möglichkeiten der Übersiedlung des IM aus operativen Gründen zu prüfen«[565]. Für ergiebige Spitzeldienste in der Bundesrepublik bot »Thomas Meinhardt« aber wohl doch keine ausreichenden Aussichten, so daß der Vorgang Anfang 1989 zu den Akten gelegt wurde.

Wie empfindlich man bei der Staatssicherheit im Frühjahr 1989 reagierte, zeigen auch die Ermittlungen der für die »Sicherung« des Bereichs Kommerzielle Koordinierung zuständigen Arbeitsgruppe gegen den Leiter der Zentralstelle Berlin, Puschmann. Noch im Dezember 1987 hatte deren Leiter, Oberst Wolfram Meinel[566], eine Anfrage der Bezirksverwaltung Halle mit der – von Manfred Seidel übernommenen[567] – Einschätzung beantwortet, Puschmann habe sich »in der Zusammenarbeit mit unserem Sicherungsbereich als solider und zuverlässiger Verhandlungspartner erwiesen, der sich stets strikt an geschlossene Vereinbarungen und Absprachen« halte. Die erforderliche Diskretion und Verschwiegenheit sei von ihm gewahrt worden[568]. Im Januar 1989 hingegen fiel das Urteil über den als Anlaufstelle für Ausreiseantragsteller bekannten Caritasdirektor gänzlich anders aus. Entsprechende operative Erkenntnisse der Auswertungs- und Kontrollgruppe in der AG »Bereich Kommerzielle Koordinierung«[569] führten zu dem Urteil, Puschmann stelle »einen potentiellen Unsicherheitsfaktor für die Sicherheit des Bereiches Koko dar«[570]. Der Caritasdirektor wurde daraufhin ein erstes und einziges Mal durch Beamte des MfS angesprochen; er lehnte jedoch den

---

564 Vgl. den Auskunftsbericht vom 5. Dezember 1988, BStU Hle AIM 248/89, Bd. I, p. 287.

565 Vgl. den Vorschlag vom 6. Januar 1989 zur Archivierung des IMB-Vorgangs, BStU Hle AIM 248/89, Bd. I, p. 299.

566 Zur Person vgl. ANATOMIE DER STAATSSICHERHEIT-MFS-HANDBUCH, Bd. V,4, S. 48.

567 Vgl. die Antwort Seidels auf Meinels Anfrage vom 9. Dezember 1987, BStU MfS AP 3263/92, p. 27-28.

568 Meinel an Bezirksverwaltung Halle vom 22. Dezember 1987, BStU MfS AP 3263/92, p. 29.

569 Es handelte sich um Unterstützungsersuchen einzelner Ausreisewilliger. Da damit die AG BKK und die für die »Sicherung« der Volkswirtschaft zuständige Abteilung der Dresdener Bezirksverwaltung befaßt waren, liegt der Schluß nahe, daß damit auch die Abwicklung von Vermögens- und Immobilienangelegenheiten der Antragsteller verbunden war.

570 Vgl. die Leitervorlage der AG BKK, Auswertungs- und Kontrollgruppe vom 10. März 1989, BStU MfS AP 3263/92, p. 53.

Kontakt ab und verwies auf den Sekretär der Berliner Ordinarienkonferenz, der mit den Gesprächskontakten beauftragt war[571].

3.7 Zusammenfassung

Zinkes Tod bezeichnete für Kirche und Caritas in der DDR einen markanten Einschnitt. Er wirkte auch deshalb so nachhaltig, weil die damit erforderlich werdende strukturelle und personelle Umordnung und Neuverteilung der vormals in einer Hand gebündelten Aufgaben in die Zeit eines deutschlandpolitischen, gesellschaftlichen und innerkirchlichen Auf- und Umbruchs der ausgehenden sechziger Jahre fiel.

Der Einschnitt bedeutete jedoch keinen Bruch. Bereits zu seinen Lebzeiten hatte Zinke die von ihm eingefädelten Gesprächs- und Verhandlungskontakte zu den wichtigen staatlichen Stellen wie auch zum MfS partiell delegiert; nach seinem Tod wurden sie beinahe bruchlos fortgeführt. Zur »Grauen Eminenz«, der auch der noch junge Bischof Bengsch persönlich vertraute, avancierte Prälat Otto Groß. Dieser vollzog die kirchenpolitische Schwerpunktverlagerung nach Ost-Berlin. Hier, im Ordinariat »Hinter der katholischen Kirche 3«, liefen nunmehr sämtliche Fäden zusammen und nicht mehr im Bischöflichen Ordinariat in der Charlottenburger Wundtstraße oder in der Hauptvertretung des DCV in der ebenfalls in Charlottenburg gelegenen Ahornallee. Anders als Zinke war Otto Groß weniger caritativ motiviert als vor allem kirchenpolitisch ambitioniert; in seiner Person spiegelt sich der Übergang wider von der pragmatischen Koexistenz zur partiellen Kooperation an der Schnittstelle zwischen katholischer Kirche bzw. Caritas und Staatssicherheit.

Für das in den sechziger Jahren ausgebaute und deutlich professionalisierte Ministerium für Staatssicherheit waren deshalb wohl die Kontroll- und Einflußmöglichkeiten zu keinem Zeitpunkt größer als in den Jahren zwischen 1968 und 1974, dem Jahr, als IM »Otto« starb. Der Gesprächsbeauftragte der katholischen Kirche suchte und nutzte für die in diesen Jahren nicht mehr vorstellbare Gründung eines kirchlich eigenständigen Hilfswerkes »Not in der Welt« seine Verbindungen zur Staatssicherheit um den Preis der Unterstützung eines für aufmerksame Beobachter absehbaren außenpolitischen Erfolges der DDR. Bei F[amilien]- und H[äftlings]- Aktionen nutzte er die kurze Zeit zwischen Februar 1969 und Februar 1970, um v. a.

571 Freundliche Mitteilung von Präsident Hellmut Puschmann, Freiburg.

durch den direkten Kontakt zum MfS Fälle zu lösen. Erst die Ernennung Theodor Hubrichs zum Beauftragten für Verhandlungen mit Rechtsanwalt Vogel über Fragen der Familienzusammenführung brachte Klarheit. Das hinderte Groß jedoch nicht, einen Kontakt des Ost-Berliner Caritasdirektors Kaczmarek zum MfS zu lancieren, um dort weiterhin Häftlingsfragen vorzubringen. Schließlich übertrug er die Durchführung des in den siebziger Jahren anlaufenden Sonderbauprogramms dem Ost-Berliner Rechtsanwalt Manfred Wünsche, dessen politische Verbindungen Kirche und Caritas nützlich waren, der aber – was Groß vermutlich nicht wußte – zugleich als Vertrauensanwalt des MfS agierte. Erst die Neuordnung der Gesprächskontakte nach Groß' Tod schuf für die Schnittstellen zwischen SED-Staat und Caritas klare Verhältnisse. Als problematisch erwies sich, daß Kaczmarek ebenso wie der Ost-Berliner Prälat Paul Dissemond, der anstelle von Groß mit dem direkten Gesprächskontakt zum MfS betraut wurde, diese Kontakte über ihre jeweilige Amtszeit als Berliner Caritasdirektor bzw. als Sekretär der Berliner Bischofskonferenz hinaus konspirativ weiterführten[572].

Weitere direkte regionale Gesprächskontakte bestanden im Bischöflichen Amt Magdeburg und im Bistum Dresden-Meißen zu einzelnen bischöflichen Gesprächsbeauftragten, von denen zwei – Hubrich in Magdeburg und Hanisch in Dresden – mit der Caritas stets eng verbunden gewesen waren. Daß Hubrich nach seiner Entpflichtung als Generalvikar sein Engagement in humanitären Ausreiseanliegen aus seiner Berliner Zeit als Leiter der Zentralstelle des Deutschen Caritasverbandes fortsetzte, diente dem MfS als ein bedeutsamer Anknüpfungspunkt; es gelang einen persönlichen konspirativen Kontakt anzubahnen, der in seiner Art deshalb außerordentlich war, weil Hubrich ihn als Bischof von Schwerin fortführte. In Dresden hingegen bestand über IM »Konrad« zwar eine direkte konspirative Verbindung in die Zentrale der Diözesancaritas, doch wurde diese in ihrer Bedeutung überschätzt. Hier versuchte die Staatssicherheit zugleich auf dem indirekten Weg über ihre »Partner des Politisch-Operativen-Zusammenwirkens« in den staatlichen Stellen der Bezirke, kontrollierenden Einfluß auf das politische Verhalten der caritativen Führungskräfte zu nehmen.

Als neuralgischer Punkt caritativen Wirkens erwies sich in den Augen der Staatssicherheit weniger der Transferbereich als vielmehr

---

572 Das war im Rahmen dieses auf die Caritas konzentrierten Projektes nicht weiter zu verfolgen. Zu der bislang als vernichtet geltenden Akte Dissemonds vgl. jetzt BStU MfS AIM 25136/91, Beifügungen »Peter«.

die Unterstützung von Ausreiseanliegen. Wie ehedem wurde hier das Selbstverständnis des SED-Staates existentiell berührt. Die geregelten Gesprächskontakte von Kirche und Caritas zu staatlichen Stellen und MfS machten den Einsatz von Inoffiziellen Mitarbeitern keineswegs überflüssig, im Gegenteil. Die quellenmäßig greifbaren Beispiele aus Halle (»Thomas Meinhardt«), und Dresden (»Konrad«, »Erika«) verdeutlichen, daß es in Einzelfällen offenbar gelang, die inoffiziellen Kontakte »differenzierend« zu nutzen.

Haben Gesprächskontakte und Spitzeltätigkeit auch dazu beigetragen, die Caritas in der DDR politisch zu neutralisieren, als sich im Sommer 1989 zunehmend die Machtfrage stellte? Vorläufig sind nur Vermutungen möglich; eine klarere Antwort bedürfte der breiteren Auswertung einschlägiger Staats- und Kirchenakten. Für das Verhalten der caritativen Führungselite und vor allem der Gesprächsbeauftragten war bedeutsam, daß sich die Kontakte zu den Ministerien als beständig und für die Kirche als nützlich erwiesen hatten. Man kannte sich eben, und die Wege partieller Kooperation waren gang- und berechenbar.

Wichtiger aber war, daß sich die für die Caritasarbeit kennzeichnende »Verkirchlichung« auswirkte; man war und blieb – wie die katholische Kirche insgesamt – »politisch abstinent«. Das drängendste Problem der Caritas im Herbst 1989 war deshalb auch ein bekannt innerkirchliches: die Gefahr des Verlustes von ausgebildetem Personal im caritativen Gesundheits- und Erziehungswesen. Und schließlich war auch für kundige Beobachter der DDR-Verhältnisse die Geschwindigkeit kaum faßbar, mit der das SED-Regime letztlich zusammenbrach; erst die Öffnung des Eisernen Vorhangs in Ungarn und die ausbleibende Reaktion der Mächtigen in Berlin und Moskau waren für die Verantwortlichen in der Caritas ein erstes deutliches Signal.

Die »Brückenfunktion« zwischen Ost und West, die der Deutsche Caritasverband in den Jahren der Trennung und Spaltung Deutschlands gleichwohl stets aufrecht erhalten hatte, erlaubte es, zügiger als Parteien und Staat Schritte zur Wiedervereinigung einzuleiten, als die revolutionäre Welle die politisch und wirtschaftlich morsche SED-Herrschaft zum Einsturz brachte.

IV. ZUSAMMENFASSUNG UND BEWERTUNG DER BEFUNDE

Ziel der vorliegenden Studie war es, die »Bearbeitung« der Caritas durch die Staatssicherheit der DDR im Kontext der ideologischen, (kirchen-)politischen, gesellschaftlichen und innerkirchlichen Entwicklungen zu untersuchen. Im Zentrum stand somit eine historisch-kritische Untersuchung, nicht eine dienstrechtliche oder moralische »Aufarbeitung« von repressiven Maßnahmen, Differenzierungversuchen, IM-Tätigkeit und sogenannten Gesprächskontakten[1].

Die Befunde lassen sich so zusammenfassen:

1. Bei allen Berührungspunkten und Schnittstellen, welche es zwischen Caritas und MfS gab, ist zuvörderst und grundsätzlich festzuhalten: Die Caritas in der DDR war Teil der katholischen Kirche und somit strukturell und personell Bestandteil einer katholischen Minderheit, die dem ideologischen Fundament des SED-Staates ablehnend gegenüberstand. Zu einem wirklichen Ausgleich der Gegensätze ist es nie gekommen; dazu waren das jeweilige identitätsstiftende Selbstverständnis, das sich gerade auch durch das »ideologische Gegenüber« definierte, zu fest verankert und die Machtverhältnisse zu eindeutig. Die Machtfrage stellte sich nicht.

2. Die strukturell bedingte und dann ideologisch wie machtpolitisch erzwungene Nischenexistenz der katholischen Kirche bedeutete nicht, daß ihre caritativen Organisationen für das MfS ohne Bedeutung gewesen wären. Im Gegenteil: Die »relative Selbständigkeit«[2] von katholischer Kirche und Caritas im totalitären SED-Staat und vor allem ihre Brückenfunktion zwischen Ost und West

[1] Dies ist nachdrücklich zu unterstreichen, weil sich jeder Versuch, kirchliche »Kontakte« zum MfS zu bewerten, letztlich mit der moralischen Frage nach Schuld und Verstrickung der »Täter« und den Leiden der »Opfer« konfrontiert sieht. Zur Schulddiskussion können die gewonnenen historischen Befunde insofern beitragen, als sie ihre unerläßliche Voraussetzung sind. Vgl. zusammenfassend dazu zuletzt T. HOPPE, S. 320-336.

[2] Vgl. M. R. LEPSIUS, S. 19. »Der einzige Bereich mit einer relativen Selbständigkeit war die Religion«.

weckten zwangsläufig das staatspolizeiliche Interesse nach Information und steuernder Kontrolle. Mielkes totalitärer Anspruch, alles wissen zu wollen, blieb hinsichtlich der Caritas allerdings unverwirklicht. Es gelang nur in wenigen Fällen, in die Führungselite der Caritas einzudringen. Von den 183 überprüften Führungskräften unterhielten zwischen 1950 und 1989 nur drei konspirative Kontakte zum MfS, vier weitere – Zinke, Groß, Hubrich und Kaczmarek – agierten mit bischöflichem Wissen bzw. Auftrag, zum Teil zusätzlich in kirchenpolitischer Mission (Zinke, Groß). Auch im unmittelbaren Umfeld der caritativen Führung war das MfS kaum erfolgreicher. Allerdings nahm der Informationsstand durch abgeschöpfte Inoffizielle Mitarbeiter kontinuierlich, durch erfolgreiche Telefonüberwachungen und Abhöraktionen zeitweilig sogar sprunghaft zu. Die jederzeit abrufbaren Einzelinformationen besaßen in ihrer Gesamtheit ihre Bedeutung, eine direkte steuernde Einflußnahme auf die Caritasarbeit konnte jedoch auch aufgrund dieser wachsenden Informationsbasis nicht erreicht werden.

3. Die Berührungspunkte zwischen Caritas und MfS blieben hauptsächlich auf die bischöflich autorisierten Gesprächskontakte konzentriert. Kirchlicherseits trugen sie den machtpolitischen Realitäten Rechnung. Politische Willkür und eine fortdauernde rechtliche Schwebesituation der Kirchen zwangen zu Verhandlungen mit staatlichen Stellen in kirchlich-caritativen Angelegenheiten[3]. Männern wie Zinke war schon bald nach der Gründung des MfS aufgefallen, daß sich im machtpolitischen Spannungsdreieck von Partei, Staatssicherheit und Regierungsinstanzen die Gewichte zuungunsten letzterer deutlich auf den Apparat der politischen Polizei zu verlagern begannen. Diese Einsicht in die machtpolitische Realität begegnete auf seiten von Partei und MfS der wachsenden Erkenntnis, daß sich die Religionsfrage mit offener Gewalt nicht dauerhaft lösen lassen würde. Die Zementierung der deutschen Teilung im August 1961 verstärkte die Entwicklung auf beiden Seiten. Als Zinke 1959 aus vorwiegend caritativen Motiven einen distanziert-pragmatischen Gesprächskanal zur Staatssicherheit öffnete, war er überzeugt, daß sich nur auf diesem Wege den Menschen wirklich helfen lasse. Otto Groß hat diesen Kanal virtuos genutzt und verbreitert, stets in grundsätzlicher Übereinstimmung mit der Berliner Ordinarienkonferenz und ihrem Vor-

[3] Für die evangelischen Kirchen vgl. E. NEUBERT, Instrumentalisierung, S. 331-337.

sitzenden, aber wohl nicht immer in letzter Abstimmung mit ihnen. Die kirchliche Loyalität und persönliche Integrität der kirchlichen Gesprächsbeauftragten waren für die MfS-Kontakte von entscheidender Bedeutung. Die derzeitige Quellenlage erlaubt allerdings noch nicht immer ein klares und eindeutiges Bild.

4. Diese Konzentration auf die wenigen Gesprächsbeauftragten wirkte sich, wie die vergleichsweise geringe Zahl an Inoffiziellen Mitarbeitern anzeigt, entlastend für die übrigen Mitarbeiter in der Caritas aus, barg allerdings auch innerkirchliche und politische Risiken: In den Jurisdiktionsbezirken verstärkte die gleichermaßen notwendige wie gewollte Konzentration der Gesprächskontakte auf Berlin den ohnehin verbreiteten skeptischen Eindruck von einem »Berliner Zentralismus«, dem man meinte durch eigene Gesprächsinitiativen entgegenwirken zu müssen. Solche Entwicklungen suchte das MfS zersetzend zu nutzen. Direkte Gesprächskontakte mit den Caritasdirektoren kamen in der Region zwar nicht zustande, aber in Magdeburg und Dresden führte man Gespräche mit bischöflichen Beauftragten auch in Caritasangelegenheiten. Gleichzeitig wählte man auf Bezirksebene den »Umweg« über die »politisch-operative Zusammenarbeit« mit jenen staatlichen Stellen, mit denen Kirche und Caritas verhandelten.
   Größer als die Gefährdung durch innerkirchliche Spannungen war für Kirche und Caritas jedoch das politische Risiko. Mit wachsender »Vertrautheit« verringerte sich die Distanz zur Geheimpolizei des SED-Staates. Die auf Ausschaltung des Gegners zielende Staatssicherheit erhielt auf diese Weise Kenntnis von internen kirchlich-caritativen Vorgängen und wirkte an der Lösung von caritativen Konflikten und kirchenpolitischen Problemen mit[4]. Insofern waren diese Gesprächskontakte eigener Art und sind nicht mit den Verhandlungen gleichzusetzen, die kirchlicherseits mit anderen Ministerien und ihren nachgeordneten Einrichtungen auf Bezirksebene geführt wurden. Der Ausgang der besprochenen Konflikte und Probleme hing, wie die im Zusammenhang mit Otto Groß angeführten Beispiele des Bischöflichen Werks »Not in der Welt« und der Familienzusammenführung zeigen, nicht zuletzt davon ab, wie das MfS die eigenen Erfolgsaussichten einschätzte. Als ständige Gratwanderung erwies sich deshalb auch die caritative Un-

[4] Vgl. auch C. VOLLNHALS, Kirchenpolitische Abteilung, S. 109; D. GRANDE/B. SCHÄFER, Kirche im Visier, S. 104, 107 sprechen im Hinblick auf innerkirchliche Disziplinierungen von einem »indirekten Einfluß« des MfS.

terstützung für Ausreiseanliegen; da hier die Identität des SED-Staates im Kern berührt war, suchte die Staatssicherheit bis 1989 stets restriktiv und disziplinierend einzugreifen. Die »Vertrautheit« führte schließlich dazu, daß neben Dissemond auch die ehemaligen Caritasdirektoren Hubrich und Kaczmarek ihre Verbindungen über den unmittelbaren Gesprächsauftrag hinaus konspirativ weiterführten. In Hubrichs Fall bildeten die Gespräche über problematische Ausreiseanliegen den Übergang von funktionalen und beauftragten zu persönlichen und konspirativen Verbindungen des MfS zu einem Bischof der katholischen Kirche in der DDR.

5. Das Spannungsverhältnis zwischen Caritas und MfS war nicht zu allen Zeiten und an allen Orten gleich. Vielmehr durchlief es verschiedene Phasen; zudem gab es regionale Besonderheiten. Ost-West-Konflikt, Deutschlandpolitik, SED-Partei- und Wirtschaftspolitik mit ihren Krisen 1953, 1961 und 1989, innerkirchliche Auf- und Umbrüche wirkten jeweils für sich und in den wechselseitigen Reaktionen auf dieses Spannungsverhältnis zurück; in Berlin und im geschlossen-katholischen Eichsfeld allerdings anders als in der übrigen DDR.
Im ersten Jahrzehnt des SED-Staates war die *gewaltsame Repression* der kirchlich-organisierten Caritas durch die Staatssicherheit Bestandteil des allgemeinen, weltanschaulich motivierten Kirchenkampfes. Die Attacken gegen die Kinderheime, das Verbot der Bahnhofsmissionen sowie die Verhaftungsaktionen gegen Geistliche bildeten die Höhepunkte in einer Auseinandersetzung, die auch darauf zielte, die öffentliche Wirksamkeit der Caritas wenn nicht auszuschalten, so doch ins Abseits zu drängen. Durch Gesprächskontakte, die zwischen Zinke und dem MfS noch vor dem Mauerbau geknüpft worden waren, wuchs neben dem kirchenpolitischen die Bedeutung des persönlichen Faktors. Sie leiteten in der »Ära Bengsch« (M. Höllen) eine Phase *pragmatischer Koexistenz* ein. Die dafür kennzeichnenden Anfänge eines geregelten Devisentransfers und die caritativ motivierten, sogenannten Häftlingsfreikäufe und Familienzusammenführungen entsprachen zwar in ihrem Ablauf der Maxime Bengschs von der »politischen Abstinenz« der katholischen Kirche, liefen dieser Maxime aber in ihrer Auswirkung entgegen. Schon deshalb ließ das MfS auch in dieser Koexistenzphase von seinem ursprünglichen Ziel einer Marginalisierung der Caritas nicht ab.
Die Koexistenz ging in den siebziger Jahren in eine *partielle Kooperation* über. Direkte Gesprächskontakte Steinkes und Pusch-

manns bestanden nur noch zu Manfred Seidel im Ministerium für Außenhandel und zu Rechtsanwalt Wolfgang Vogel. Zu Beginn der achtziger Jahre beauftragten der Magdeburger und der Dresden-Meißener Bischof jeweils einzelne Geistliche mit Kontakten zu Bezirksverwaltungen des MfS in Magdeburg, Halle, Dresden und Leipzig; im Rahmen dieser Gespräche wurden vereinzelt auch regionale Caritasangelegenheiten besprochen. Die größten Möglichkeiten einer Einflußnahme bestanden für das MfS jedoch in den Jahren des *Übergangs von der pragmatischen Koexistenz zur partiellen Kooperation.* Als nach dem Tod Zinkes 1968 die strukturelle und personelle Neuverteilung der Aufgaben zusammentrafen mit einem politischen Klimawandel in den deutsch-deutschen Beziehungen und innerkirchlichen Umbrüchen nach dem Konzil, suchte vor allem der kirchenpolitisch ambitionierte Bengsch-Vertraute, Prälat Otto Groß, den direkten »Kanal« zum MfS extensiver als je zuvor für kirchlich-caritative Zwecke zu nutzen – mit unterschiedlichem Erfolg.

Die partielle Kooperation auf verschiedenen Gesprächsebenen verfestigte sich. Sie bestand auch nach dem Tod des dominanten Berliner Bischofs Bengsch 1979 fort, als sich zunächst das kirchenpolitische und dann – mit der wieder wachsenden Zahl von Ausreisewilligen – auch das politische Gesprächsklima erneut zu verschlechtern begann. Die Caritas hielt daran fest, die vor allem beruflich diskreditierten, sogenannten Übersiedlungsersuchenden im Rahmen ihrer Möglichkeiten vorübergehend in ein kirchliches Arbeitsverhältnis zu übernehmen. Das MfS versuchte, Übersiedlungsersuchen durch ihre Kontakte zu den kirchlichen Gesprächsbeauftragten wie durch differenzierende Verwendung von Spitzelinformationen zu verhindern. In welchem Umfang dies gelang, bedürfte einer eigenen, umfassenden Untersuchung.

Wie sind nun die Befunde zu bewerten? Die Erforschung des DDR-Staatssicherheitsdienstes und seiner »Bearbeitung« der christlichen Kirchen in der DDR hat in den zurückliegenden Jahren zu hilfreichen Kriterien geführt, um die sogenannten »Stasi-Kontakte« zu beurteilen. Für die katholische Kirche hat Bernd Schäfer vor allem auf interne Bestimmungen aufmerksam gemacht, die das MfS im Hinblick auf die Registrierung kirchlicher IM[5] bzw. die katholische Kirche im Hinblick auf Kontakte zum MfS[6] erlassen hat.

[5] Vgl. B. SCHÄFER, Inoffizielle Mitarbeiter, S. 47-55.

[6] D. GRANDE/B. SCHÄFER, Interne Richtlinien, S. 388-404.

Katholische Geistliche wurden vom MfS vergleichsweise schnell registriert; herkömmliche Bestimmungen, wie die schriftliche Verpflichtungserklärung, blieben außer acht[7]. Typisch ist ein Aktenvermerk, den im Juni 1988 die Potsdamer Bezirksverwaltung über entsprechende Verhaltensanweisungen durch die vorgesetzte Berliner Hauptabteilung XX/4 anfertigte: »Die bei Pf[arrer] N.N. vorhandene Gesprächsbereitschaft ist zur Klärung von Sachverhalten und Sachfragen zu nutzen. Fragen nach Personen sollten nach Möglichkeit nicht gestellt werden. Über die Gesprächsinhalte sollte Vertraulichkeit vereinbart werden. Eine Verpflichtung mit Handschlag oder schriftlich darf keinesfalls vorgenommen werden. Die Kategorie IMB ist in den Anfangsjahren des Kontaktes nicht gerechtfertigt. In der HA XX werden kath. Pfarrer erst als IMS registriert, später erfolgt dann die mögliche Umregistrierung. Unter Zeitdruck darf die Kontaktierung nicht erfolgen«[8]. Eine IM-Registrierung für sich genommen ist demnach noch kein Beleg für eine erwiesene Mitarbeit[9]. Entscheidendes Kriterium für die Fortführung des Kontaktes war die Einhaltung der Konspiration[10].

Kirchlicherseits stand dem das immer wiederholte, restriktive Verbot jeglicher konspirativer Kontakte zur Staatssicherheit gegenüber: Spätestens seit dem Erlaß von Bischof Döpfner aus dem Jahr 1957 bestand grundsätzliche Klarheit: »Auskünfte, die von staatlichen oder sonstigen nichtkirchlichen Stellen über das Bischöfliche Ordinariat, über seelsorgliche Veranstaltungen, über Mitbrüder und kirchliche Angestellte eingefordert werden, sind strikt zu verweigern«[11]. Im Bischöflichen Ordinariat Dresden ließ man im März 1970 sogar sämtliche Angestellte eine sogenannte »Schweigeerklärung« unterschreiben, sie drohte dem Caritasmitarbeiter im Fall ihres Bruchs mit der Kündigung des Arbeitsverhältnisses[12]. Grundsätzlich kann daher gelten: »Wer ohne Mandat und laufende Unterrichtung der Kirchenleitung Beziehungen mit dem MfS unterhielt, handelte konspirativ. Er paktierte objektiv mit der Gegenseite (...)«[13].

---

[7] Vgl. dazu auch C. VOLLNHALS, Kirchenpolitische Abteilung, S. 100.

[8] Aktenvermerk Hauptmann Schindlers über ein Gespräch mit Genosse Sprotte vom 20. Juni 1988, BSTU Pdm XX, Nr. 373, Bd. I, p. 6.

[9] Vgl. C. VOLLNHALS, Kirchenpolitische Abteilung, S. 109.

[10] Vgl. EBD., S. 99.

[11] Zit. n. M. HÖLLEN, Bd. 2, S. 74. Vgl. auch D. GRANDE/B. SCHÄFER, Kirche im Visier, S. 32-34;

[12] Vgl. den Treffbericht mit IMS »Berger« vom 17. April 1970, BStU Ddn AIM 668/77, Bd. I, p. 183.

[13] C. VOLLNHALS, Kirchenpolitische Abteilung, S. 110.

Allerdings unterhielt das MfS im kirchlichen Bereich konspirative Kontakte vor allem zu Personen, die es als Inoffizielle Mitarbeiter registrierte, ohne sie schriftlich zu verpflichten oder zur eigenen Berichterstattung aufzufordern[14]. Diese sogenannten »*Abschöpfungs*«-*Vorgänge,* die nicht zuletzt wegen einer sogenannten »legendierten« Kontaktaufnahme sehr langfristig angelegt waren[15], wurden von den kirchlichen Mitarbeitern nicht immer als solche erkannt. Die wenigen Ausnahmefälle wurden aktenkundig, weil die Führungsoffiziere die Wahrung der Konspiration trotz der Zurückhaltung des geworbenen IM unterstrichen wissen wollten. So hielt Oberleutnant Karasek von der Dresdener Bezirksverwaltung über sein Kontaktgespräch mit IMV »Konrad« fest, »dass er nichts dagegen hat, wenn ich ihn aufsuche, um einige Fragen in bezug auf die kath. Kirche zu klären, er verwahrt sich jedoch dagegen, dass er als Informant oder Verbindungsmann zu unserem Organ betrachtet werden könnte. Die Gespräche mit mir betrachtet er als Gespräch mit einem Herrn N.N., wobei ihn nicht interessiert, was ich mit diesen Informationen mache. Er wird jedenfalls auch in Zukunft über diese Verbindung Stillschweigen bewahren«[16].

Ebenso wie die in der katholischen Kirche vergleichsweise häufig erfolgende Dekonspirierung gegenüber dem Vorgesetzten oder dem Bischof zeigt das Beispiel »Konrads«, daß es den führenden Caritasmitarbeitern möglich war, zumindest zu ahnen, mit wem man Gespräche führte. Die Selbsteinschätzung, man könne solche konspirativen Kontakte privatim unterhalten, ohne die Kirche damit zu tangieren, muß – rückblickend – illusorisch erscheinen. Die konspirativen Kontakte stellten einen Verstoß gegen innerkirchliche Richt-

[14] B. SCHÄFER bezeichnet diese als die größte Gruppe im Spektrum kirchlicher Kontakte zum MfS. Vgl. B. SCHÄFER, »Inoffizielle Mitarbeiter«, S. 466.

[15] Vgl. auch D. GRANDE/B. SCHÄFER, Kirche im Visier, S. 39 f., 96.

[16] Bericht von Oberleutnant Karasek vom 25. Oktober 1967, BSTU Ddn AIM 3509/87, Bd. II.1, p. 7. Vgl. auch den Treffbericht vom 29. Juni 1972 in der Akte von IM »Horst« (»Nur müsse Klarheit darüber bestehen, daß er nicht zum ›Spitzel‹ in der Kirche werden möchte«), BSTU MfS AIM 6973/73, Bd. II.1, p. 29. Vgl. außerdem die Einschätzung von GI »Petrus« durch die Bezirksverwaltung Dresden am 6. Juli 1955: »Am 9.5.1951 schrieb er unterschriftlich eine Schweigeverpflichtung, welch[e] mit Maschine vorgeschrieben war. (...) Jedoch lehnt er die Zusammenarbeit entschieden zurück mit der Begründung, er kann das mit seinem Gewissen nicht vereinbaren, der Bischof hat ein Gebot erlassen[,] welches besagt, dass keinerlei Auskünfte und Nachrichten an aussenstehende Personen bzw. Stellen gegeben werden dürfen«. BSTU Ddn AIM 1274/59, P-Akte, p. 28.

linien und in fast allen Fällen einen Vertrauensbruch gegenüber dem kirchlichen Dienstherrn sowie dem persönlichen Umfeld dar[17]. Sucht man nach zusätzlichen Beurteilungskriterien, so wird man nach der *Dauer der Kontakte* wie nach *Qualität der weitergegebenen Informationen* fragen müssen: Mit der zunehmenden Dauer der konspirativen Kontakte verschärft sich die Frage nach ihrer Legitimierung, zumal in gleichem Maße der Eindruck einer unbewußten »Abschöpfung« schwindet. Als Maßstab für den Gehalt der weitergegebenen Informationen kann gelten, ob diese veröffentlicht oder nur für den sogenannten »innerkirchlichen Dienstgebrauch« bestimmt waren[18]. Oder, wie es der Pfarrer von Cottbus und langjährige Vorsitzende im Diözesancaritasrat der Apostolischen Administratur Görlitz seinen Mitbrüdern empfahl: »›Immer den Hauptgedanken wachhalten: Um alles in der Welt nur soviel sagen, wie in der Zeitung oder im Kirchenblatt gestanden hat‹«[19].

Unter den genannten Gesichtspunkten stellen die *bischöflichen Gesprächsbeauftragten* ein besonderes Problem dar. Ihre Kontakte zum MfS erfolgten im Auftrag und mit Wissen der Bischöfe[20] und waren deshalb nicht konspirativ im eigentlichen Sinne. Modalitäten der Rückkoppelung zwischen Bischöfen und ihren Gesprächsbeauftragten wurden mündlich festgelegt[21]. Das Beispiel Zinkes zeigt, daß es dabei im kirchenpolitischen und caritativen Alltag weniger um eine formal und nach strikt abgegrenzten Kriterien vorgehende Handhabung des Gesprächsauftrags ging als vielmehr um pragmatische Lösungen von aktuellen Problemen; entsprechend erfolgten Beauftragungen nicht nur einmalig und bezogen auf die amtliche Funktion, sondern vermutlich auch von Fall zu Fall und bezogen auf die Person. Man bewegte sich also in einer nicht definierten Grauzone. Ob und in welchem Ausmaß der bischöfliche Verhandlungsauftrag im einzelnen überschritten wurde, läßt sich deshalb nur schwer feststellen. Dem steht außerdem eine dürftige, und was die Personalakten betrifft, noch nicht zugängliche kirchliche Aktenüberlieferung entgegen. Je nach Persönlichkeit der Beteiligten scheint der Gesprächsauftrag »mehr oder weniger konsequent«[22] praktiziert worden zu sein.

---

17 Vgl. D. GRANDE/B. SCHÄFER, Kirche im Visier, S. 96.

18 Vgl. EBD, S. 97.

19 Vgl. G. SCHNEIDER, S. 28.

20 In den evangelischen Kirchen gab es eine offizielle bischöfliche Beauftragung zu Verhandlungen mit dem MfS nicht.

21 Vgl. D. GRANDE/B. SCHÄFER, Kirche im Visier, S. 95.

22 EBD.

Die *Motive*, die dazu führten, konspirative Kontakte zur Staatssicherheit zu unterhalten, sind vielfältig und in der Forschung bereits diskutiert worden. Angst, Schmeichelei durch den Führungsoffizier, Gewöhnungseffekte, menschliche Naivität[23] und gelegentlich persönliche Enttäuschung gehören in diesen Zusammenhang; auch das Bedürfnis nach eigenen Vorteilen, weniger nach finanziellen als nach gesellschaftlichen, die etwa in erweiterten Reisemöglichkeiten bestanden. Mehr aber noch dürfte ausschlaggebend gewesen sein, »mit diesen privaten Sonderkontakten etwas Positives für das Verhältnis von Staat und Kirche«, respektive die Caritas und die sie aufsuchenden Menschen »bewegen zu können«[24]. Handlungsleitend war dabei nicht zuletzt die falsche Einschätzung, es im Falle der Staatssicherheit mit einer üblichen staatlichen Regierungsinstanz zu tun zu haben. Ob die Mitarbeiter in Kirche und Caritas immer überblickt haben, daß das MfS in der Lage war, ihre lauteren Motive in ihr Gegenteil und damit differenzierend und disziplinierend gegen die katholische Kirche und ihre Caritas zu wenden, muß zumindest gefragt werden[25].

Denn caritativ motivierte Hilfen zugunsten Dritter wurden im totalitären SED-Staat vom MfS nach eigener Maßgabe und willkürlich ausgenutzt, sofern sie nur den Anschein von »Illegalität« erweckten. Er sei, so IM »Horst« im ersten Kontaktgespräch mit Oberleutnant Wegener, »in seiner Funktion zu einer Art ›Zweckverbrecher‹ geworden«[26]. Der Schwarzumtausch von Devisen[27], die illegale Beschaffung von Medikamenten und ihr Transport in die DDR[28], vor allem aber die Unterstützung von Ausreisewilligen bildeten für die Staatssicherheit einen Hebel, den anzusetzen ihr jederzeit möglich war. Das MfS machte von diesem Hebel bis zum Schluß Gebrauch. Soweit erkennbar, geschah dies allerdings immer seltener; die geregelten Gesprächskontakte trugen dem von einem steigenden Devi-

---

[23] Vgl. D. GRANDE, Versuchungen, S. 246-250.

[24] Vgl. C. VOLLNHALS, Kirchenpolitische Abteilung, S. 109.

[25] Vgl. auch E. NEUBERT, Instrumentalisierung, S. 334. Vgl. die Einschätzung von IMV »Norbert« durch Major Baethge vom 1. Dezember 1978: »Die Motivation der Zusammenarbeit ist beim IM in dem Bestreben zu suchen, alles zu tun, um es zu keinen Konfrontationen zwischen der kath. Kirche und dem soz. Staat kommen zu lassen. Diesem Bestreben liegt eine eindeutig loyale Haltung zur DDR zu Grunde«. BStU MfS AIM 25230/91, Bd. I, p. 56.

[26] Bericht der Hauptabteilung XX/4 vom 17. Oktober 1967, BStU MfS AIM 6973/73, Bd. I,1, p. 191.

[27] Vgl. dazu B. SCHÄFER, Staat, S. 225.

[28] Vgl. dazu den Hinweis bei H. PUSCHMANN, Brückenfunktion, S. 133.

senbedürftnis geleiteten Interesse des SED-Staates Rechnung, die Kirchengeschäfte geräusch- und reibungslos abzuwickeln[29].

Damit stellt sich jenseits der Suche nach Kriterien, die der Beurteilung der konspirativen Kontakte zum MfS und der damit verbundenen »Schuldproblematik« dienen können, eine weitere Frage: Half nicht die durch Gespräche mit den staatlichen Stellen ermöglichte sozialpolitische Arbeit der Caritas, den Staat und sein Herrschaftssystem zu stabilisieren? »Darüber bin ich mir heute noch nicht ganz im Klaren« hat Kardinal Meisner – vor seinem Wechsel nach Köln Bischof von Berlin und in den sechziger und siebziger Jahren Rektor der Diözesancaritas im Generalvikariat Erfurt – auf eine entsprechende Frage geantwortet[30]. Mehr als zehn Jahre nach dem Ende des SED-Staates bedarf es weiterer Forschungen zu Rolle und Bedeutung der Caritas in der DDR, um zu einer historisch gesicherten Antwort zu gelangen.

[29] Vgl. B. SCHÄFER, Staat, S. 329.

[30] Vgl. KNA-INTERVIEW Nr. 88 v. 26. Oktober 1999. Wörtlich lauteten Frage und Antwort: »(...) So gab es ja in der DDR katholische Krankenhäuser; haben Sie damit nicht auch das System gestützt? – Darüber bin ich mir heute noch nicht ganz im Klaren. In Ost-Berlin gehörte jeder zehnte Krankenhaus-Platz der katholischen Kirche. Medizintechnik wie Röntgenapparate und OP-Einrichtungen durften wir aus dem Westen einführen. Oft haben wir überlegt: Mein Gott, damit stabilisieren wir doch das System. Aber wenn ich die Patienten gesehen habe, habe ich gesagt: Auch wenn wir das System stabilisieren – das ist die Nebenwirkung. Das Hauptziel ist, den Menschen zu helfen. Manchmal kann man das nicht so chemisch rein trennen«.

V. CARITAS IN DER SBZ/DDR: WEITERFÜHRENDE FORSCHUNGSPERSPEKTIVEN

Die Geschichte der Spannungen und Kontakte zwischen Caritas und Staatssicherheit bildet nur einen Ausschnitt der sehr viel umfassenderen Geschichte der Caritas in der SBZ und DDR. Daß dieser größere historische Kontext unerläßlich ist, um die »Stasi-Kontakte« angemessen einordnen und beurteilen zu können, haben die bisherigen Ausführungen deutlich gemacht. Künftige Forschungen müssen die Caritas als tragende Säule der katholischen Kirche und ihre Geschichte in der SBZ und DDR selbst zum Gegenstand historisch-kritischer Untersuchungen machen[1].

Hans Günter Hockerts hat in diesem Zusammenhang vier – thematisch einander überschneidende, im methodischen Zugriff jedoch divergierende – Themenkreise vorgeschlagen, mit denen sich künftige Geschichtsschreibung der Caritas befassen sollte[2]:

1. Nur wenig bekannt ist bislang die innere Geschichte der Caritas: das programmatische Selbstverständnis, der Aufbau und die Entwicklung der Organisationsformen, die inhaltliche Arbeit, die Bedeutung der Berliner Zentrale und ihr Verhältnis zu den regionalen und lokalen Trägern, die caritativen Ordensgemeinschaften und nicht zuletzt die prägenden und tragenden Caritas-Persönlichkeiten.

2. Die Geschichte der Caritas ist immer auch Teil der Herrschafts-, Alltags- und Erfahrungsgeschichte der DDR. Zu untersuchen wäre daher u. a., in welcher Weise die verkirchlichte Caritasarbeit unter den oft zitierten Bedingungen einer konfessionellen, ideologischen und schließlich »säkulären« Diaspora die Lebens- und Erfahrungswelt der Menschen berühren, vielleicht sogar prägen konnte, ob durch den caritativen Dienst am Menschen dem Herrschaftsanspruch des Regimes Grenzen gezogen oder das System

[1] Vgl. den instruktiven Tagungsband von I. Hübner /J. Ch. Kaiser (Hrsg.), Diakonie im geteilten Deutschland.

[2] Vgl. H. G. Hockerts, Caritas, S. 35 f.

durch notwendige Kooperation letztlich nicht eher stabilisiert wurde.

3. Die Geschichte der DDR begann nicht bei einer »Stunde Null«. Sozialgeschichtlich und sozialpolitisch stand der SED-Staat sowohl in Diskontinuität als auch in Kontinuität zum 1945 besiegten Deutschen Reich. Vieles wurde vorgeprägt, bevor es in der DDR umgeprägt wurde. Die Geschichte der Caritas ist demnach im Kontext deutscher Sozial- und Wohlfahrtsgeschichte als epochen- und zäsurenübergreifende Längsschnittanalyse zu beschreiben.

4. Das vereinigte Deutschland verbindet verschiedene Vorgeschichten: die Weimarer Republik, den Nationalsozialismus, die »alte« Bundesrepublik und die Geschichte der DDR. Diese Geschichten sind nunmehr »sinnvoll miteinander zu vermitteln und zu verknüpfen«, »ohne sie auf unzulässige Weise zusammenzuschieben und spezifische Differenzen zu verwischen«[3]. Die besondere Bedeutung der organisierten Caritas im Deutschen Reich, in der Bundesrepublik wie auch der DDR ermöglicht exemplarische Vergleiche zwischen den beiden deutschen Diktaturen wie auch zwischen Ost und West.

Einer ersten Annäherung an diese Forschungsperspektiven diente eine Tagung, die der Deutsche Caritasverband und die Kommission für Zeitgeschichte gemeinsam vom 30. April bis 1. Mai 1999 in Berlin zum Thema »Caritas in der SBZ/DDR 1945-1989« durchführten[4]. Dabei behandelten Wissenschaftler und Zeitzeugen in Vorträgen und Diskussionen verschiedene Themenkreise. In einem großen Bogen wurden Organisation und Handlungsspielräume der zentralen Berliner Stellen (H. D. Thiel, H. Puschmann), die Verhandlungen und Regelungen im Bereich des Sozial- und Gesundheitswesens (D. Stolte) und die Bedeutung der bundesdeutschen Unterstützungen (D. Wilms) erörtert. Wie diese Rahmenbedingungen caritativen Handelns im totalitären Alltag mit Leben gefüllt wurden, war Gegenstand eines zweiten Themenkomplexes. Die tägliche Caritasarbeit im Bistum Dresden-Meißen (D. Grande) sowie in den Krankenhäusern (P. Willms) und die caritasinterne Aus- und Weiterbildung (S. Kroll) im Bischöflichen Bildungsheim, der kirchenintern so ge-

[3] H. G. Hockerts, S. 127.

[4] Vgl. Ch. Kösters (Hrsg.) Caritas. Auf eine ausführliche Wiedergabe der Tagungsergebnisse wird deshalb an dieser Stelle verzichtet.

nannten »Pappelallee« (R. Steinke), kamen vor dem Hintergrund eines struktur- und organisationsgeschichtlichen Überblicks der Caritas in der DDR (J. Pilvousek) zur Sprache. Die Tagung erbrachte insbesondere Beiträge zur Caritas im engeren Sinne und »ihrer« Herrschafts-, Alltags- und Erfahrungsgeschichte. Sie bedürfen ebenso der weiteren Erforschung wie die gesamtdeutsche Funktion der Caritas, die Bedeutung ihrer Gesundheitseinrichtungen für die Sozialstaatlichkeit der DDR und schließlich die – mit den Entwicklungen in der Bundesrepublik zu vergleichende – Frage nach der »Erfolgsgeschichte« einer »verkirchlichten« Caritas in der DDR.

ANHANG

1. Erläuterung zu den Funktionstypen »Inoffizieller Mitarbeiter«

Über die Beschaffung von Informationen hinaus waren die »Inoffiziellen Mitarbeiter« verlängerter Arm und »Hauptwaffe« (C. Vollnhals) der Staatssicherheit. Die Zusammenarbeit mit ihnen hatte das Ministerium in verschiedenen Richtlinien detailliert geregelt. Neben jenen geworbenen IM, die durch konspirative Wohnungen gleichsam die »Logistik« für inoffizielle Gesprächskontakte bereitstellten, lassen sich mit H. Müller-Engbergs zwei weitere Funktionen inoffizieller Tätigkeit unterscheiden[1]: zum einen IM zur Sicherung bestimmter Bereiche. Sie sollten durch ihren konspirativen Einsatz zur inneren Sicherheit beitragen, indem sie im Sinne des MfS Einfluß auf Arbeitsfelder nahmen, die für den »Feind« von besonderem Interesse waren. Zum anderen: IM zur aktiven »Feindbekämpfung«, die zur direkten »Bearbeitung« von verdächtigen Personen eingesetzt wurden. Sie hatten »Feinde« zu überprüfen, ihre Aktivitäten zu beobachten und ggf. zu zersetzen und zurückzudrängen. Im Zuge des hypertrophen Wachstums des MfS wurden diese beiden Funktionstypen weiter ausdifferenziert.

[1] Vgl. H. Müller-Engbergs, S. 62-90.

Funktionstypen inoffizieller Arbeit im chronologischen Vergleich[2]

Jahr / Funktion	**1950**	**1953**	**1958**	**1968**	**1980**
»Feindbekämpfung«	Geheimer Mitarbeiter (GM)			Inoffizieller Mitarbeiter »Verdacht« (IMV)[3] Inoffizieller Mitarbeiter »Feindverbindung« (IMF)[4]	Inoffizieller Mitarbeiter »Feindabwehr« (IMB)[5]
»Sicherung« bestimmter Bereiche	Geheimer Informator (GI)	Geheimer Informator (GI) Geheimer Hauptinformator (GHI)	Geheimer Informator (GI) Geheimer Hauptinformator (GHI) Geheimer Mitarbeiter im besonderen Einsatz (GME)	Inoffizieller Mitarbeiter »Sicherung« (IMS)[6] Inoffizieller Mitarbeiter zur Führung von IM (FIM) Inoffzieller Mitarbeiter im/für besonderen Einsatz (IME) Gesellschaftlicher Mitarbeiter für Sicherheit (GMS)	

2 Zur folgenden Übersicht vgl. EBD., S. 62.

3 IMV = IM, der unmittelbar an der Bearbeitung und Entlarvung im Verdacht der Feindtätigkeit stehender Personen mitarbeitet.

4 IMF = IM der inneren Abwehr mit Feindverbindungen zum Operationsgebiet.

5 IMB = IM der Abwehr mit Feindverbindung bzw. zur unmittelbaren Bearbeitung im Verdacht der Feindtätigkeit stehender Personen.

6 IMS = IM, der mit der Sicherung gesellschaftlicher Bereiche oder Objekte beauftragt ist bzw. IM zur politisch-operativen Durchdringung und Sicherung des Verantwortungsbereiches.

Jahr / Funktion	1950	1953	1958	1968	1980
Logistik	Person, die konspirative Wohnung unterhält (KW)			Inoffizieller Mitarbeiter »Konspirationssicherung« (IMK)[7]	

Daneben griff das MfS noch auf Kontaktpersonen (KP) zurück. Sie waren keine IM nach den Normen des MfS, sondern wurden zumeist ohne ihr Wissen abgeschöpft. Das Gegenstück waren seit den sechziger Jahren die IM, die das MfS halb- oder hauptamtlich in seinen Dienst nahm.

2. Bezeichnungen der Überwachungsvorgänge

Im Rahmen der Bekämpfung »feindlich-negativen Verhaltens« legte das MfS Aktenvorgänge zur sogenannten »Aufklärung« und »operativen Bearbeitung« bzw. »Sicherung« von Personen an. Hierzu zählen in abgestufter Intensität der »Bearbeitung«:

Jahr/»Bearbeitung«		1960	1965	1976	Zweck
Ermittlung	Überprüfungs vorgang (ÜV)	Operativer Vorgang (OV)			Ein OV wurde angelegt, um »Hinweisen auf beabsichtigte, vorbereitete, versuchte oder bereits durchgeführte staatsfeindliche Handlungen und angrenzende schwere Straftaten der allgemeinen Kriminalität sowie andere feindlich-negative Handlungen« nachzugehen und diese aufzuklären.

[7] IMK = IM zur Sicherung der Konspiration und des Verbindungswesens.

Jahr/»Bearbeitung«		**1960**	**1965**	**1976**	**Zweck**
Überprüfung	Einzelvorgang (EV)	Operative Personenkontrolle (OPK)			Klärung operativ bedeutsamer Anhaltspunkte (Erarbeitung des Verdachts der Begehung von Verbrechen, Erkennen von Personen mit feindlicher-negativer Einstellung; vorbeugende Sicherung von Personen); Klärung der Frage »Wer ist wer?«
Sammlung	Allgemeine Personenablage (AP)				Material zu ehemals in Sicherungsvorgängen (SiVo) erfaßten Personen bzw. anderes allgemeines Material zu Personen.
				Sicherungsvorgänge (SiVo)	Erfassung von Personengruppen, die auf Grund ihrer beruflichen Tätigkeit oder gesellschaftlichen Stellung »vorbeugend zu sichern und aufzuklären« sind.
Erfassung			Kerbloch-kartei-Erfassung (KKE)		Aktive Erfassung und Speicherung »operativ bedeutsamer Informationen« auf der Personenkartei F 16 (Nachweisführung nichtregistrierter Materialien vor ihrer Archivierung).

QUELLEN- UND LITERATURVERZEICHNIS

I. Ungedruckte Quellen

1. Akten des Bundesbeauftragten für die Unterlagen des Staatssicherheitsdienstes der DDR

A - 835/85	»Hubert« , »Georg«
Cbs AIM 2137/62	»Linus«
Ddn AIM 103/64	»Thaddäus«
Ddn AIM 1274/59	»Petrus«
Ddn AIM 210/91	»Dom«
Ddn AIM 2356/91	»Hornuff«
Ddn AIM 2769/90	»Lutz Walter«
Ddn AIM 3509/87	»Konrad«
Ddn AIM 6351/90	»Erika«
Ddn AIM 668/77	»Berger«
Ddn AIM 873/82	»Berger«
Ddn AIM 999/82	»Mende«
Ddn AOP 1131/70	»Kloster«
Ddn AOP 211/54	Jung
Ddn AOP 233/57	»Student«
Ddn AOP 3119/85	»Kanzler«
Ddn AOP 397/56	»Judas«, »Aktion«
Ddn AOP 71/59	»Der Alte«
Ddn Vorl. AIM 720/70	
Eft AIM 435/70	»Wendland«
Eft AOP 10/60	»Abendland«
Eft IX 131/86	»Raphael«
Eft IX 334/77	»Alois Saul«
FfO AIM 205/66	»Marduk«
FfO Vorl. AIM 1504/83	»Benjamin«
Hle AIM 248/89	»Thomas Meinhardt«
Hle AIM 3281/87	»Thomas Meinhardt«
Kms AIM 2216/83	»Tony«
Kms XIV 585/81	»Dekan«
MfS Abt. 26, Nr. 218	
MfS AIM 1217/77	»Walter«
MfS AIM 1232/77	»Pater«

MfS AIM 145/88	»Bernstein«, »Burg«
MfS AIM 25136/91	»Peter«
MfS AIM 2516/89	»Hans«
MfS AIM 25227/91	»Anton«
MfS AIM 25230/91	»Norbert«
MfS AIM 25433/91	»Theodor«
MfS AIM 2716/75	»Otto«
MfS AIM 6973/73	»Horst«
MfS AIM 9731/79	»Kreuz«
MfS AOP 614/59	Zinke
MfS AP 10315/92	Machnik
MfS AP 12248/92	Reiring
MfS AP 12419/92	Zange
MfS AP 13213/92	Lewicki
MfS AP 20200/92	Spülbeck
MfS AP 21088/92	Solbach
MfS AP 21681/92	Hoffmann
MfS AP 22019/92	Hubrich
MfS AP 22103/92	Braun
MfS AP 3263/92,	Puschmann
MfS AP 8490/76	Kaczmarek
MfS HA XX/4, Nr. 206	
MfS HA XX/4, Nr. 436	
MfS HA XX/4/Dok., Nr. 583, Bd. 1-6	
MfS HA XX/4, Nr. 1843	
MfS HA XX/4, Nr. 2504	
MfS HA XX/4, Nr. 2508	
MfS HA XX/4, Nr. 2694	
MfS HA XX/4, Nr. 2695	
MfS HA XX/4, Nr. 2696	
MfS HA XX/4, Nr. 2697	
MfS HA XX/4, Nr. 3145	
MfS HA XX/4, Nr. 3149	
MfS HA XX/4, Nr. 3202	
Mgb Abt. XX ZMA, Nr. 5224, Bd. I	
Mgb AP 988/81	Solbach
Pdm AIM 395/61	»Klinger«
Pdm XX, Nr. 373	»Leo«
Shl AOP 130/59	»Johannes«
Shl AOPK 227/76	Hostombe
Shl AOPK 261/77	Hofmann
Swn AG 385/52	Reiring
Swn AP 70/58	Reiring

2. Akten des Bundesarchivs Berlin

DO 4, Nr. 838	Dienststelle: Staatssekr. f. Kirchenfragen; Aktenführende Stelle: Abt. III Katholische Kirche, Ordinariat Berlin, Bd. 3: Gespräche mit Zinke, Lange, Groß
DO 4, Nr. 2169	Ministerium des Innern, Abt. Kultfragen: Kinderheime der Caritas und kath. Kindergärten
DO 4, Nr. 1660	Stiftungen – Vermögensverhältnisse, Bd. 3: Räumung v. Heimen in Grenznähe

3. Archiv des Deutschen Caritasverbandes

101 (-11)	Deutscher Caritasverband in der DDR
121 HV Berlin	Hauptvertretung Berlin
121.1	DCV (DDR), Zentralstelle Berlin
121, Fasz. 6	Hauptvertretung Berlin, 1961 -
121/10+101.1	Allgemeine Korrespondenz
121/10+125 DDR	Diözesan-Caritasverbände in der DDR
121/10+131 Z	Nachlaß Zinke
121/10+281.2	Bahnhofsmissionsarbeit in der DDR
121/10+300.1	Kirchliche Kinderhilfe-Einrichtungen und DDR-Staat
121/10+347	Altenhilfe
121/10+372	Kriegsgefangenenhilfe
21/20+125.0, 1963-1968	Konferenz der Caritasdirektoren – DDR
121/20+125.111	Hubert Pohl, Die Entwicklung der Caritasverbände im Gebiet des heutigen Erzbistums Berlin
1121/30 .025	Allgemeiner Schriftwechsel
121/30+287	Hilfe für Inhaftierte in der DDR/Gnadengesuche
121/30+287 P	Strafprozesse und Gnadengesuche für inhaftierte kath. Priester u. Geistliche in der DDR
121/30+510.1	
121/30+510.4, 1954-1958	Korrespondenz Zinke – Muench
121/30+510.4, 1971-1978	Korrespondenz Thiel – Bafile, Del Mestri
121/30+511 Be	Korrespondenz mit Dr. Alfred Bengsch
121/30+511.6	Errichtung eines Priesterseminars in der DDR
121/30+511 W	Bischof Heinrich Wienken
121/30+511.02	Diözesen/Ordinariate – Ost
121/30+511.02.11.	Bischöfliches Ordinariat Berlin

121/30+511.211	Korrespondenz im Rahmen der BOK
121/30+511.213	Berliner Ordinarienkonferenz, Berichte
121/30+523	Evangelische Kirche in Deutschland
121/30+732.41, Fasz. 02	DDR-Regierung
121/30+732.42, 1949-1954	DDR Hauptabteilung Verbindung zu den Kirchen bzw. Staatssekretär für Kirchenfragen
121/30+732.43	DDR Ministerium des Innern
121/30+732.46.	Ministerium für Staatssicherheit
121/30+823.1	Beschlagnahme von Grundstücken durch den Staat
121/7+367.2	Übersiedlung aus der DDR allgemein
121+085	Akten Präsident Georg Hüssler
125.11.	Caritasverband für Berlin e.V.
131, Fasz. 1	Mitarbeiter einzeln: Franz Füssel
167+387	Caritas-Diasporahilfe. Besondere Hilfsmaßnahmen für die DDR und Ostberlin
R 306, 1946-1954	Volkssolidarität

4. Archiv der Kommission für Zeitgeschichte

NL WA 5 b	Sammelkorrespondenz
NL WA 14 n	Verschiedene Manuskripte und Materialien zur Lage der kath. Kirche in der DDR
NL WA 20 m	Die Passierscheinfrage
NL WA 29 b	Justiz/Strafvollzug in der DDR, insbes. Gerichtsverfahren gegen Christen
NL WA 32 e	Bistum Berlin zur Amtszeit des Bischofs Julius Döpfner
NL WA 32 g	Bistum Berlin zur Amtszeit des Bischofs Alfred Bengsch
NL WA 33 c	Kirche in der DDR (allgemein)
NL WA 33 d	Kirche in der DDR (allgemein)
NL WA 33 e	Kirche in der DDR (allgemein)
NL WA 33 l	Berliner Ordinarienkonferenz

5. Archiv des Diözesancaritasverbandes Erfurt

DC Erfurt	Akte »Archivunterlagen«

6. Bischöfliches Archiv Erfurt

C I a 7	Diözesan- und Stadtcaritas
C III b	Diözesanstelle in der DDR-Caritas
C III c	Dt. Caritasverband Berlin und Freiburg

C III e	Not in der Welt
C IV a 1	Krankenhäuser
Handakten Generalvikar Sterzinsky	Staat-Kirche, Gespräche und Verhandlungen
Handakten Generalvikar Sterzinsky	Staat-Kirche, Verschiedenes
ROO A I 16	Bischöfliches Werk »Not in der Welt«
ROO A III 29	Protokolle BOK
ROO A III 30	Protokolle BOK
ROO A VIII, 6	BBK – Regierung DDR, Staatssekretär für Kirchenfragen
ROO VI,1	Deutscher Caritasverband, allgemein
ROO X, 7	Bischöfliches Werk »Not in der Welt«
ROO XII 1 a	Sonderbauprogramme
ROO XII, 2	Limex-Baubeschaffung
ROO XII, 4	INTRAC

7. Diözesanarchiv des Erzbistums Berlin

V/24-2-2	Nachlaß Weskamm
ASig. 30/42	Berliner Ordinarienkonferenz

8. Zentralarchiv des Bistums Magdeburg

Caritas, Caritasverband Magdeburg 1947-1970
Einfuhrgenehmigungen und Spenden

II. GEDRUCKTE QUELLEN UND LITERATUR

AKKZG (Arbeitskreis für Kirchliche Zeitgeschichte, Münster), Katholiken zwischen Tradition und Moderne. Das katholische Milieu als Forschungsaufgabe, in: WESTFÄLISCHE FORSCHUNGEN 43 (1993), S. 588-654.

AMTSBLATT DES BISCHÖFLICHEN ORDINARIATS BERLIN Jgg. 34, 39, 45, Berlin 1962, 1967, 1973.

ANATOMIE DER STAATSSICHERHEIT – MFS-HANDBUCH, Bd. V, 4: Wer war wer im Ministerium für Staatssicherheit. Kurzbiographien des MfS-Leitungspersonals 1950 bis 1989, bearb. von Jens GIESEKE, Berlin 1998.

ARCHIV DER GEGENWART 35 (1965) – 40 (1970)

ASCHOFF, Hans-Georg, Überlebenshilfe: Flüchtlinge, Vertriebene, Suchdienste, Kriegsgefangene und Internierte, in: Erwin GATZ (Hrsg.), Geschichte des kirchlichen Lebens, Bd. 5: Caritas und soziale Dienste, Freiburg i.Br. 1997, S. 255-279.

BEROLINEN. CANONIZATIONIS SERVI DEI BERNHARDI LICHTENBERG SACERDOTIS SAECULARIS IN ODIUM FIDEI, UT FERTUR, INTERFECTI (1875-1943), Bd. 3: Summarium: Depositiones Testium, Rom 1992.

BESIER, Gerhard, Der SED-Staat und die Kirche. Der Weg in die Anpassung, München 1993; DERS., Der SED-Staat und die Kirche 1969-1990. Die Vision vom »Dritten Weg«, München 1995.

BESIER, Gerhard/WOLF, Stephan, »Pfarrer, Christen, Katholiken«. Das Ministerium für Staatssicherheit der ehemaligen DDR, 2., durchges. u. verm. Aufl., Neukirchen-Vluyn 1992.

BRANDT, Hans Jürgen (Hrsg.), Der Caritasverband für das Erzbistum Paderborn in Geschichte und Gegenwart, Paderborn 1993.

BRAUN, Johannes (Hrsg.), Kirche gestern und heute. Zwischen Elbe und Saale, Börde und Bode. Ein Magdeburgbuch, 2. Aufl., Leipzig 1989.

BRINKSCHULTE, Wolfgang/GERLACH, Hans-Jörgen/HEISE, Thomas, Freikaufgewinnler. Die Mitverdiener im Westen, Frankfurt a. M. 1993.

DDR-HANDBUCH, hrsg. vom BUNDESMINISTERIUM FÜR INNERDEUTSCHE BEZIEHUNGEN, 2., völlig neu bearb. u. erw. Aufl., Köln 1979.

DENKSCHRIFTEN UND STANDPUNKTE DER CARITAS IN DEUTSCHLAND. Hrsg. vom DEUTSCHEN CARITASVERBAND, Bd. 1: Die Zeit von 1897 bis 1949, bearb. von Mathias Reininger, Bd. 2: Die Zeit von 1950 bis 1997, bearb. von Dieter Schlenker, Freiburg i. Br. 1997.

DER BEREICH KOMMERZIELLE KOORDINIERUNG UND ALEXANDER SCHALCK-GOLODKOWSKI: Werkzeuge des SED-Regimes. Abschlußbericht des 1. Untersuchungsausschusses des 12. Deutschen Bundestages, hrsg. vom

DEUTSCHEN BUNDESTAG, Referat Öffentlichkeitsarbeit, Textband, Bonn 1995.

DER STAATSSICHERHEITSDIENST. Ein Instrument der politischen Verfolgung in der Sowjetischen Besatzungszone Deutschlands, hrsg. v. BUNDESMINISTERIUM FÜR GESAMTDEUTSCHE FRAGEN, Bonn 1962.

DIE ORGANISATIONSSTRUKTUR DES MINISTERIUMS FÜR STAATSSICHERHEIT 1989. Vorläufiger Aufriß nach dem Erkenntnisstand von Juni 1993, 2. Aufl., Berlin 1993.

EIN LEBEN IM 20. JAHRHUNDERT. GEORG HÜSSLER (Reihe Ton-Texte des Lambertus-Verlages), Freiburg 1998.

EISENFELD, Bernd, Art. »Ausreise«, in: Rainer EPPELMANN u.a. (Hrsg.), Lexikon des DDR-Sozialismus, S. 73-76 (zit. B. EISENFELD, Ausreise).

EISENFELD, Bernd, Art. »Fluchtbewegung«, in: Rainer EPPELMANN u.a. (Hrsg.), Lexikon des DDR-Sozialismus, S. 200-202 (zit. B. EISENFELD, Fluchtbewegung).

EISENFELD, Bernd, Die Ausreisebewegung – eine Erscheinungsform widerständigen Verhaltens, in: Ulrike POPPE/Rainer ECKERT/Ilko-Sascha KOWALCZUK (Hrsg.), Zwischen Selbstbehauptung und Anpassung. Formen des Widerstandes und der Opposition in der DDR (Forschungen zur DDR-Geschichte), Berlin 1995, S. 192-223 (zit. B. EISENFELD, Ausreisebewegung).

ENGELMANN, Roger/SCHUMANN, Silke, Der Ausbau des Überwachungsstaates. Der Konflikt Ulbricht – Wollweber und die Neuausrichtung des Staatssicherheitsdienstes der DDR 1957, in: VIERTELJAHRSHEFTE FÜR ZEITGESCHICHTE 43 (1995), S. 341-378.

ENGELMANN, Roger, Zum Quellenwert der Unterlagen des Ministeriums für Staatssicherheit, in: K.-D. HENKE/R. ENGELMANN (Hrsg.), Aktenlage, S. 23-39.

EPPELMANN, Rainer/MÖLLER, Horst/NOOKE, Günter/WILMS, Dorothee (Hrsg.), Lexikon des DDR-Sozialismus. Das Staats- und Gesellschaftssystem der Deutschen Demokratischen Republik (Studien zur Politik, Bd. 29), Paderborn 1996.

FEIEREIS, Konrad, Weltanschauliche Strukturen in der DDR und die Folgen für die Existenz der katholischen Christen, in: MATERIALIEN DER ENQUETE-KOMMISSION, Bd. VI, 1, S. 583-614.

FISCHER, Roland, St. Josephsheim in Stralsund, Jungfernstieg 2. Eine Geschichte von Anfechtung und Behauptung, in: LANDTAG MECKLENBURG-VORPOMMERN, Leben in der DDR, Leben nach 1989 – Aufarbeitung und Versöhnung, Zur Arbeit der Enquete-Kommission, Bd. 6: Expertisen und Forschungsstudien zum Thema »Kultur und religiöses Brauchtum«, Schwerin 1997, S. 218-223.

FREI, Norbert, Vergangenheitspolitik. Die Anfänge der Bundesrepublik und die NS-Vergangenheit, 2., durchges. Aufl., München 1997.

FRICKE, Karl Wilhelm, Fluchthilfe als Widerstand im Kalten Krieg. Anmerkungen zu einem ungeschriebenen Kapitel DDR-Widerstandsgeschichte, in: AUS POLITIK UND ZEITGESCHICHTE. Beilage zur Wochenzeitung Das Parlament, B 38/99, S. 3-10 (zit. K. W. FRICKE, Fluchthilfe).

FRICKE, Karl Wilhelm/ENGELMANN, Roger, »Konzentrierte Schläge«. Staatssicherheitsaktionen und politische Prozesse in der DDR 1953-1956 (Analysen und Dokumente, Bd. 11), Berlin 1998 (zit. K. W. FRICKE, Konzentrierte Schläge).

75 JAHRE DEUTSCHER CARITASVERBAND 1897-1972, Freiburg i.Br. 1972.

FRICKE, Karl Wihelm, MfS intern. Macht, Strukturen, Auflösung der DDR-Staatssicherheit. Analyse und Dokumentation, Köln 1991 (zit. K. W. FRICKE, MfS).

GATZ, Erwin, Art. »Deutsche Bischofskonferenz«, in: LTHK, 3., völlig neu bearb. Aufl., Freiburg i. Br. 1995, S. 120 f.

GEIßEL, Ludwig, Unterhändler der Menschlichkeit. Erinnerungen, Stuttgart 1991.

GILL, David/SCHRÖTER, Ulrich, Das Ministerium für Staatssicherheit. Anatomie des Mielke- Imperiums, Berlin 1991.

GOERNER, Martin Georg, Kirche als Problem der SED. Strukturen kommunistischer Herrschaftsausübung gegenüber der evangelischen Kirche 1945 bis 1958, Berlin 1997.

GRANDE, Dieter, Caritasalltag in der DDR am Beispiel des Bistums Dresden-Meißen, in: Ch. KÖSTERS (Hrsg.), Caritas in der SBZ/DDR, S. 183-188 (zit. D. GRANDE, Caritasalltag).

GRANDE, Dieter, Versuchungen und Motivationen bei katholischen Priestern und Laien für Kontakte zum Ministerium für Staatsicherheit (MfS), in: »Unterwegs zur Einheit«. 92. Deutscher Katholikentag in Dresden 29.6.-3.7.1994. Dokumentation, Kevelaer 1994, S. 246-252 (zit. D. GRANDE, Versuchungen).

GRANDE, Dieter/SCHÄFER, Bernd, Interne Richtlinien und Bewertungsmaßstäbe zu kirchlichen Kontakten mit dem MfS, in: C. VOLLNHALS (Hrsg.), Die Kirchenpolitik, S. 388-404 (zit. D. GRANDE/B. SCHÄFER, Interne Richtlinien).

GRANDE, Dieter/SCHÄFER, Bernd, Kirche im Visier. SED, Staatssicherheit und Katholische Kirche in der DDR, Leipzig 1998 (zit.: D. GRANDE/B. SCHÄFER, Kirche im Visier).

GROßE, Ludwig/SCHULTZE, Harald/WINTER, Friedrich (Hrsg.), Überprüfungen auf Stasikontakte in den östlichen Gliedkirchen der EKD. Dokumentation und Kommentar, in: ZEICHEN DER ZEIT, H. 3, Beiheft 1, 1997, S. 1-56.

HAENDCKE-HOPPE-ARNDT, Marianne, Art. »Innerdeutsche Wirtschafts- und Finanzbeziehungen«, Rainer EPPELMANN u.a. (Hrsg.), Lexikon des DDR-Sozialismus, S. 298-302.

HAESE, Ute, Katholische Kirche in der DDR. Geschichte einer politischen Abstinenz, Düsseldorf 1998 (zit. U. HAESE, Katholische Kirche).

HAESE, Ute, MfS-Kontakte auf offizieller Ebene, in: C. VOLLNHALS (Hrsg.), Die Kirchenpolitik, S. 371-387 (zit. U. HAESE, MfS-Kontakte).

HAESE, Ute, SED-Kontakte der katholischen Kirche im Bistum Dresden-Meißen, in: KIRCHLICHE ZEITGESCHICHTE 8 (1995), S. 510-531 (zit. U. HAESE, SED-Kontakte).

HARTELT, Konrad, »Junker, Christen und Kommunisten ...«. Schloß Altdöbern als Caritasheim 1946-1974, Paderborn 1998.

HARTWEG, Frédéric (Hrsg.), SED-Staat und Kirche. Eine Dokumentation ihrer Beziehungen, Bd. 2: SED 1968-1989, bearb. von Horst DOHLE (Historisch-Theologische Studien zum 19. und 20. Jahrhundert, Quellen, Bd. 2, 2), Neukirchen-Vluyn 1995.

HEHL, Ulrich von/TISCHNER, Wolfgang, Katholische Kirche in der SBZ/DDR 1945-1989, in: MATERIALIEN DER ENQUETE-KOMMISSION, Bd. VI, 2, S. 875-949.

HENKE, Klaus-Dietmar/ENGELMANN, Roger (Hrsg.), Aktenlage. Die Bedeutung der Unterlagen des Staatssicherheitsdienstes für die Zeitgeschichtsforschung, Berlin 1995.

HERBST, Andreas/RANKE, Winfried/WINKLER, Jürgen, So funktionierte die DDR, Bd. 1, Reinbek b. Hamburg 1994. S. 523-529.

HIRSCHFELD, Michael, Prälat Franz Monse (1882-1962). Großdechant von Glatz (Arbeiten zur schlesischen Kirchengeschichte, Bd. 7), Sigmaringen 1997.

HIRSCHFELD, Ronald, Die Beziehungen der DDR zu Algerien, Syrien und der VAR zwischen 1953-1970. Theorie und Praxis der DDR-Außenpolitik in der 3. Welt., Phil. Diss., Bonn 1978.

HOCKERTS, Hans Günter, Caritas in der »Fürsorgediktatur«. Über Rahmenbedingungen caritativen Handelns im SED-Staat, in: Ch. KÖSTERS, Caritas in der SBZ/DDR, S. 27-36 (zit.: H. G. HOCKERTS, Caritas).

HOCKERTS, Hans Günter, Zeitgeschichte in Deutschland. Begriff, Methoden, Themenfelder, in: HISTORISCHES JAHRBUCH 113 (1993), S. 98-127.

HÖLLEN, Martin, Heinrich Wienken, der »unpolitische« Kirchenpolitiker. Eine Biographie aus drei Epochen des deutschen Katholizismus (VKZG, B: Forschungen, Bd. 33), Mainz 1981 (zit. M. HÖLLEN, Wienken).

HÖLLEN, Martin, Loyale Distanz?. Katholizismus und Kirchenpolitik in SBZ und DDR. Ein historischer Überblick in Dokumenten, Bd.1: 1945 bis 1955; Bd. 2: 1956 bis 1965, Bd. 3,1: 1966 bis 1976, Bd. 3,2: 1977-1990, Berlin 1994, 1997, 1998, 2000 (zit. M. HÖLLEN, Bd. 1-3).

HOMEYER, Josef, Die katholische Kirche im geteilten Deutschland und ihre Bedeutung für das Zusammengehörigkeitsgefühl, in: Ulrich v. HEHL/Hans Günter HOCKERTS (Hrsg.), Der Katholizismus – gesamtdeutsche Klammer in den Jahrzehnten der Teilung?. Erinnerungen und Berichte, Paderborn - München - Wien - Zürich 1996, S. 19-31.

HOPPE, Thomas, Von der Last der Erinnerung. Zum Umgang mit jüngster Vergangenheit im geteilten Deutschland, in: Auf neue Art Kirche sein. Wirklichkeiten, Herausforderungen, Wandlungen, Festschrift für Josef Homeyer, hrsg. von Werner SCHREER/Georg STEINS, Hildesheim 1999, S. 320-336.

HÜBNER, Ingolf, Diakonie zwischen Selbständigkeit und Kooperation, in: I. HÜBNER/J.-Ch. KAISER (Hrsg.), Diakonie, S. 77-88 (zit. I. HÜBNER, Diakonie).

HÜBNER, Ingolf, Diakonisches Werk der Evangelischen Kirche in Deutschland e.V.. Arbeitspapier, in: Ludwig GROßE/Harald SCHULTZE/Friedrich WINTER (Hrsg.), Überprüfungen auf Stasikontakte in den östlichen Gliedkirchen der EKD. Dokumentation und Kommentar (= ZEICHEN DER ZEIT. Heft 3, Beiheft 1), 1997, S. 54-58 (zit. I. HÜBNER, Diakonisches Werk).

HÜBNER, Ingolf/KAISER, Jochen-Christoph (Hrsg.), Diakonie im geteilten Deutschland. Zur diakonischen Arbeit unter den Bedingungen der DDR und der Teilung Deutschlands, Stuttgart 1999.

JACOBSEN, Hans-Adolf u.a. (Hrsg.), Drei Jahrzehnte Außenpolitik der DDR. Bestimmungsfaktoren, Instrumente, Aktionsfelder, München – Wien 1979.

JOSTMEIER, Friedhelm, Autonomiespielräume der Evangelischen Kirchen in der DDR im Bereich der Diakonie. Beispiele aus der Arbeit der Inneren Mission in Ost-Berlin (1949-1961), in: Andreas WOLLASCH (Hrsg.), Wohlfahrtspflege in der Region. Westfalen-Lippe während des 19. und 20. Jahrhunderts im historischen Vergleich, Paderborn 1997, S. 229-247 (zit. F. JOSTMEIER, Autonomiespielräume).

JOSTMEIER, Friedhelm, Ausbildung in der Diakonie in der DDR, in: I. HÜBNER/J.-Ch. KAISER (Hrsg.), Diakonie, S. 131-143 (zit. F. JOSTMEIER, Ausbildung).

KAELBLE, Hartmut/KOCKA, Jürgen/ZWAHR, Hartmut (Hrsg.), Sozialgeschichte der DDR, Stuttgart 1994.

KAISER, Jochen-Christoph, Diakonie in der Diktatur. Anmerkungen zur Geschichte der Inneren Mission zwischen 1933 und 1989, in: I. HÜBNER/J.-Ch. KAISER (Hrsg.), Diakonie, S. 62-74.

KAMINSKY, Uwe, Nothilfe über die Grenzen hinaus. Die Entstehung von »Brot für die Welt« in der DDR, in: I. HÜBNER/J.-Ch. KAISER (Hrsg.), Diakonie, S. 180-193.

KIEFER, Walter, Misereor. Bischöfliches Werk gegen Hunger und Krankheit in der Welt, in: KIRCHLICHES HANDBUCH. Amtliches statistisches Jahrbuch der katholischen Kirche Deutschlands, hrsg. von Franz GRONER, Bd. 25: 1957-1961, Köln 1962, S. 429-440.

KNABE, Hubertus, Westarbeit des MfS. Das Zusammenspiel von »Aufklärung« und »Abwehr« (Analysen und Dokumente, Bd. 18), 2. Aufl., Berlin 1999.

KNAUFT, Wolfgang, Katholische Kirche in der DDR. Gemeinden in der Bewährung 1945-1980, Mainz 1980.

KOCH, Ulrich/MERZ, Friedhelm, Misereor. Aktion gegen Hunger und Krankheit in der Welt (Stand: 1. Dezember 1968), in: KIRCHLICHES HANDBUCH. Amtliches statistisches Jahrbuch der katholischen Kirche Deutschlands, hrsg. von Franz GRONER, Bd. 26: 1962-1968, Köln 1968, S. 435-442.

KOPP, Matthias, Internationale Zusammenarbeit. Caritas Internationalis, in: Erwin GATZ (Hrsg.), Caritas und soziale Dienste (Geschichte des kirchlichen Lebens, Bd. 5), Freiburg – Basel – Wien 1997, S. 410-420.

KÖSTERS, Christoph (Hrsg.), Caritas in der SBZ/DDR 1945-1989. Erinnerungen, Berichte, Forschungen, Paderborn 2001.

KROLL , Silvia, Kirchlich-caritative Ausbildung in der DDR. Entwicklung im Aufgabenbereich der Kinder- und Jugendhilfe, Freiburg i.Br. 1998.

LANGE, Gerhard, Katholische Kirche im sozialistischen Staat. Kontakte zu staatlichen Stellen in: OST-WEST-INFORMATIONSDIENST 1992, H. 175 S. 3-28.

LANGE Gerhard/PRUß, Ursula/SCHRADER, Franz/SEIFERT, Siegfried (Hrsg.), Katholische Kirche – sozialistischer Staat. Dokumente und öffentliche Äußerungen 1945-1990, Leipzig 1992.

LANGE Gerhard/PRUß, Ursula, Caritas in der DDR, in: Erwin GATZ (Hrsg.), Caritas und soziale Dienste (Geschichte des kirchlichen Lebens, Bd. 5), Freiburg – Basel – Wien 1997, S. 343-377 (zit. G. LANGE/U. PRUß, Caritas).

LANGE, Gerhard/PRUß, Ursula (Hrsg.), An der Nahtstelle der Systeme. Dokumente und Texte aus dem Bistum Berlin 1945-1990, 1. Halbbd.: 1945-1961, Leipzig 1996 (zit. G. LANGE/U. PRUß (Hrsg.), Nahtstelle).

LEPSIUS, Maria Rainer, Die Institutionenordnung als Rahmenbedingung der Sozialgeschichte der DDR, in: H. KAELBLE/J. KOCKA/H. ZWAHR (Hrsg.), Sozialgeschichte, S. 17-30.

LOCHEN, Hans Hermann/MEYER-SEITZ, Christian (Hrsg.), Die geheimen Anweisungen zur Diskriminierung Ausreisewilliger, Köln 1992.

LOCHEN, Hans-Hermann, Art. »Reiseregelungen«, in: Rainer EPPELMANN u.a. (Hrsg.), Lexikon des DDR-Sozialismus, S.489-492 (zit. H.-H. LOCHEN, Reiseregelungen)

MAMPEL, Siegfried, Das Ministerium für Staatssicherheit der ehemaligen DDR als Ideologiepolizei. Zur Bedeutung der Heilslehre als Mittel zum Griff auf das Bewußtsein für das Totalitarismusmodell (Schriftenreihe der Gesellschaft für Deutschlandforschung, Bd. 50), Berlin 1996.

MANFRAß, Klaus, Das geteilte Deutschland, in: Karl CARSTENS u.a. (Hrsg.), Die Internationale Politik. 1964-1965, München – Wien 1972, S. 308-343.

MATERIALIEN DER ENQUETE-KOMMISSION »Aufarbeitung von Geschichte und Folgen der SED-Diktatur in Deutschland«, hrsg. vom DEUTSCHEN BUNDESTAG, Bd. V, 1-3: Deutschlandpolitik, innerdeutsche Beziehungen und internationale Rahmenbedingungen, Bd. VI, 1-2: Rolle und Selbstverständnis der Kirchen in den verschiedenen Phasen der SED-Diktatur, Baden-Baden 1995.

MEIER, Kurt, Kirchliche Zeitgeschichte, in: THEOLOGISCHE RUNDSCHAU 64 (1999), S. 38-83.

MITZSCHERLICH, Matthias, Caritas als Wesensdimension und Grundfunktion der Kirche. Die Rezeption und Darstellung einer theologischen Grundeinsicht in Veröffentlichungen des Deutschen Caritasverbandes und in neueren ekklesiologischen Schriften, Leipzig 1997.

MORSEY, Rudolf, Die Haltung der Bundesregierung zur vatikanischen Kirchenpolitik in den früheren Ostgebieten des Deutschen Reiches 1958-1978, in: Karl-Joseph Hummel (Hrsg.), Vatikanische Ostpolitik unter Johannes XXIII. und Paul VI. 1958-1978, Paderborn 1999, S. 31-78.

MÜLLER-ENGBERGS, Helmut (Hrsg.), Inoffizielle Mitarbeiter des Ministeriums für Staatssicherheit. Richtlinien und Durchführungsbestimmungen, 2. Aufl., Berlin 1996.

NEUBERT, Ehrhart, Zur Instrumentalisierung von Theologie und Kirchenrecht durch das MfS, in: C. VOLLNHALS (Hrsg.), Die Kirchenpolitik, S. 329-352.

NIKLES, Bruno W., Soziale Hilfe am Bahnhof. Zur Geschichte der Bahnhofsmission in Deutschland (1894-1960), Freiburg 1994.

ORTS- UND PERSONENVERZEICHNIS DES ERZBISCHÖFLICHEN AMTES GÖRLITZ. Stand 1. Januar 1961, Leipzig 1961.

PERSONAL-SCHEMATISMUS FÜR DIE DIÖZESE FULDA 1981. Nach dem Stand vom 15. April 1981, Fulda 1981.

PILVOUSEK, Josef, Heinrich Wienken und das Commissariat der Fuldaer Bischofskonferenz, in: Wolfgang BEINERT/Konrad FEIEREIS/Hermann-Josef RÖHRIG (Hrsg.), Unterwegs zum einen Glauben. Festschrift für Lothar Ullrich zum 65. Geburtstag, Leipzig 1997, S. 533-547 (zit. J. PILVOUSEK, Wienken).

PILVOUSEK, Josef, »Innenansichten«. Von der »Flüchtlingskirche« zur »katholischen Kirche in der DDR«, in: MATERIALIEN DER ENQUETE-KOMMISSION, Bd. VI, 2, S. 1134-1163 (zit. J. PILVOUSEK, Innenansichten).

PILVOUSEK, Josef (Hrsg.), Kirchliches Leben im totalitären Staat. Seelsorge in der SBZ/DDR 1945-1976. Quellentexte aus den Ordinariaten, Leipzig 1994 (zit. J. PILVOUSEK, Kirchliches Leben).

PILVOUSEK, Josef /WILKE, Andrea, Die katholische Kirche, in: Karl SCHMITT (Hrsg.), Thüringen. Eine politische Landeskunde, Weimar 1996. S. 201-217.

PÖTZL, Norbert F., Basar der Spione. Die geheimen Missionen des DDR-Unterhändlers Wolfgang Vogel, Hamburg 1997.

PUSCHMANN, Hellmut, Arbeit und Bedeutung der Zentralstelle Berlin des Deutschen Caritasverbandes, in: Ch. KÖSTERS (Hrsg.), Caritas in der SBZ/DDR, S. 47-58 (zit. H. PUSCHMANN, Arbeit der Zentralstelle).

PUSCHMANN, Hellmut, Erinnerungen an die Zentralstelle Berlin des Deutschen Caritasverbandes – ein Beitrag zur Würdigung Dr. Dieter Stoltes anläßlich seiner Verabschiedung am 5. Februar 1999 (unveröff. Mskr.) (zit. H. PUSCHMANN, Erinnerungen).

PUSCHMANN, Hellmut, Statement im Rahmen der Öffentlichen Anhörung zum Thema »Die Beziehungen zwischen den Kirchen im geteilten Deutschland und die deutsche Frage, in: MATERIALIEN DER ENQUETE-KOMMISSION, Bd. VI, 1, S. 316-321 (zit. H. PUSCHMANN, Statement).

PUSCHMANN, Hellmut, Zur Brückenfunktion des Deutschen Caritasverbandes, in: Ulrich v. HEHL/Hans Günter HOCKERTS (Hrsg.), Der Katholizismus – gesamtdeutsche Klammer in den Jahrzehnten der Teilung?. Erinnerungen und Berichte, Paderborn – München – Wien – Zürich 1996, S. 127-137 (zit. H. PUSCHMANN, Brückenfunktion).

RAABE, Thomas, SED-Staat und katholische Kirche. Politische Beziehungen 1949-1961 (VKZG, Reihe B: Forschungen, Bd. 70), Paderborn – München – Wien – Zürich 1995.

REHLINGER, Ludwig, Freikauf. Die Geschäfte der DDR mit politisch Verfolgten 1963-1989, Frankfurt a.M. 1991.

REINICKE, Peter, Art. »Hapig«, in: Hugo MAIER (Hrsg.), Who is who der Sozialen Arbeit, Freiburg i.Br. 1998, S. 226 f.

REMY, Dietmar, Opposition und Verweigerung in Nordthüringen (1976 - 1989) (Schriftenreihe der Bildungsstätte am Grenzlandmuseum, Bd. 1), Duderstadt 1999.

RITTER, Jürgen/ LAPP, Peter Joachim, Die Grenze. Ein deutsches Bauwerk, 2. korr. Aufl., Berlin 1998.

ROCZEN, Rainer/KLIX, Henry, Unser Zentrum liegt in Rom. Die Potsdamer »Arche«, in: Sigrid GRABNER/Hendrik RÖDER/Thomas WARNICKE (Hrsg.), Widerstand in Potsdam 1945-1989, Berlin 1999, S. 123-128.

RUDLOFF, Wilfried, Die Tradition der deutschen Wohlfahrtspflege und der Weg der DDR, in: I. HÜBNER/J.-Ch. KAISER (Hrsg.), Diakonie, S. 37-59.

SCHÄFER, Bernd, »Er wollte in Fulda Zeuge sein«. Eine deutsch-deutsche Geschichte aus den fünfziger Jahren, in: Joachim KÖHLER/Damian VAN MELIS (Hrsg.), Siegerin in Trümmern. Die Rolle der katholischen Kirche in der deutschen Nachkriegsgesellschaft (Konfession und Gesellschaft, Bd. 15), Stuttgart 1998, S. 229-245 (zit. B. SCHÄFER, »Er wollte in Fulda Zeuge sein«).

SCHÄFER, Bernd, »Inoffizielle Mitarbeiter« und »Mitarbeit«. Zur Differenzierung von Kategorien des Ministeriums für Staatssicherheit im Bereich der katholischen Kirche, in: KIRCHLICHE ZEITGESCHICHTE 6 (1993), S. 447-466 (zit. B. SCHÄFER, »Inoffizielle Mitarbeiter«).

SCHÄFER, Bernd, »Inoffizielle Mitarbeiter« und »Zusammenarbeit«. Zur Differenzierung von MfS-Unterlagen im Bereich der katholischen Kirche, in: K.-D. HENKE/R. ENGELMANN (Hrsg.), Aktenlage, S. 47-55 (zit. B. SCHÄFER, Inoffizielle Mitarbeiter).

SCHÄFER, Bernd, Staat und katholische Kirche in der DDR (Schriften des Hannah-Arendt-Instituts für Totalitarismusforschung, Bd. 8), Köln 1998 (zit. B. SCHÄFER, Staat).

SCHALÜCK, Andreas, Eine Agentur der Kirchen im Staatsapparat? Otto Nuschke und die Hauptabteilung »Verbindung zu den Kirchen« 1949-1953, Berlin 1999.

SCHEMATISMUS DER DIÖZESE WÜRZBURG, herausgegeben für das Jahr 1952 (Stand 1. März 1952), Würzburg 1952.

SCHEMATISMUS DES BISTUMS MEISSEN. Nach dem Stand vom 1. Mai 1966, Leipzig 1966.

SCHEMATISMUS DES BISTUMS MEISSEN. Nach dem Stand vom 1. Januar 1974. Leipzig 1974.

SCHEMATISMUS FÜR DAS BISTUM BERLIN 1956, 1960, 1963, 1965, 1974, hrsg. vom Bischöflichen Ordinariat Berlin, Berlin 1956-1974.

SCHILLING, Walter, Die »Bearbeitung« der Landeskirche Thüringen durch das MfS, in: C. VOLLNHALS (Hrsg.), Die Kirchenpolitik, S. 211-266.

SCHLENKER, Dieter, Struktur und Entwicklung von Caritas Internationalis (1950 bis 1983), in: CARITAS '99. Jahrbuch des Deutschen Caritasverbandes, Freiburg i. Br. 1998, S. 435-446.

SCHMIDTHAMMER, Jens, Rechtsanwalt Wolfgang Vogel. Mittler zwischen Ost und West, Hamburg 1987.

SCHNEIDER, Gerold, Die private Stasi-Akte in meinem Schrank, in: OST-WEST-INFORMATIONSDIENST 1993, H. 178, 179, S. 18-27, 24-30.

SCHROEDER, Klaus, Der SED-Staat. Geschichte und Strukturen der DDR, München 1998.

SCHUMACHER, Rolf, Kirche und sozialistische Welt. Eine Untersuchung zur Frage der Rezeption von »Gaudium et spes« durch die Pastoralsynode der katholischen Kirche in der DDR, Leipzig 1998.

SCHWARZ, Hans-Peter (Hrsg.), Handbuch der deutschen Außenpolitik, München 1975.

SEIFFERT, Wolfgang/TREUTWEIN, Norbert, Die Schalck-Papiere. DDR-Mafia zwischen Ost und West. Die Beweise. Berlin 1991.

SELKE, Jürgen, Katholische Kirche im Sozialismus? Der Hirtenbrief der katholischen Bischöfe in der DDR zum Weltfriedenstag 1983 und seine Bedeutung für das Verhältnis von Katholischer Kirche und Staat DDR (Münsteraner Theologische Abhandlungen, Bd. 38), Münster 1995.

SPRINGER, Philipp, Da konnt' ich mich so'n bißchen entfalten. Die Volkssolidarität in der SBZ/DDR 1945-1969 (Europäische Hochschulschriften, Reihe III, Bd. 836), Frankfurt a. M. 1999.

STOLTE, Dieter, Verhandlungen und Regelungen für die kirchlich-caritativen Einrichtungen im Bereich des Gesundheits- und Sozialwesens, in: Ch. KÖSTERS (Hrsg.), Caritas in der SBZ/DDR, S. 71-85.

THIEL, Heinz Dietrich, Aufgaben und Handlungsspielräume der Hauptvertretung des Deutschen Caritasverbandes in Berlin, in: Ch. KÖSTERS (Hrsg.), Caritas in der SBZ/DDR, S. 37-45 (zit. H. D. THIEL, Hauptvertretung).

THIEL, Heinz Dietrich, Johannes Zinke, in: Ulrich von HEHL/Friedrich KRONENBERG (Hrsg.), Zeitzeichen. 150 Jahre Deutsche Katholikentage 1848-1998, Paderborn 1999, S. 185-200 (zit. H. D. THIEL, Zinke).

TISCHNER, Wolfgang, Katholische Kirche in der SBZ/DDR 1945-1951. Die Formierung einer katholischen Subgesellschaft im entstehenden sozialistischen Staat (VKZG, Reihe B: Forschungen, Bd. 90), Paderborn 2001.

UNVERHAU, Dagmar, Die archivische Situation in den Ländern der Bundesrepublik Deutschland. Aus der Sicht der Archive des Bundesbeauftragten für die Unterlagen des Staatssicherheitsdienstes der ehemaligen DDR (Zweite gemeinsame Arbeitssitzung des 63. Deutschen Archivtages – Referate und Aussprache), in: DER ARCHIVAR 46 (1993), S. 45-54.

VOGEL, Wolfgang, Erinnerungen an meine anwaltlichen Kontakte zum Deutschen Caritasverband, in: Ch. KÖSTERS (Hrsg.), Caritas in der SBZ/DDR, S. 137-141.

VOLLNHALS, Clemens (Hrsg.), Die Kirchenpolitik von SED und Staatssicherheit. Eine Zwischenbilanz (Analysen und Dokumente, Bd. 7), Berlin 1996.

VOLLNHALS, Clemens, Die kirchenpolitische Abteilung des Ministeriums für Staatssicherheit, in: C. VOLLNHALS (Hrsg.), Die Kirchenpolitik, S. 79-119 (zit. C. VOLLNHALS, Kirchenpolitische Abteilung).

VOLLNHALS, Clemens, Das Ministerium für Staatssicherheit. Ein Instrument totalitärer Herrschaftsausübung, in: H. KAELBLE/J. KOCKA/H. ZWAHR (Hrsg.), Sozialgeschichte, S. 498-518 (zit. C. VOLLNHALS, Ministerium für Staatssicherheit).

VOLZE, Arnim, Die Devisengeschäfte der DDR. Genex und Intershop, in: DEUTSCHLAND ARCHIV 24 (1991), S. 1145-1159 (zit.: A. VOLZE, Devisengeschäfte).

VOLZE, Arnim, »Innerdeutsche Transfers«, in: MATERIALIEN DER ENQUETE-KOMMISSION, Bd. V, 3, S. 2761-2797 (zit. A. VOLZE, Innerdeutsche Transfers).

VOLZE, Arnim, Kirchliche Transferleistungen in die DDR, in: DEUTSCHLAND ARCHIV 24 (1991), S. 59-66 (zit.: A. VOLZE, Kirchliche Transferleistungen).

WEDEL, Reymar von, Als Kirchenanwalt durch die Mauer. Erinnerung eines Zeitzeugen, Berlin 1994.

WHITNEY, Craig R., Advocatus Diaboli. Wolfgang Vogel. Anwalt zwischen Ost und West, Berlin 1993.

WOLLASCH, Hans Josef, Humanitäre Auslandshilfe für Deutschland nach dem Zweiten Weltkrieg. Darstellung und Dokumentation kirchlicher und nichtkirchlicher Hilfen, Freiburg i.Br. 1976.

DANK

Die vorliegende Publikation präsentiert die Ergebnisse eines zweijährigen Forschungsprojektes, das die Kommission für Zeitgeschichte, Bonn, in Zusammenarbeit mit dem Deutschen Caritasverband, Freiburg i. Br., zwischen 1997 und 1999 durchführte. Gelingen konnte es nur, weil der Deutsche Caritasverband und sein Präsident, Prälat Hellmut Puschmann, bereit waren, sich vorbehaltlos und mit bemerkenswerter Offenheit diesem Teil der Verbandsgeschichte zu stellen und das Projekt finanziell zu fördern.

Viele helfende Hände unterstützten das Vorhaben in unkonventioneller Weise: Der ehemalige Leiter des DCV-Archivs, Dr. Hans-Joachim Wollasch ermöglichte es mir, die verbandseigene Überlieferung einzusehen, seine Mitarbeiter Wolfgang Strecker in Freiburg und Rosa Schuster in Berlin halfen unermüdlich und stets freundlich bei der Suche nach Akten und Dokumenten. Bei meinen Forschungsaufenthalten in Berlin durfte ich die besondere Gastfreundschaft der Berliner Hauptvertretung des DCV in der Ahornallee 48/49 erleben. Allen Mitarbeitern dort schulde ich aufrichtigen Dank für ihre vielfältigen Dienste, die einen angenehmen Rahmen für mein wissenschaftliches Arbeiten boten. Der ehemalige Caritaspräsident, Prälat Dr. Georg Hüssler, und die Caritasdirektoren Heinz Dietrich Thiel und Dr. Dieter Stolte nahmen sich Zeit für meine Nachfragen und eröffneten mir wichtige Verstehenszugänge zu ihrer Caritasarbeit in Freiburg, Berlin bzw. der DDR.

Dem Bundesbeauftragten für die Unterlagen des Staatssicherheitsdienstes gebührt Dank für den raschen und unbürokratischen Zugang zu den caritasrelevanten MfS-Akten. Als Mitarbeiterin der Behörde war mir Brigitte Richter bei meinen Nachforschungen eine ausgesprochen sachkundige Hilfe. Auf stets hilfreiche Unterstützung stieß mein Unternehmen auch in den Archiven der Bistümer Erfurt und Magdeburg sowie des Erzbistums Berlin; Prof. Dr. Josef Pilvousek, Dr. Michael Matscha, Lic. theol. Daniel Lorek und Dr. Gotthard Klein danke ich für vielfältige Hilfstellungen. Gleiches gilt auch für den Beauftragten des Berliner Erzbischofs für die MfS-Unterlagen, Prälat Manfred Ackermann, mit dem ich mehrfach über »Stasi«-Problematik diskutieren durfte.

Meinen Kollegen in der Forschungsstelle der Kommission für Zeitgeschichte, Bonn, habe ich in vielfacher Hinsicht herzlich Dank zu sagen, namentlich dem Direktor, Dr. Karl-Joseph Hummel, der das Projekt von Anfang bis Ende mit Rat und Tat begleitete, Frau Elisabeth Hübner, die das Manuskript korrekturlas, Annika Triller und Petra Dresbach, die das Register erstellten. Besonders dankbar bin ich schließlich all jenen, die sich Zeit nahmen, den Text kritisch zu lesen und durch wertvolle Ergänzungen, Verbesserungen sowie sachliche Kommentare zu vervollständigen: Prof. Dr. Hans Günter Hockerts (München), Prälat Hellmut Puschmann (Freiburg), Caritasdirektor Heinz Dietrich Thiel (Berlin), Frau Rosa Schuster (Berlin) und – last but not least – meiner Frau Barbara.

Die Herstellung des Buches lag in den bewährten Händen des Verlages Ferdinand Schöningh. Die reibungslose Zusammenarbeit war für mich eine in jeder Hinsicht angenehme Erfahrung.

Bonn im März 2001 Christoph Kösters

PERSONENREGISTER

Inoffizielle Mitarbeiter / IM-Vorgänge